走私犯罪
实务问题研究

ZOUSI FANZUI SHIWU WENTI YANJIU

张和林　主编

中国检察出版社

图书在版编目（CIP）数据

走私犯罪实务问题研究／张和林主编．—北京：
中国检察出版社，2024.12

ISBN 978－7－5102－3085－1

Ⅰ.①走… Ⅱ.①张… Ⅲ.①走私罪－研究－中国
Ⅳ.①D924.334

中国国家版本馆 CIP 数据核字（2024）第 108398 号

走私犯罪实务问题研究

张和林　主编

责任编辑：王　欢
技术编辑：王英英
封面设计：徐嘉武

出版发行：中国检察出版社
社　　址：北京市石景山区香山南路 109 号（100144）
网　　址：中国检察出版社（www.zgjccbs.com）
编辑电话：（010）86423780
发行电话：（010）86423726　86423727　86423728
（010）86423730　86423732
经　　销：新华书店
印　　刷：唐山玺诚印务有限公司
开　　本：710 mm × 960 mm　16 开
印　　张：18.25
字　　数：283 千字
版　　次：2024 年 12 月第一版　　2024 年 12 月第一次印刷
书　　号：ISBN 978－7－5102－3085－1
定　　价：60.00 元

序

随着全球化深入推进与国际贸易迅猛发展，走私犯罪日益频繁，犯罪手段日益多样化。走私犯罪作为一种跨国（边）界的犯罪，对国家经济秩序、社会稳定乃至国家安全构成严重威胁。走私行为不仅侵蚀国家的税收制度，破坏公平竞争的市场环境，还可能成为恐怖主义犯罪、有组织犯罪等更严重犯罪活动的资金来源和物资渠道。因此，深入研究走私犯罪实务问题，对于维护国家利益、促进市场秩序稳定具有不可估量的重要性。然而，打击走私犯罪面临着诸多困境。走私手段的日益隐蔽化、智能化，加之犯罪网络的跨境性，使得传统的打击策略和手段难以应对新的挑战。此外，广东地区走私犯罪有其独特的复杂性，主要体现在其地理位置的便利性、“一国两制”不同法域间的法律差异以及跨境资金流动和走私活动的频繁，这些都增加了该地区打击走私犯罪的难度。在这样的背景下，广东省珠海市人民检察院组织干警和专家学者系统性地研究走私犯罪实务问题，探索在实务中更为科学、有效地打击犯罪的策略和方法，显得尤为必要。

在《走私犯罪实务问题研究》一书中，写作者精心构思了一个全面而系统的研究框架，全书分为四章，每个章节聚焦于走私犯罪的不同侧面，形成了一个相互关联、逻辑严密的分析架构。第一章从历史和现实的角度对走私犯罪进行了概述，从走私犯罪的基本概念、类型，到国内立法沿革、境外立法的比较研究，再到走私犯罪的发展态势，为读者们勾勒出了走私犯罪的完整“地图”。第二章将视角转向了走私犯罪的程序问题，深入探讨了走私犯罪案件的管辖、电子数据证据规则、走私犯罪收益的没收、境外证据适用等关键问题。这些内容不仅涉及刑事诉讼的核心环节，也反映了写作者对司法实务中重点和难点问题的准确把握。第三章将目光投向了“一国两制”背景下的走私犯罪治理，探讨了内地与港澳在打击走私犯罪方面的刑事司法协助问题，对于优化我国走私犯罪跨境取证路径、内地与港澳之间追逃追赃等问题都提出了中肯的建议。第四章聚焦于社会治理问题，特别是小额多次走私犯罪、“套代购”新型走私犯罪的治理，以及检察建议在社会治理中的作用，既有宏观观察又有微观对策，顺应了当下社会治理现代化的发展趋势。

从程序法的角度看，本书对走私犯罪治理问题的研究展现了三个主要的创新之处，为走私犯罪的刑事司法实践提供了新的视角和解决方案。第一，符合走私犯罪特点的电子数据证据规则体系的构建。本书深入分析了走私犯罪案件中电子数据的重要性和特殊性，提出了一套适应走私犯罪特点的电子数据证据规则体系。这一体系不仅包括电子数据的收集、提取和审查判断的具体操作规程，还涉及电子数据的保全和证据能力的认定，从而提高了电子数据在走私犯罪案件中的运用效率和证明力。第二，走私犯罪收益没收制度的完善。本书对现行走私犯罪收益没收制度进行了全面的审视，指出了实践中存在的问题，并提出了完善建议。这包括明确走私犯罪收益的认定标准、规范没收程序、强化对第三人善意取得的审查等，旨在实现对走私犯罪收益的全面和有效剥夺，从而打击和遏制走私犯罪活动。第三，探索跨境走私犯罪的刑事司法协助。本书对跨境走私犯罪的调查取证、证据的移交与转换、犯罪嫌疑人的缉捕与移交等问题进行了深入探讨，并提出了加强刑事司法协助的具体措施。这些措施包括建立更加高效的司法协助机制、优化证据审查标准、加强国（区）际执法合作等，以提高对跨境走私犯罪的打击力度和效率。这三个创新之处，体现了写作者在实务中对走私犯罪治理问题的深刻理解和敏锐洞察。

本书的出版，无疑为关注走私犯罪的理论界和实务界同仁提供了宝贵的参考和启示，对于推动走私犯罪治理体系和治理能力现代化具有重要的学术价值和实践意义。本书内容丰富，结构严谨，语言流畅，是一本兼具理论深度和实践价值的著作。作为法学研究者，我对本书的出版充满期待。希望本书出版后，能够激发更多学者和实务工作者对走私犯罪问题予以高度关注并进行深度思考，通过检校合作，共同探索更为有效的走私犯罪防治策略。同时，我们也期待立法和司法机关能够借鉴本书的研究成果，进一步完善相关法律法规，为打击走私犯罪提供更为完善的规范依据和适用指引。

中国政法大学诉讼法学研究院院长　熊秋红

2024 年 8 月于北京

前言

作为一种由来已久的犯罪，走私犯罪的存在和发展与各国关税体系的建立以及国际经济贸易的发展紧密相连。它潜匿于跨国（境）经济贸易的激流之中，根据不同的社会环境和经济条件而呈现出多样化的形态。近年来，随着我国对外开放不断深入，跨国（境）贸易渠道日益多元化，国内外市场之间的互动愈发频繁，但与此同时，走私犯罪亦如对外经济交流中的一抹阴影，不仅严重破坏法律秩序和社会治安，还扰乱经济秩序，给国家财政收入造成损失，更对全球经济秩序和可持续发展构成挑战。因此，开展走私犯罪实务问题研究具有重要意义。

首先，研究走私犯罪实务问题有助于加强国家安全建设。走私犯罪活动不仅涉及违法交易，有时还伴随着跨国有组织犯罪、恐怖主义等犯罪，不法分子通过走私渠道获取资金、武器等资源以支持其实施其他违法犯罪活动，对国家安全和政治稳定构成严重威胁。通过深入研究走私犯罪的运作机制、犯罪网络和犯罪行为特征，可为政府及相关执法机构制定更加有效的打击和预防策略提供参考依据。同时，根据对走私犯罪市场的研究，可以调整贸易政策和监管措施，加强对走私商品的管控和监测，深化惩治效果。可见，研究走私犯罪实务问题，对于制定有效的反走私政策、及时发现和打击潜在的安全威胁具有重要意义。

其次，研究走私犯罪实务问题有助于维护国家经济秩序。走私犯罪不仅给国家税收造成损失，还扰乱正常的市场秩序，阻碍合法贸易的发展。我国每年因走私活动造成的财政损失巨大，严重影响国家财政收入的稳定性和经济发展的可持续性。同时，走私犯罪活动扰乱了正常的市场秩序，对我国经济运行和社会发展造成严重影响。深入研究走私犯罪的形成机制和对策措施，可以为更有效地打击和预防走私犯罪、维护正常的社会主义经济秩序、促进经济健康发展提供重要参考。

最后，研究走私犯罪实务问题有助于维护社会稳定。走私犯罪活动往往还伴随或引发非法交易、暴力犯罪等其他违法犯罪，给公共安全和社会管理秩序带来严重影响。由走私犯罪衍生出的洗钱、非法经营、销售不符合安全标准产品、污染环境等问题，严重危害我国公共安全和社会稳定。深入研究走私犯罪的社会影响和防控对策，对保障公共安全和维护社会稳定具有积极意义。

此外，走私犯罪不仅涉及国内安全，也关乎国际安全。通过研究走私犯罪实务问题，可以促进国（区）际合作与交流，强化对走私犯罪的联合打击。如通过建立跨国合作机制和信息共享平台，可以提高对跨国（境）走私犯罪的打击效率，防止犯罪分子利用法律漏洞和政治隔阂逃避司法追究；通过加强国（区）际合作，还可以提高对走私犯罪的跨区域治理能力，减少走私犯罪对经济秩序和可持续发展的影响，维护国际和平与安全。

走私犯罪往往集中在沿海和边境地区，与地理位置的关联性十分明显。珠海作为我国第二大口岸城市，是内地唯一与澳门、香港陆桥相连的城市，有10个国家一类口岸，其中拱北口岸更是全国最大的旅检口岸，2023年出入境旅客突破1亿人次。珠海还是珠三角地区海洋面积最大的城市，领海基线以内海域面积9348平方公里，大陆海岸线总长227.26公里。因特殊的区位，珠海面临着较大的反走私压力。2019年至2023年，全市检察机关共受理审查起诉各类走私犯罪案件1299件2346人，其中走私普通货物、物品罪案件1073件1808人，在受理审查起诉的所有刑事案件中排名第三，另有涉走私国家禁止进出口的货物、物品罪120件325人，涉走私珍贵动物、珍贵动物制品罪、走私毒品罪、走私武器罪等106件213人。大量的走私案件，不仅考验着检察官们的办案能力，也为理论研究提供了丰富素材。

最高人民检察院应勇检察长强调，无论是理论研究，还是调查研究，都必须实实在在回答并促进解决检察实践中的问题，做到同题共答、相融互促。为贯彻落实最高人民检察院健全“检学研”一体化理论研究格局工作要求，促进理论研究与检察办案深度融合，推动形成支撑检察实践的理论供给体系，不断提升案件办理质效，2024年初，在广东省人民检察院的关心支持下，珠海市人民检察院与暨南大学人文学院、拱北海关缉私局合作共建“走私犯罪检察研究基地”。《走私犯罪实务问题研究》这本专著，就是我们以该基地为平台，在走私犯罪领域深入探索理论与实务融合互促的阶段性成果。

从针对成品油、固体废物等大宗商品的走私，到通关口岸“蚂蚁搬家”式走私，再到“套代购”走私，走私犯罪已引起理论界和实务界的持续关注，部分专家学者和司法实务工作者围绕走私犯罪的构成、具体罪名适用以及程序性问题等形成了一系列研究成果，不少文章见诸于各类学术期刊，但体系化的专著尚不多见。本书虽非面面俱到，但仍坚持研究的系统性、客观性和精准性，立足检察实务，突出问题意识，强化理论观照，努力打造走私犯罪的研究闭环，助力提升走私犯罪治理的现代化水平。

本书主体内容分为四个部分。

第一部分以走私犯罪概述作为全书的开篇，力求整体勾勒出走私犯罪的基本图景。在首先厘清作为本书研究对象的走私犯罪的概念后，梳理古今中外关于走私犯罪的立法嬗变，从中抽象出共性特征，为进一步完善我国关于走私犯罪的立法提供有益借鉴。同时，关注口岸地区“水客”“蚂蚁搬家”式走私和自贸港“套代购”走私两个当前走私犯罪的热点问题，从犯罪体量、犯罪主体、犯罪对象等层面分析总结走私犯罪的基本发展趋势。

第二部分着眼程序问题研究，紧扣案件管辖、证据应用、犯罪收益没收等走私案件办理中难以绕开而又争议较多的环节，从职能管辖、地域管辖、级别管辖方面逐一阐释实务中遇到的问题，探讨案件管辖制度的完善路径，提出将海关缉私部门侦办的走私案件回归审判级别管辖的常态、在粤港澳大湾区实行走私犯罪集中管辖等建议；直面电子数据和域外证据材料在当前走私犯罪证据体系中的重要地位，探索重塑适应走私犯罪案件特点的电子数据证据规则，构建相关域外证据材料的审查准入机制；通过对部分走私犯罪案件的裁判文书进行梳理，发现对犯罪收益的没收方式不统一的现状，在进一步分析成因的基础上，提出建立走私犯罪收益没收体系和审查体系，明确走私犯罪收益的认定标准，以及走私犯罪收益没收的证明责任、证明标准等建议，从实体和程序两个方面一体化完善走私犯罪收益没收制度。

第三部分立足内地与港澳开展走私犯罪区际刑事司法协助现状，准确把握走私犯罪的跨境性、区际刑事管辖权冲突等关键问题，从调查取证的职能机关、取证模式、协作范围以及证据的移交、审查与转换等方面，详细勾勒出跨境走私犯罪调查取证刑事司法协助的蓝图，并从优化走私犯罪跨境取证路径、加强内地与港澳犯罪嫌疑人的缉捕与移交、建立区际刑事司法协助法制协调机构、制定区际打击跨境走私犯罪的制度性安排等多个层面，对我国区际刑事司法协助的发展进行了深度展望。

第四部分聚焦走私犯罪治理问题，关注我国犯罪结构变化在走私犯罪领域的具体表现形式，以小额多次走私为研究样本，通过检视办案和治理的检察实践，探寻轻刑走私犯罪的有效治理路径；深刻剖析“套代购”走私案件办理面临的有关问题以及犯罪综合治理存在的有关难题，围绕犯罪指控难点与压缩犯罪活动空间等层面，坚持全链条、全环节、全要素综合治理，构建提升案件办理成效、拓展综合治理成效的治理路径；在充分发挥社会治理检察建议效能助推反走私社会治理方面，立足相关基础理论，提出“从全国优秀社会治理检察建议中借力、从贯彻新时代检察工作理念中发力、从检察机关依法履职融合履职一体履职中发力、从跨部门跨区域反走私社会治理工作中凝聚合力”等具体对策。

为撰写好本书，珠海市人民检察院成立了由我任主编，叶祖怀副检察长任副主编，暨南大学人文学院陈晖副院长倾情加盟，陈强、何亚军、康沛、何永福、周洋、谢楠、史月迎、李梓雯、陈霞、陆文杰、朱敏、吴乙航、多津、王晓薇等检察调研骨干踊跃参与的创作团队。大家以强烈的使命感和高度的责任心，多次进行集体研究论证，明确研究方向及核心问题，确定体例结构和基本内容，如期完成撰写任务并反复进行推敲打磨，充分展现了团队的专业素养、合作精神和严谨作风。特别需要说明的是，从规划构思、确定研究方向及主要内容到本书顺利付梓，中国政法大学诉讼法学院熊秋红教授、鲍文强老师和广东省人民检察院第四检察部、法律政策研究室都予以悉心指导，熊秋红教授还在百忙之中为本书作序。海南省人民检察院第四检察部的同仁和拱北海关缉私局刘宏达、刘镇洲等同志对本书部分章节的撰写也给予大力支持，中山大学法学院聂立泽教授、华南师范大学法学院邓毅丞教授、北京大学法学院雷昌宇博士对文稿进行了认真审阅并提出宝贵修改意见，中国检察出版社对本书的出版也给予大力支持，在此一并致以诚挚的谢意。

所有实践问题，都要从理论上作答；所有理论问题，都要到实践中解题。珠海市人民检察院将以撰写和出版本书为契机，进一步建设好广东省人民检察院走私犯罪检察研究基地，努力打造粤港澳大湾区检察理论研究新高地。全市检察机关将始终坚持党对检察工作的绝对领导，在高水平理论研究成果的引领下，锚定走在前列任务目标，以“高质效办好每一个案件”为基本价值追求，充分发挥法律监督职能作用，与有关执法司法机关加强联动协作，依法惩治“水客”走私、海上跨境走私等突出违法犯罪，切实维护国家政治安全、经济安全和人民群众生命健康安全；以改革创新为路径，把握粤港澳大湾区和横琴粤澳深度合作区建设重要契机，以走私犯罪检察研究基地为平台，加强调查研究，创新惩防对策，更好服务保障粤港澳大湾区和横琴粤澳深度合作区建设；继续延伸检察职能，以检察建议促进重点行业、领域机制建设，积极探索数字检察新路径，加强大数据平台建设，加大反走私宣传工作力度，推动我市反走私综合治理取得更大成效。

走私犯罪政策性强、涉及面广、内容庞杂，不仅是专业的法律问题，也是系统的社会治理问题。由于学识所限、时间仓促，本书疏漏之处在所难免，恳请大家批评指正。

广东省珠海市人民检察院党组书记、检察长　张和林

2024 年 8 月

作者简介及分工

张和林，广东省珠海市人民检察院党组书记、检察长，二级高级检察官，负责统稿、审定全书。

叶祖怀，广东省珠海市人民检察院党组成员、副检察长，二级高级检察官，协助统稿、审定全书。

陈晖，暨南大学人文学院副教授、硕士生导师，中国政法大学刑法学博士，负责撰写本书第三章。

陈强，广东省珠海市人民检察院第三检察部主任、四级高级检察官，参与撰写本书第一章第一节。

陈霞，广东省珠海市金湾区人民检察院第二检察部三级检察官，参与撰写本书第一章第一节、第二节。

吴乙航，广东省珠海市人民检察院办公室一级科员，参与撰写本书第一章第一节、第二节。

周洋，广东省珠海市人民检察院办公室副主任，参与撰写本书第一章第三节、第四章第二节。

李梓雯，广东省珠海市香洲区人民检察院第二检察部三级检察官，参与撰写本书第二章第一节。

史月迎，广东省横琴粤澳深度合作区人民检察院第一检察部二级检察官，参与撰写本书第二章第二节。

何永福，广东省珠海市人民检察院第三检察部一级检察官，广东省检察业务专家，参与撰写本书第二章第三节。

王晓薇，广东省珠海市人民检察院第三检察部五级检察官助理，参与撰写本书第二章第三节。

康沛，广东省珠海市人民检察院第三检察部副主任、四级高级检察官，参与撰写本书第二章第四节。

官子桓，新加坡管理大学亚洲跨境商业和金融法硕士，参与撰写本书第二章第四节。

多津，广东省珠海市人民检察院第三检察部五级检察官助理，参与撰写本书第二章第四节。

何亚军，广东省珠海市人民检察院第三检察部副主任、四级高级检察官，参与撰写本书第四章第一节。

朱敏，广东省珠海市人民检察院第三检察部四级检察官助理，参与撰写本书第四章第一节。

谢楠，广东省珠海市人民检察院法律政策研究室四级检察官助理，参与撰写本书第四章第三节。

陆文杰，广东省珠海市斗门区人民检察院第二检察部副主任、五级检察官助理，参与撰写本书第四章第三节。

目 录

第一章 走私犯罪概述 …… 1

第一节 我国走私犯罪的概念及历史沿革 …… 1

一、走私犯罪基本概念及类型 …… 1

（一）走私犯罪的基本概念 …… 1

（二）走私犯罪的基本类型 …… 3

二、走私犯罪的立法沿革 …… 5

（一）古代及近代的走私犯罪立法规定 …… 6

（二）新中国成立后的走私犯罪立法规定 …… 7

三、走私犯罪的立法嬗变 …… 10

（一）定性上的扩张化 …… 10

（二）定量上的限定化 …… 10

第二节 走私犯罪境外立法比较 …… 11

一、立法模式比较 …… 11

（一）在刑法中规定走私犯罪 …… 11

（二）在海关法或关税法中规定走私犯罪 …… 16

（三）在其他法律法规中规定走私犯罪 …… 19

二、类型化标准比较 …… 21

（一）以犯罪对象为类型化标准 …… 21

（二）以行为方式为类型化标准 …… 22

三、刑罚比较 …… 22
（一）刑罚轻重比较 …… 22
（二）刑罚种类比较 …… 23
四、立法启示 …… 24
（一）走私犯罪立法的共性与区别 …… 25
（二）我国走私犯罪刑事立法的完善 …… 25

第三节　走私犯罪的热点问题与发展趋势 …… 27
一、走私犯罪的热点问题 …… 27
（一）口岸地区“水客”走私问题 …… 27
（二）自贸港“套代购”问题 …… 30
二、走私犯罪的发展趋势 …… 35
（一）涉案金额与案件数量双增长 …… 35
（二）犯罪手段的链条化与智能化 …… 37
（三）走私对象的高档化与多样化 …… 38

第二章　走私犯罪程序问题 …… 40

第一节　走私犯罪案件管辖问题 …… 40
一、刑事诉讼管辖制度与走私犯罪案件管辖权的配置 …… 40
（一）我国的刑事诉讼管辖规定 …… 41
（二）我国走私犯罪案件管辖权的配置 …… 42
二、走私犯罪案件管辖的实践问题 …… 45
（一）走私犯罪案件的职能管辖问题 …… 45
（二）走私犯罪案件的地域管辖问题 …… 51
（三）走私犯罪案件的级别管辖问题 …… 53
三、走私犯罪案件管辖制度的优化完善 …… 54
（一）明确各侦查主体的职能管辖边界 …… 54
（二）明确海警机构和地方公安机关侦办的走私犯罪案件应遵循法定级别管辖制度 …… 55

（三）明确联合办案和并案管辖的规定 …… 57
（四）明确管辖错位案件的处理原则 …… 59
四、走私犯罪案件管辖制度的未来展望 …… 62
（一）将海关缉私部门侦办的走私犯罪案件回归审判级别管辖的常态 …… 62
（二）在粤港澳大湾区内对走私犯罪案件进行集中管辖 …… 64

第二节 走私犯罪案件电子数据问题 …… 68
一、走私犯罪案件电子数据概述 …… 69
（一）从走私犯罪考察“电子数据入法”脉络 …… 69
（二）电子数据规则体系的建立与发展 …… 71
（三）走私犯罪案件电子数据应用的司法现状 …… 76
二、走私犯罪视角下电子数据规则检视与应用困境 …… 81
（一）电子数据规则检视 …… 81
（二）电子数据应用困境 …… 87
三、走私犯罪视角下电子数据规则完善与应用优化 …… 90
（一）电子数据规则完善 …… 91
（二）电子数据应用优化 …… 96

第三节 走私犯罪收益没收问题 …… 99
一、走私犯罪收益没收的实践图景 …… 100
（一）走私犯罪收益没收的规定 …… 100
（二）走私犯罪收益没收的实践 …… 104
二、走私犯罪收益没收适用不统一的成因 …… 110
（一）实体法成因 …… 110
（二）程序法成因 …… 117
三、一体化完善走私犯罪收益没收制度 …… 119
（一）实体法措施 …… 119
（二）程序法措施 …… 127

第四节 走私犯罪境外证据的适用 …… 131
一、境外证据域内适用的现状分析 …… 132
（一）刑事判决中境外证据适用情况 …… 133
（二）关联刑事立法与案例颁布情况 …… 135
二、境外证据域内适用面临的困境 …… 138
（一）境外证据取证获得难 …… 138
（二）境外证据取证合作少 …… 139
（三）境外证据适用难度大 …… 140
（四）境外证据相关规定散乱 …… 141
三、境外证据域内适用的分类判断 …… 142
（一）协助型获得境外证据的域内适用 …… 143
（二）合作型获得境外证据的域内适用 …… 145
（三）境外证据域内适用的衡平判断 …… 147
（四）当事人等提供境外证据的域内适用 …… 149
四、我国域外证据适用机制的构建 …… 150
（一）域外证据移交前的本地法域合法性审查 …… 150
（二）域外客观性证据的分层适用 …… 152
（三）域外刑事司法鉴定的限缩与补强适用 …… 154

第三章 内地与港澳打击走私犯罪刑事司法协助问题 …… 157

第一节 跨境走私与区际刑事司法协助概述 …… 157
一、内地与港澳的跨境走私犯罪 …… 157
（一）走私犯罪的跨境性 …… 157
（二）区际刑事管辖权冲突 …… 159
二、我国开展走私犯罪区际刑事司法协助的实践 …… 160
（一）我国区际刑事司法协助的现状 …… 160
（二）走私犯罪区际刑事司法协助以警务合作为主 …… 162

第二节 跨境走私犯罪的调查取证刑事司法协助 …………………… 163
一、走私犯罪调查取证刑事司法协助的职能机关 …………………… 163
（一）三法域的职能机关 …………………………………………… 163
（二）职能机关的归口联络与直接联系 …………………………… 164
二、走私案件境外调查取证刑事司法协助的范围 …………………… 166
（一）查找、辨认有关人员 ………………………………………… 167
（二）获取并提供有关人员的证言或者陈述 ……………………… 167
（三）获取并提供有关物品、文件、记录和电子数据 …………… 167
（四）查询、核实涉案财物、金融账户信息 ……………………… 168
（五）勘验、检查或搜查有关场所、物品、人身 ………………… 169
三、调查取证刑事司法协助取证的模式 ……………………………… 169
（一）委托取证 ……………………………………………………… 169
（二）派员取证 ……………………………………………………… 170
（三）联合取证 ……………………………………………………… 171
（四）执法合作 ……………………………………………………… 172
四、跨境走私调查刑事司法协助中证据的移交、审查与转换 …… 174
（一）关于境外取得证据的移交 …………………………………… 174
（二）对境外取得证据的审查与适用 ……………………………… 175
（三）区际刑事司法协助中的证据转换 …………………………… 178

第三节 我国区际刑事司法协助的发展 …………………………… 182
一、优化我国走私犯罪跨境取证路径 ……………………………… 182
（一）加强跨境走私调查中控制下交付的运用 …………………… 182
（二）加强证人出庭和视频音频取证的刑事司法协助 …………… 185
（三）加强电子数据跨境取证的刑事司法协助 …………………… 188
二、加强内地与港澳犯罪嫌疑人的缉捕与移交 …………………… 191
（一）内地与港澳区际移交逃犯的争议 …………………………… 191
（二）区际移交中针对国际引渡部分原则的讨论 ………………… 193
（三）建立简易、快捷的移交程序 ………………………………… 200

三、加强我国区际刑事司法协助的建议 …………………………… 202
（一）建立我国区际刑事司法协助法制协调机构 …………… 202
（二）制定区际共同打击跨境走私犯罪的安排 ……………… 203

第四章　走私犯罪治理问题 ……………………………………… 207

第一节　小额多次走私犯罪治理问题 …………………………… 207
一、小额多次走私犯罪治理有关实体问题 ………………………… 207
（一）缺乏明确且规范的入罪标准 ………………………………… 207
（二）从宽和从严情节适用存在差异 ……………………………… 209
（三）缓刑适用相关配套机制不全 ………………………………… 211
二、小额多次走私犯罪治理有关程序问题 ………………………… 212
（一）取证范围存在差异 …………………………………………… 212
（二）诉讼程序简化不足 …………………………………………… 213
（三）强制措施适用两难 …………………………………………… 215
三、小额多次走私犯罪治理的路径构建 …………………………… 216
（一）治理的理论基础 ……………………………………………… 216
（二）治理的基本原则 ……………………………………………… 216
（三）治理的路径构建 ……………………………………………… 218

第二节　"套代购"走私犯罪治理问题 ………………………… 225
一、"套代购"走私犯罪案件办理有关问题 ……………………… 225
（一）侦查取证方面 ………………………………………………… 225
（二）证据审查与事实认定方面 …………………………………… 226
（三）法律适用和诉讼程序方面 …………………………………… 226
二、"套代购"走私犯罪综合治理有关问题 ……………………… 227
（一）犯罪的低门槛及组织的松散化 ……………………………… 227
（二）犯罪手段日趋隐蔽化 ………………………………………… 228
（三）免税商品监管尚有不足 ……………………………………… 228

三、“套代购”走私犯罪治理的路径选择 …… 229
（一）聚焦犯罪指控难点，全链条提升案件办理质效 …… 229
（二）压缩犯罪活动空间，深层次拓展综合治理成效 …… 232

第三节 检察建议参与反走私社会治理 …… 234
一、社会治理检察建议的理论概述 …… 236
（一）新时代背景下的社会治理检察建议 …… 236
（二）社会治理检察建议的特性 …… 237
二、检察建议参与反走私社会治理的内在逻辑 …… 241
（一）政治性逻辑 …… 241
（二）理论性逻辑 …… 243
（三）实践性逻辑 …… 245
三、检察建议参与反走私社会治理的实现路径 …… 251
（一）从全国优秀社会治理检察建议中借力 …… 251
（二）从贯彻新时代检察工作理念中发力 …… 253
（三）从检察机关依法履职融合履职一体履职中发力 …… 254
（四）从跨部门、跨区域反走私社会治理工作中凝聚合力 …… 261

结语 …… 265

第一章　走私犯罪概述

第一节　我国走私犯罪的概念及历史沿革

一、走私犯罪基本概念及类型

“走”，在《说文解字注》中为“徐行曰步。疾行曰趨。疾趨曰走”。[①] 因此“走”字本意为跑。“私”，在《说文解字注》中为“禾也”。[②] 本意为个人所拥有的禾苗，后引申为“秘密而不公开，不合法，也指不合法的货物”。[③] 因此，从文义解释的角度而言，走私是指非法运输货物并具有逃避处罚之意的行为。走私犯罪古已有之，并随着不同时代的税收征管体制与贸易管理体制的嬗变而变迁。

（一）走私犯罪的基本概念

1977 年 6 月 9 日，海关合作理事会（1994 年起该组织工作名称为世界海关组织）主持通过了《关于防止、调查和惩处违犯海关法罪实行行政互助的国际公约》，该公约亦被称为《内罗毕公约》。根据该国际公约，走私一词指以隐秘方法将货物运过关境的瞒骗海关的行为，包括逃避全部或部分进出口税费、逃避海关法的禁止或限制性规定、违反海关法借以谋

---

① 〔汉〕许慎撰，〔清〕段玉裁注：《说文解字注》，上海古籍出版社 2023 年版，第 63 页。

② 〔汉〕许慎撰，〔清〕段玉裁注：《说文解字注》，上海古籍出版社 2023 年版，第 321 页。

③ 中国社会科学院语言研究所编修：《新华字典》（第 12 版），商务印书馆 2024 年版，第 458 页。

取任何非法利益的行为。[①] 2024 年 7 月，世界海关组织发布的《国际海关术语表》在《内罗毕公约》的基础上进行了补充，认为走私一词还可能涉及某些违反领土内持有和移动货物有关的海关立法的行为。[②] 除国际公约外，各国法律对走私及走私犯罪作了不同规定，如根据《美国法典》第 18 编的规定，走私可以分为狭义上的走私与广义上的走私，狭义上的走私如《美国法典》第 554 条规定的，即故意出口或运输，以及试图出口或运输违反美国法律或法规的商品、物品或货物的行为，[③] 而广义上的走私如《美国法典》第 542 条规定的以虚假陈述方式进口货物、[④] 第 543 条规定的低于法定关税的货物进口[⑤]等行为。根据《法国海关法典》第 417 条的规定，走私涵盖了从非设关地点进口或出口，以及违反有关货物的持有及移动的法律法规的行为。[⑥] 根据日本《关税法》的规定，走私犯罪涉及秘密进出口被禁止进出口的货物的犯罪、藏匿和运输到达日本的非进口目的货物的犯罪、逃避关税罪、无许可进出口和虚假申报的犯罪、关税赃物犯罪等。[⑦] 尽管各国规定有所不同，但在认定走私及走私犯罪时均一定程度上囊括了非法越境、非法目的或非法牟利等要素。

我国《刑法》虽然规定了不同的走私犯罪罪名，但并未对走私作具

---

① 参见陈鹿林：《走私犯罪司法认定》，法律出版社 2023 年版，第 1 页。

② 参见 GLOSSARY OF INTERNATIONAL CUSTOMS TERMS，载世界海关组织网站，https：//www. wcoomd. org/en/topics/facilitation/instrument - and - tools/tools/glossary - of - international - customs - terms. aspx，最后访问时间：2024 年 7 月 22 日。

③ 参见 United States Code § 554（2024），载中华人民共和国商务部网站，原文网址：https：//www. customsmobile. com/uscode/title18 _ partI _ chapter27 _ section554，最后访问时间：2024 年 7 月 29 日。

④ 参见 United States Code § 542（2024），载中华人民共和国商务部网站，原文网址：https：//www. customsmobile. com/uscode/title18 _ partI _ chapter27 _ section542，最后访问时间：2024 年 7 月 29 日。

⑤ 参见 United States Code § 543（2024），载中华人民共和国商务部网站，原文网址：https：//www. customsmobile. com/uscode/title18 _ partI _ chapter27 _ section543，最后访问时间：2024 年 7 月 29 日。

⑥ 参见国家口岸管理办公室编译：《法国海关法典》，中国海关出版社 2016 年版，第 193 页。

⑦ 参见何力：《日本海关法原理与制度》，法律出版社 2010 年版，第 180 页。

体定义，而是通过《海关法》的历次修订不断加以明晰。结合走私犯罪的特性，对走私犯罪进行界定时应主要把握以下要点：第一，与自然犯不同，走私犯罪系行政犯，该犯罪侵害的是国家正常行政管理秩序，具有较为突出的时代性、地域性；第二，由于走私犯罪的认定主要取决于国家的政策和国家在行政管理上的需要，走私犯罪构成要件与《海关法》等法律法规密切相关；第三，虽然走私犯罪表现形式多样，但是能够上升到犯罪并追究刑事责任的走私行为必然是刑法明文规定的行为。因此，我国走私犯罪是指个人或单位违反《海关法》及有关法律、法规的规定，非法运输、携带、邮寄国家禁止、限制进出口的货物、物品，或者逃避进出口环节应缴税额，破坏国家海关监管秩序和对外贸易管理制度，依法应当追究刑事责任的行为。

（二）走私犯罪的基本类型

走私犯罪从犯罪主体的角度而言，可以分为自然人走私与单位走私；从犯罪对象及侵犯的法益角度而言，可以分为涉税类走私与非涉税类走私；从犯罪行为方式的角度而言，可以分为通关走私与绕关走私；从法律后果是否构成独立的走私罪名而言，可以分为直接走私与间接走私。

1. 自然人走私与单位走私

自然人走私中较为典型的是“水客”走私。早期的走私者主要是经水路走私货物，此类货物得名“水货”，走私者也被称为“水客”。如今，作为频繁往来于深圳与香港、珠海与澳门之间的一个特殊群体，“水客”利用便利的通关条件，长期偷带应税商品过关，或受人雇佣赚取“带工费”，或自行销售走私货物赚取差价。

与自然人走私相对应的是单位走私。随着国家对外贸易的发展，越来越多的公司、企业参与到对外贸易活动中，以单位形式实施的走私犯罪也大幅上升。认定单位走私犯罪应注意把握两个要件：一是以单位的名义实施犯罪，犯罪的决定由单位作出、代表单位的意志；二是犯罪谋取的不正当利益或违法所得为单位所有。在刑罚实施方面，如果系单位走私的适用双罚制，一方面要对单位判处罚金，另一方面也要对单位直接负责的主管人员和其他直接责任人员判处刑罚。单位走私犯罪区别于自然人走私犯罪，除犯罪主体不同外，还体现在定罪及量刑上。以走私普通货物、物品罪中的“偷逃应缴税额较大”为例，自然人走私犯罪的起刑点为偷逃应缴税额人民币10万元，单位走私犯罪的起刑点为偷逃应缴税额人民币20万元。因此，确定是单位走私还是自然人走私，是关乎定罪量刑和当事人利益的重要案件事实。

2. 涉税类走私与非涉税类走私

涉税类走私是指以逃避应缴纳税款为目的，侵犯国家对外贸易管理体制的一种走私行为。国家进出口税收管理制度规定的走私犯罪涉税行为所应缴纳的税款，既包括进出口关税，也包括增值税、消费税等由海关代征的税款。此类走私犯罪对应的罪名为走私普通货物、物品罪。同时，涉税类走私犯罪还包括“后续走私”行为，即我国《刑法》第154条所规定的走私保税货物和特定减免税货物的行为。

非涉税类走私是指违反海关法规，逃避海关监管，非法运输、携带、邮寄国家禁止、限制进出口的货物、物品进出国（边）境的行为。该类犯罪主要侵害的是国家对外贸易进出口的管理秩序以及与此相关的社会经济文化管理秩序，具体可以分为双向禁止与单向禁止。走私被双向禁止进出口的货物、物品，涉及的罪名，有走私武器、弹药罪，走私核材料罪，走私假币罪，走私珍贵动物、珍贵动物制品罪，走私国家禁止进出口的货物、物品罪，走私淫秽物品罪。走私被单向禁止出口的货物、物品，涉及的罪名，有走私文物罪，走私贵重金属罪，走私被单向禁止进口的货物、物品，涉及的罪名则为走私废物罪。如果某一货物、物品只是单纯禁止进口的，则只有进口行为才构成犯罪；反之，如果只是单纯禁止出口的，则只有出口行为才构成犯罪。

3. 通关走私与绕关走私

通关走私作为最为常见的走私方式，是指违法犯罪行为人为逃避海关监管，在国家设立海关的国（边）境，采取假报、瞒报、隐匿、伪装等欺骗手段，将国家禁止、限制进出口的货物、物品或应当缴纳关税的货物、物品进出国（边）境、偷逃税款的行为。具体包括以下六种：一是瞒报通关，如将价值高的货物、物品申报为价值低的货物、物品；二是伪报通关，虚假申报进出口货物、物品的品名、数量、规格、价格、原产地等属性；三是伪装通关，将进出口货物、物品原来的包装改变为容易蒙混过关的包装以逃避监管；四是藏匿过关，如利用体内藏匿、身上捆扎等方式将货物、物品带出关卡；五是闯关走私，利用海关监管漏洞、盲区或其他方式直接通关；六是“三包”走私，即货主给付中介公司低于正常进出口环节税的费用，由中介公司实施“包税”“包许可证”“包出口核销”，而不管中介公司如何操作。

我国地域辽阔，海岸线曲折漫长，监管难度较大，绕关走私犯罪也因此多发高发。作为一种比较原始的走私方式，绕关走私是指行为人非法运输、携带国家禁止、限制进出口或依法应当缴纳关税的货物、物品，未经国家有关机关批准，绕过设置海关的地点，从未设立海关的港口、码头或者从陆路的边界进出境、偷逃税款的行为。绕关走私犯罪多见于大宗货物以及边境贸易走私中，往往具有时间跨度大、涉案金额大、隐蔽性强等特征。

4. 直接走私与间接走私

直接走私是指直接参与实施非法运输、携带、邮寄相关货物、物品进出国（边）境的走私行为，如直接隐瞒、藏匿、伪报、绕关等方式躲避海关监管的行为。可以说，直接走私行为是导致走私结果发生的直接原因，直接走私犯罪的完成也意味着上游犯罪的完成，因而其关联的也是独立、具体的走私罪名。

我国《刑法》第155条将直接购私行为法律拟制为间接走私。在认定间接走私行为时，应注意以下几点：（1）间接走私必须是直接故意，即明知是国家禁止进出口的货物、物品或者限制进出口的货物、物品仍向走私人购买。（2）间接走私行为人是在他人走私行为完成后再参与非法收购环节，系直接向走私犯罪分子收购，而不是依靠中间环节的第二、第三手等主体来实现。如2019年最高人民法院、最高人民检察院与海关总署发布的《打击非设关地成品油走私专题研讨会会议纪要》规定，直接向走私人购买走私的成品油，且不属于走私共犯的，数额较大的，以走私罪论处；向非直接走私人购买走私的成品油的，根据其主观故意，依照洗钱罪或掩饰、隐瞒犯罪所得、犯罪所得收益罪定罪。（3）间接走私并非独立的罪名，而是根据具体走私货物、物品的种类来对应具体的罪名，从而进行处罚。

二、走私犯罪的立法沿革

走私犯罪立法沿革是一个漫长且逐步发展的过程，而伴随着经济形势的变化、国际贸易的发展以及国家法律法规不断完善，走私犯罪立法也将继续适应时代需求不断进行调整和完善。

（一）古代及近代的走私犯罪立法规定

我国在西周末期，就已出现有关走私犯罪的规定。《周礼》所载“司货贿之出入者，掌其治禁与其征廛。凡货不出于关者，举其货，罚其人。凡所达货贿者，则以节传出之。国凶札；则无关门之征，犹几”，指检查携带货物出入的人，掌管有关治理的禁令和征收货物税以及货物存放仓库的租金。凡是不从关门出入的，就没收货物，惩罚货主；凡是未经司市授予玺节而携带货物到来的，就授给玺节和传而放行；国家发生灾荒、瘟疫，就免除关税，但仍要进行检查。西周及之后历代的封建国家，都有对走私行为进行立法惩治。例如，马在古代很长一段时间里都是重要的军事战备物资，汉朝景帝中元四年就发布了“禁马出关”令。自唐代开始，关于走私犯罪立法的规定逐步丰富，并开始建立对外舶管理机构——市舶司，[①] 负责监管海上进出口货物、船舶和征收关税。《唐律疏议》卷第八卫禁律部分对“赍禁物私度关”“越度缘边关塞”均作了规定，[②] 即携带违禁物品出关的人以及不经过官府设置关卡的大路而通过绕道方式出关的人均要受到处罚。自唐以后的历代王朝对走私犯罪的规定，在一定程度上均借鉴甚至承袭了唐律的规定，如《宋刑统》亦在卫禁律部分对“私度越度”“冒度关津给过所”“赍禁物度关”等内容作了规定。[③] 明代的《大明律》则进一步细化了相关立法，将进口走私犯罪规定在第 80 条“户律”“课程”的“船商匿货”律，将出口走私犯罪规定在第 119 条“兵律”“关律”的“私出外境及违禁下海”律。清代的《大清律》在整体上完全沿袭了《大明律》的相关立法规定，仅对部分条文作出了些许调整，且《大清律》颁布后在整个清朝的存续期间均未作出修改与调整，而是通过“条例”的增补来完善相关法律规定。如为明确各种不同情形

---

① 参见王晓鹰、眭贞嫣：《中国海事管理机构的历史演进脉络（唐朝至元朝）》，载《中国海事》2018 年第 9 期，第 77 页。

② 参见岳纯之点校：《唐律疏议》，上海古籍出版社 2013 年版，第 143 – 144 页。

③ 参见窦仪等详定，岳纯之校正：《宋刑统校正》，北京大学出版社 2015 年版，第 117 页。

中法律的具体适用，其先后在第225条的“私出外境及违禁下海”律下增加了相关“条例”共36条。根据《大清律例》，马牛、军需、铁货、铜钱、绸绢、丝绵等货物都在禁止出口之列，[①] 泛海客商不如实申报货物的将会受到杖责一百以及没收货物的处罚。[②]

至近代，特别是鸦片战争结束后，尽管当时也有对走私行为进行处罚的条款，但由于当时政府主权的独立性和完整性受到了极大削弱，走私犯罪立法最终因丧失关税主权而沦为一纸空文。

（二）新中国成立后的走私犯罪立法规定

1. 肇始初创阶段（1949年至1979年）

新中国成立初期，华南边境尚未实行严格的边境管理，人员自由进出，走私问题严重。以毗邻港澳的珠海地区为例，仅拱北海关辖区与澳门交界的关闸一带每天就有大量自行车载货走私，有时一辆自行车在一天之内跨境往返多次。由于这一时期我国没有制定统一的刑事法典，也没有各类刑事犯罪的细化规定，走私犯罪立法较为薄弱。1950年《对外贸易管理暂行条例》规定了禁止进口类和特许进口类的货品，也规定了禁止出口类和特许出口类的货品，但是并未规定具体货品种类的明细。1951年《暂行海关法》以列举的方式列出10种重大走私行为，可以视为走私犯罪立法的初创，后国家又陆续发布了《关于在反走私斗争中加强联系配合的联合指示》等文件。

2. 逐步发展阶段（1979年至1997年）

在1979年至1997年期间，走私犯罪立法经历了比较大的发展，具体表现在以下方面：

一是走私犯罪写入《刑法》。1979年《刑法》作为新中国成立后的第一部刑法典，在第3章“破坏社会主义经济秩序罪”中规定了走私犯罪。虽然1979年《刑法》关于走私犯罪已有立法突破，但并未具体区分走私的种类，对于不同类别、不同对象、不同性质的走私行为没有加以区

---

① 参见上海大学法学院、上海市政法管理干部学院编，张荣铮、刘勇强、金懋初点校：《大清律例》，天津古籍出版社1995年版，第327页。

② 参见上海大学法学院、上海市政法管理干部学院编，张荣铮、刘勇强、金懋初点校：《大清律例》，天津古籍出版社1995年版，第267页。

分和界定，因而走私犯罪在当时仍是较为笼统的概念。

二是走私犯罪对象进一步明确。1978 年改革开放后，国家经济体制改革不断深入，外贸制度也不断深化，走私货物的主要种类亦由过去的粮食、布料等日常生活用品转变为成品油、钢材等生产性原材料，随着经济的进一步发展，走私电子产品、奢侈品、汽车等高档消费品的犯罪也逐渐增多，1979 年《刑法》中有关走私犯罪的规定已经完全不能适应形势需要。为加强打击走私犯罪工作，国家不断修订和完善有关走私犯罪的法律法规，1982 年发布的《关于严惩严重破坏经济犯罪的决定》将走私犯罪的最高刑期规定为死刑。1987 年颁布的《海关法》首次对走私犯罪进行了比较具体的界定，对走私货物、物品的种类及情形亦进行了列举，并以叙明罪状的方式予以明确。该法还首次在立法上规定单位可以成为走私犯罪的主体，并对间接走私作了规定。

三是走私毒品罪从走私罪中剥离。1987 年颁布的《海关法》明确规定了逃避海关监管，运输、携带、邮寄国家禁止进出口的毒品的行为构成走私罪。随着毒品犯罪日益猖獗，1990 年全国人大常委会通过了《关于禁毒的决定》，将走私毒品行为与贩卖、运输、制造毒品的行为并列，以加大对毒品犯罪的打击力度，突出国家对毒品的严格专项管制和对人民身心健康的重视与保护，这也导致走私毒品罪作为一个独立的罪名被从走私罪中剥离出去。

3. 优化完善阶段（1997 年以来）

自 1997 年以来，关于走私犯罪的刑事立法变得更为全面、更进一步细化，从犯罪对象的确立到犯罪行为方式的界定再到具体罪名的定罪量刑，均有了突破性发展。

一是确立了走私犯罪的专门刑事立法。相较于 1979 年《刑法》，1997 年《刑法》对走私犯罪作了较为全面的修改，在“破坏社会主义市场经济秩序罪”专章中独立成节，用七个条文规定了走私罪名，包括走私武器、弹药罪，走私核材料罪，走私假币罪，走私文物罪，走私贵重金属罪，走私珍贵动物、珍贵动物制品罪，走私珍稀植物、珍稀植物制品罪，走私淫秽物品罪，走私普通货物、物品罪，同时确立了以“偷逃应缴税额”作为走私普通货物、物品罪的定罪量刑标准，从立法框架和罪名设立上确立了我国走私犯罪刑法规范的基本内容。

二是走私行为与走私犯罪的界定逻辑进一步自洽。2000年修订的《海关法》第82条对走私行为进行了列举说明，并涉及走私行为中禁止或限制进出境货物、物品以及应税货物、物品等行为对象，但是对具体的货物、物品的种类及明细不再作具体规定，对行为是否构成犯罪也不再涉及，而是由刑法的相关规定进行规范，进一步加强了立法上的协调与统一。

三是通过修正案对走私犯罪进行补充与完善。其一，《刑法修正案（四）》将界河、界湖增设为购私犯罪的地点，从而与《海关法》关于增加界河、界湖的规定相统一。该修正案还扩大了“废物”的范围，增设走私废物罪，最高人民法院、最高人民检察院在《关于执行〈中华人民共和国刑法〉确定罪名的补充规定（二）》（法释〔2003〕12号）中取消了走私固体废物罪。其二，《刑法修正案（七）》进一步扩展走私犯罪的打击对象，增设走私国家禁止进出口的货物、物品罪，最高人民法院、最高人民检察院在《关于执行〈中华人民共和国刑法〉确定罪名的补充规定（四）》（法释〔2009〕13号）中取消了走私珍稀植物、珍稀植物制品罪。其三，《刑法修正案（八）》取消了走私文物罪，走私贵重金属罪，走私珍贵动物、珍贵动物制品罪，以及走私普通货物、物品罪的死刑，对走私普通货物、物品罪的定罪量刑标准也作了重要调整，取消了具体数额标准，代之以偷逃应缴税额较大、巨大等概括性表述，同时增加了小额多次走私入刑的规定。其四，《刑法修正案（九）》废止了走私武器、弹药罪，走私核材料罪，以及走私假币罪的死刑。其五，考虑到保护国家生物安全的需要，《刑法修正案（十一）》增设了走私人类遗传资源材料罪。

四是通过司法解释对走私犯罪进行进一步完善。2014年最高人民法院、最高人民检察院发布的《关于办理走私刑事案件适用法律若干问题的解释》规定了走私武器、弹药罪的定罪量刑标准，规定了走私仿真枪、走私管制刀具、走私珍贵动物制品以及走私国家禁止进出口的货物、物品等行为的定罪处罚等内容，并对小额多次走私、走私犯罪既未遂等实践中争议较大的问题作了进一步解释。该司法解释发布后，2000年发布的《关于审理走私刑事案件具体应用法律若干问题的解释》和2006年发布的《关于审理走私刑事案件具体应用法律若干问题的解释（二）》同时废止。

三、走私犯罪的立法嬗变

随着走私犯罪形式日趋多样化，我国《刑法》也在不断细化相关罪名，并通过制定司法解释等方式进一步明确走私犯罪的认定标准和处罚原则，以更有利于打击犯罪和准确适用法律。

（一）定性上的扩张化

随着我国《刑法》的历次修订及相关司法解释的发布，走私犯罪由最初的单一罪名逐渐发展到现在的 13 个罪名。一方面，走私犯罪的涉案领域逐渐扩张。从 1979 年《刑法》简单规定走私罪到 1997 年《刑法》第一次将走私犯罪独立成节进行规定，从《刑法修正案（四）》以专门条文规定走私废物罪到《刑法修正案（七）》规定走私国家禁止进出口的货物、物品罪，可以说我国走私犯罪刑法规范的内容不断得以丰富。另一方面，走私犯罪的行为方式逐渐扩张。从非法运输、携带、邮寄的直接走私，到在界河、界湖等犯罪地点购私的间接走私；从偷逃应缴税款到在境内销售保税、减税、免税货物的后续走私，多种新类型走私犯罪的出现也促使走私犯罪立法不断进行完善。

（二）定量上的限定化

我国走私犯罪刑法规制呈现出两大特点，一是入罪门槛的总体提升，二是量刑罚则的去死刑化。一方面，我国走私犯罪的入罪门槛呈现出总体提升的趋势。以走私普通货物、物品罪为例，1988 年《关于惩治走私罪的补充规定》规定了个人走私普通货物、物品罪的入罪门槛为价额 2 万元，1997 年《刑法》修改为个人走私普通货物、物品偷逃应缴税额 5 万元。《刑法修正案（八）》删去了走私普通货物、物品罪入罪的具体数额标准，代之以偷逃应缴税额较大、巨大等概括性表述。可见，走私犯罪的入罪门槛呈现出随着经济社会发展和对外交往不断深入而总体提升的特点。另一方面，走私犯罪立法体现了去死刑化的过程。1997 年《刑法》颁布之初，走私武器、弹药罪，走私核材料罪，走私假币罪，走私文物罪，走私贵重金属罪，走私珍贵动物、珍贵动物制品罪，走私普通货物、物品罪，以及走私毒品罪的最高法定刑均为死刑，第 157 条规定武装掩护走私的也可以适用死刑，如此严厉的刑罚规定，与当时我国走私犯罪猖獗有关。这一状况在《刑法修正案（八）》颁布后得以改变，该修正案将走私文物罪，走私贵重金属罪，走私珍贵动物、珍贵动物制品罪，以及走私普通货物、物品罪的最高法定刑修改为无期徒刑。2015 年《刑法修正案(九)》作了进一步调整，将走私武器、弹药罪，走私核材料罪，以及走私假币罪的最高法定刑也调整为无期徒刑。到目前为止，除走私毒品罪外，其他走私犯罪均已没有死刑。去死刑化与我国刑法发展的大趋势相符，通过几次修正，刑法的谦抑性与罪责刑相适应原则得以更好体现。

第二节 走私犯罪境外立法比较

随着西方资本主义的产生和商品货币关系的发展，统治阶级认为商品的自由贸易与货物的自由输入输出对本国不利，于是通过立法形式制定了关于商品进出国（边）境等事项相关的法律。囿于各个国家和地区政治、经济、文化等方面的差异，关于走私犯罪规定的侧重点也有所不同，而了解走私犯罪实体法的规定，是进行走私犯罪实务研究的基础。

一、立法模式比较

走私犯罪立法模式是有关走私犯罪立法表现形式的组合方式。考察当下世界各国或地区关于走私犯罪的成文立法可以发现，走私犯罪立法模式主要分为三种：一是将走私犯罪规定在刑法中，如美国、俄罗斯等国家。二是将走私犯罪规定在海关法或关税法中，如法国、日本等国家。三是将走私犯罪分散规定在不同法律法规中，如我国香港特别行政区、澳门特别行政区、台湾地区等。

（一）在刑法中规定走私犯罪

1. 美国关于走私犯罪的规定

美国联邦层面关于走私犯罪的规定，可在《美国法典》（United States Code）中查询。《美国法典》一共分为 54 编，其中第 18 编规定的是“犯罪和刑事诉讼程序”，第 18 编中的第 27 章系关于“海关”的规定，该章第 541 条至第 555 条则规定了走私犯罪的相关行为。根据上述规定，在美国以下行为涉及走私犯罪：

第一类是走私禁止进出口的货物、物品，以及违反美国法律法规的商品、物品或货物的行为。具体包括：（1）进口或出口被盗机动车辆、非公路移动设备、船舶或飞机；明知是被盗的机动车辆、非公路移动设备、船舶、飞机或上述货物、物品的部件，仍故意进口、出口或试图进口或出口等情形。① （2）故意将违反法律的商品进口或带入美国，以及明知这些商品是违法的，仍接收、隐藏、购买、销售或以任何方式在进口后为运输、隐藏或销售这些商品提供便利等情形。② （3）故意出口或运输，或试图出口或运输违反美国法律或法规的商品、物品或货物，以及明知违反法律法规而进行的出口，仍然在出口前接收、隐藏、购买、销售此类货物、物品等情形。③

第二类是导致美国丧失合法关税的行为。具体包括：（1）支付税款低于法定应缴税款，即税务工作人员明知货物、产品或商品支付的税款低于法定应缴税款的情况下仍然允许其进口。④ （2）虚假申请退税，即故意提交虚假或欺诈性的条目或主张，以要求在商品出口时支付退税、津贴或退款等情形。⑤ （3）享有关税优惠或补贴货物的再准入市场，即任何进口或撤回出口的商品未支付关税，或意图获得已付关税的退税，或法律规定

① 参见 United States Code § 553（2024），载中华人民共和国商务部网站，原文网址：https：//www. customsmobile. com/uscode/title18_ partI_ chapter27_ section553，最后访问时间：2024 年 7 月 29 日。

② 参见 United States Code § 545（2024），载中华人民共和国商务部网站，原文网址：https：//www. customsmobile. com/uscode/title18_ partI_ chapter27_ section545，最后访问时间：2024 年 7 月 29 日。

③ 参见 United States Code § 554（2024），载中华人民共和国商务部网站，原文网址：https：//www. customsmobile. com/uscode/title18_ partI_ chapter27_ section554，最后访问时间：2024 年 7 月 29 日。

④ 参见 United States Code § 543（2024），载中华人民共和国商务部网站，原文网址：https：//www. customsmobile. com/uscode/title18_ partI_ chapter27_ section543，最后访问时间：2024 年 7 月 29 日。

⑤ 参见 United States Code § 550（2024），载中华人民共和国商务部网站，原文网址：https：//www. customsmobile. com/uscode/title18_ partI_ chapter27_ section550，最后访问时间：2024 年 7 月 29 日。

的其他出口补贴，在未进入美国的情况下在美国的任何地方再次登陆。[①]（4）虚假分类的货物进口，即故意以低于货物、物品的真实重量或尺寸等方式使货物、物品进口。[②]（5）以虚假陈述方式进口货物，即通过欺诈性或虚假的发票、声明、宣誓书、信函等方式导致可能剥夺此类发票、声明、宣誓书、信函中包含或提及的商品所产生的任何合法关税。[③]（6）隐藏或销毁发票或其他文件，即在收款区的收款人要求进行检查后，故意隐藏或销毁与进口到美国的商品有关的发票、书籍或文件；或为隐藏其中包含的欺诈性证据，隐藏或销毁此类发票或文件。[④]

第三类是绕关走私的行为。具体包括：（1）将货物存放在边境建筑物中，即违反法律在美国与外国边界线上的建筑物中接收或存放商品，或通过该建筑物携带任何商品。[⑤]（2）私建边境隧道和通道的行为，即故意建造或资助建造跨越美国和另一国家之间国际边界的隧道或通道（国土安全部已知的合法授权的隧道或通道，且接受了移民和海关执法局的检查除外），或故意在其拥有或控制的土地上建造或使用上述隧道或通道，或使用上述隧道或通道非法走私外国人、货物、受管制物品、大规模毁灭性

① 参见 United States Code § 544（2024），载中华人民共和国商务部网站，原文网址：https：//www. customsmobile. com/uscode/title18_ partI_ chapter27_ section544，最后访问时间：2024 年 7 月 29 日。

② 参见 United States Code § 541（2024），载中华人民共和国商务部网站，原文网址：https：//www. customsmobile. com/uscode/title18_ partI_ chapter27_ section541，最后访问时间：2024 年 7 月 29 日。

③ 参见 United States Code § 542（2024），载中华人民共和国商务部网站，原文网址：https：//www. customsmobile. com/uscode/title18_ partI_ chapter27_ section542，最后访问时间：2024 年 7 月 29 日。

④ 参见 United States Code § 551（2024），载中华人民共和国商务部网站，原文网址：https：//www. customsmobile. com/uscode/title18_ partI_ chapter27_ section551，最后访问时间：2024 年 7 月 29 日。

⑤ 参见 United States Code § 547（2024），载中华人民共和国商务部网站，原文网址：https：//www. customsmobile. com/uscode/title18_ partI_ chapter27_ section547，最后访问时间：2024 年 7 月 29 日。

武器（包括生物武器）或恐怖组织成员。①

第四类是藏匿、隐瞒、非法获取货物的行为。具体包括：（1）藏匿、重新包装保税仓库里的货物，即在保税仓库中故意隐藏、移动或重新包装商品，或故意改变、污损或涂掉存放在该仓库中包裹上的任何标记或编号的行为。②（2）转移海关监管下的货物及破坏密封的行为，包括未经授权，在船舶、车辆、仓库或包装上附上或贴上海关印章、扣件或标记，或声称是海关印章、扣件或标记等情形。③

第五类是特定主体的犯罪。具体涉及将货物走私到国外的船只所有者、④ 协助进口淫秽或叛逆性书籍及物品的人员的犯罪。⑤

2. 俄罗斯关于走私犯罪的规定

《俄罗斯联邦刑法典》分总则篇与分则篇，其中分则篇第 8 编第 22 章规定了走私犯罪相关的内容。该刑法典原第 188 条关于“走私”的规定已被 2011 年 12 月 7 日第 420 号联邦法律删除。⑥ 具体而言，俄罗斯的走私犯罪主要表现为以下几种情形：

一是非法出口国家管制的货物、物品或商品。即根据《俄罗斯联邦刑法典》第 189 条的规定，行为人明知而故意犯罪或者有预谋的团伙实

① 参见 United States Code § 555（2024），载中华人民共和国商务部网站，原文网址：https：//www. customsmobile. com/uscode/title18_ partI_ chapter27_ section555，最后访问时间：2024 年 7 月 29 日。

② 参见 United States Code § 548（2024），载中华人民共和国商务部网站，原文网址：https：//www. customsmobile. com/uscode/title18_ partI_ chapter27_ section548，最后访问时间：2024 年 7 月 29 日。

③ 参见 United States Code § 549（2024），载中华人民共和国商务部网站，原文网址：https：//www. customsmobile. com/uscode/title18_ partI_ chapter27_ section549，最后访问时间：2024 年 7 月 29 日。

④ 参见 United States Code § 546（2024），载中华人民共和国商务部网站，原文网址：https：//www. customsmobile. com/uscode/title18_ partI_ chapter27_ section546，最后访问时间：2024 年 7 月 29 日。

⑤ 参见 United States Code § 552（2024），载中华人民共和国商务部网站，原文网址：https：//www. customsmobile. com/uscode/title18_ partI_ chapter27_ section552，最后访问时间：2024 年 7 月 29 日。

⑥ 参见黄道秀译：《俄罗斯联邦刑法典》，中国民主法制出版社 2020 年版，第 122 页。

施的非法输出或交付可用于制造大规模杀伤性武器、军事装备和军事技术的原料、材料、设备、工艺、科学技术情报的行为。①

二是不履行归还特定物义务的行为。其一是不归还文化珍品的行为，即根据《俄罗斯联邦刑法典》第 190 条的规定，不在规定期限内将原运送出俄罗斯联邦的文化珍品归还到俄罗斯联邦境内的行为。② 其二是逃避履行返还外汇或俄罗斯货币的义务，即根据《俄罗斯联邦刑法典》第 193 条的规定，不按规定程序将巨额外汇资金或俄罗斯联邦货币划拨到境内授权银行或俄罗斯联邦境外账户，以及不按规定程序返还巨额外汇资金或俄罗斯联邦货币至境内授权银行或俄罗斯联邦境外账户上的行为。③

三是非法运输、携带国家管制的货物、物品越过欧亚经济共同体关税联盟边界。根据《俄罗斯联邦刑法典》第 193－1 条、第 200－1 条至第 200－2 条规定，走私货币、现金、支付工具、酒类、烟草制品等均属于走私犯罪。主要包括：（1）通过伪造单证等方式实施将外汇资金或俄罗斯联邦货币汇入境外账户的金融业务的走私货币的行为。（2）走私现金或支付工具，非法使现金或支付工具越过欧亚经济共同体关税联盟边界，数额巨大的行为。（3）走私酒类产品或烟草制品，非法使酒类产品或烟草制品越过欧亚经济共同体关税联盟边界，数量巨大的行为。④

四是偷逃交纳海关关税的行为。即根据《俄罗斯联邦刑法典》第 194 条的规定，逃避交纳向组织或自然人征收的海关关税，数额巨大及数额特别巨大的行为。未交纳的商品海关税费金额超过 200 万卢布构成数额巨大，超过 600 万卢布构成数额特别巨大。如果系公职人员利用自己的职务

① 参见黄道秀译：《俄罗斯联邦刑法典》，中国民主法制出版社 2020 年版，第 122－123 页。

② 参见黄道秀译：《俄罗斯联邦刑法典》，中国民主法制出版社 2020 年版，第 123 页。

③ 参见黄道秀译：《俄罗斯联邦刑法典》，中国民主法制出版社 2020 年版，第 124－125 页。

④ 参见黄道秀译：《俄罗斯联邦刑法典》，中国民主法制出版社 2020 年版，第 125－126、132－134 页。

地位实施的、对进行海关和边防监督人员使用暴力的，则加重处罚。[①]

（二）在海关法或关税法中规定走私犯罪

1. 法国关于走私犯罪的规定

法国对于走私犯罪主要规定在海关法中，将违反海关法的行为分为5种等级的违规行为和3种类别的犯罪行为，并针对这些不同类型的违法行为和犯罪行为设置了相应的处罚措施。[②]

根据《法国海关法典》，走私行为主要包括：[③]（1）经由陆路边境进口的货物未立即从当地省长令指定的最近路线运至最临近的海关办事处。（2）货物未运至海关办事处前，未经许可超越海关办事处的位置。（3）在海关办公时间以外，未经海关许可，货物在连接两个海关办事处之间的最近路线上移动。（4）往返国际航线的航空器未按规定航线进出关境。（5）空运进口货物运输途中空投货物及甩货。（6）出口货物未运至海关办事处或海关指定地点。（7）陆路边境沿线，运输人取道绕越海关。（8）在港区内、海岸沿线非法装卸货物的一些情形。（9）运输按某项保税监管程序办理的货物过程中非法转移或换掉货物，无合法理由不遵守规定路线或规定时间行驶，从而毁坏海关封志或其他辨认手段，使原装货物无法确认，以及运输按某项保税监管程序办理的货物过程中的其他走私行为。

此外，如果行为人实施了下列行为，根据《法国海关法典》的规定，也将被视为走私：[④] 一是未申报进口或出口的行为，如货物过关时被掩藏在经过特别布置的掩藏物内，或者被掩藏于并非正常用于储藏货物的洞穴或其他空间内以逃避海关查验。二是持有或运输不具备原产地证书、运输单证等有效证明文件的货物的行为，如采取非法手段或伪报方式获得转关

---

① 参见黄道秀译：《俄罗斯联邦刑法典》，中国民主法制出版社2020年版，第126-127页。

② 参见国家口岸管理办公室编译：《法国海关法典》，中国海关出版社2016年版，第189-193页。

③ 参见国家口岸管理办公室编译：《法国海关法典》，中国海关出版社2016年版，第42-44、193页。

④ 参见国家口岸管理办公室编译：《法国海关法典》，中国海关出版社2016年版，第80-82、193-195页。

运输单证，将牲畜计入《边境放牧监管手册》、从《边境放牧监管手册》中注销，或取消转关运输单证上写明的义务的行为；运输禁限进口货物、重税货物、应缴纳国内消费税的货物、禁止出口或应缴纳出口税的货物过关时，无法证明其已按规定由海关对证明文件进行签证等行为。三是违反禁限制出口、复出口、复驱进口等规定的行为。如按照规定驱往国外放牧的牲畜没有复驱进口的（境外死亡除外），涉及禁止出口或应纳出口税的牲畜，此种情形将被视为走私出口。

2. 日本关于走私犯罪的规定

日本海关法系关于海关的国会立法及其现行立法各种修正案的总和，其现行海关立法由《关税法》《关税定率法》《关税暂定措施法》三部构成。① 日本的走私犯罪分为如下类别：

第一，秘密进出口被禁止进出口的货物的犯罪。日本《关税法》第69条第2款第1目规定了不得出口的货物，第108条第4款对违反禁止出口的犯罪行为规定了罚则；第69条第11款规定了不得进口的货物，第109条则对违反进口规定的犯罪行为规定了罚则。②

日本不得出口的货物主要包括：（1）麻醉药和镇静药、大麻、鸦片、兴奋剂（政府的出口以及其他的法令规定可以出口的不在此列）。（2）儿童色情制品，即根据《关于与儿童卖春、儿童淫秽行为等有关的处罚以及儿童保护的法律》第2条第3款规定的儿童淫秽物。（3）侵犯专利权、实用新型权、外观设计权、商标权、著作权、邻接权等知识产权的商品。（4）构成根据日本《反不正当竞争法》第2条第1款所列相关行为的一些物品。③

不得进口的物品主要包括：（1）麻醉药和镇静药、大麻、鸦片、兴奋剂以及吸食器具（政府的出口以及其他的法令规定可以进口的除外）。（2）手枪、步枪、机关枪以及炮、上述武器的弹药以及手枪零部件（其

① 参见何力：《日本海关立法及法典化》，载陈晖主编：《海关法评论》（第11卷），法律出版社2023年版，第32、36页。

② 参见何力：《日本海关法原理与制度》，法律出版社2010年版，第181页。

③ 参见何力：《日本海关法原理与制度》，法律出版社2010年版，第181－182页。

他的法令规定可以进口的除外)。(3)《关于禁止化学武器以及规制特定物质的法律》规定的特定物质，但是根据其他的法令规定可以进口此项货物的业者根据其他法令规定进口的货物除外。(4)危害公共安全和社会风俗的书籍、图画、雕刻以及其他物品。(5)《关于与儿童卖春、儿童淫秽行为等有关的处罚以及儿童保护的法律》第2条第3款规定的儿童淫秽物。(6)侵犯专利权、实用新型权、外观设计权、商标权、著作权、邻接权等知识产权的商品。(7)构成《反不正当竞争法》第2条第1款相关行为的一些物品。①

第二，逃避关税的犯罪，指根据日本《关税法》第110条的规定，通过虚假或不正当的行为逃避关税的犯罪。② 如进口货物时应缴纳关税却通过欺骗或其他欺诈行为而未缴纳关税，以及通过报关行的欺骗或者其他欺诈行为而逃避关税或者收取退还关税等情形。

第三，无许可进出口和虚假申报的犯罪。根据日本《关税法》第111条的规定，未经许可进出口货物的行为，在申报或者检查过程中进行虚假申报或证明，或提出虚假文书进出口货物等行为均属于无许可进出口和虚假申报的犯罪。③

第四，关税赃物的犯罪。指根据日本《关税法》第112条的规定，故意运输、储存、取得与犯罪相关的货物的行为。此处的犯罪具体涉及《关税法》第108条至第110条规定的相关犯罪，④ 赃物涉及不应出口而出口的货物、不应进口而进口的货物、置于保税区的不应进口的货物以及逃税货物等。

第五，藏匿和运输到达日本的非进口目的货物的犯罪。根据日本《关税法》第109条第2款的规定，违反规定将外国货物放在保税区，以及违反规定以保税的方式运输外国货物的行为均属于此类犯罪。⑤

---

① 参见何力：《日本海关法原理与制度》，法律出版社2010年版，第181－182页。
② 参见何力：《日本海关法原理与制度》，法律出版社2010年版，第183页。
③ 参见何力：《日本海关法原理与制度》，法律出版社2010年版，第183页。
④ 参见何力：《日本海关法原理与制度》，法律出版社2010年版，第183页。
⑤ 参见何力：《日本海关法原理与制度》，法律出版社2010年版，第182－183页。

（三）在其他法律法规中规定走私犯罪

1. 我国香港特别行政区关于走私犯罪的规定

香港关于走私犯罪的规定散见于《进出口条例》《刑事罪行条例》《应课税品条例》《危险药物条例》等规定中。在香港，走私是指违反《进出口条例》的规定，或违反管制物品进口或出口的法律规定，将物品输入、输出、运载或其他方式处理的行为。具体类别如下：

一是违反输入和输出的禁止规定或限制规定。《进出口条例》对战略物品、某些禁运物品的输入和输出，以及对禁运物品进口后的管有作了规定，违反这些规定即属犯罪。如《进出口条例》第13B条规定任何人进口另类吸烟产品，即属犯罪。[①]《刑事罪行条例》第105条规定了禁止输入及输出伪制纸币及硬币，即任何人未经金融管理专员以书面同意而输入、运抵或卸下任何流通纸币的伪制品或受保护硬币的伪制品；或输出任何流通纸币的伪制品或受保护硬币的伪制品，即属犯罪。[②]

二是违反如实申报、缴纳税款的义务。应课税品作为香港关税的一种，根据《应课税品条例》第34A条的规定，任何人在入境站进入香港，须就其个人行李所载和其所携带的应课税货品向香港海关人员申报。在入境站以外的地方进入香港，如被穿着制服的香港海关人员查问，则须就其个人行李所载或其所携带的应课税货品数量是否超逾作出申报，不作出申报或作出虚假、不完整的申报，即属犯罪。[③]

三是违反进出口货物附随有效证明文件的规定。《危险药物条例》第11条、第13条、第14条对进出口危险药物以及过境途中危险药物应附

---

① 参见《进出口条例》13B. 进口另类吸烟产品的罪行，载电子版香港法例网站，https：//www. elegislation. gov. hk/hk/cap60！sc？INDEX_ CS = N&xpid = ID_ 1438403513130_ 001，最后访问时间：2024年7月22日。

② 参见《刑事罪行条例》105. 禁止输入及输出伪制纸币及硬币，载电子版香港法例网站，https：//www. elegislation. gov. hk/hk/cap200！sc？INDEX_ CS = N，最后访问时间：2024年7月22日。

③ 参见《应课税品条例》34A. 进入香港的人的申报，载电子版香港法例网站，https：//www. elegislation. gov. hk/hk/cap109！sc@2024－02－28T11：00：00？INDEX_ CS = N&xpid = ID_ 1438402561922_ 001，最后访问时间：2024年7月22日。

随有效证明文件作了规定，违反这些附随义务则构成犯罪。[①] 另，根据《进出口条例》第36条的规定，伪造许可证或认可生产通知书、没有署长授权而更改许可证或认可生产通知书等行为也属犯罪。[②]

四是违反处理和管有某些货品的限制的规定。如根据《应课税品条例》第17条的规定，在就已完税货品申请退还有关税款的情况下出于出口目的，没有许可证而移走货品，或就已完税货品申请退还有关税款的情况下出口该等货品（根据并按照牌照而出口的除外），即属犯罪。[③]

2. 我国澳门特别行政区关于走私犯罪的规定

澳门对走私及走私犯罪主要规定在《对外贸易法》中。《对外贸易法》第12条规定，货物的运入及运离，当经由官方为此指定的关口进行，海关则负责监察经由澳门特别行政区关口进行或邮寄方式进行的对外贸易活动。[④] 因此，违反在许可地点以外进行活动规定的行为在澳门将构成走私犯罪。同时，澳门对单位走私犯罪亦作了规定，根据《对外贸易法》第22条规定，法人及等同法人如果实施走私犯罪的，亦当追究其刑事责任。[⑤] 除《对外贸易法》外，澳门《刑法典》第262条规定了禁用武器及爆炸性物质罪，[⑥] 该条规定有点类似于我国《刑法》关于走私武

---

① 参见《危险药物条例》11. 有关进口危险药物须遵守的规定。13. 出口危险药物时须遵守的规定。14. 过境途中的危险药物。载电子版香港法例网站，https：//www. elegislation. gov. hk/hk/cap134！sc？INDEX_ CS = N，最后访问时间：2024年7月22日。

② 参见《进出口条例》36. 关于许可证、生产通知书等的罪行，载电子版香港法例网站，https：//www. elegislation. gov. hk/hk/cap60！sc？INDEX_ CS = N&xpid = ID_ 1438403513130_ 001，最后访问时间：2024年7月22日。

③ 参见《应课税品条例》17. 对处理和管有某些货品的限制，载电子版香港法例网站，https：//www. elegislation. gov. hk/hk/cap109！sc@2024－02－28T11：00：00？INDEX_ CS = N&xpid = ID_ 1438402561922_ 001，最后访问时间：2024年7月22日。

④ 参见澳门《对外贸易法》第12条，载澳门特别行政区印务局网站，https：//bo. io. gov. mo/bo/i/2003/25/lei07_ cn. asp，最后访问时间：2024年7月22日。

⑤ 参见澳门《对外贸易法》第22条，载澳门特别行政区印务局网站，https：//bo. io. gov. mo/bo/i/2003/25/lei07_ cn. asp，最后访问时间：2024年7月22日。

⑥ 参见澳门《刑法典》第262条，载澳门特别行政区印务局网站，https：//bo. io. gov. mo/bo/i/95/46/codpencn/codpen0001. asp，最后访问时间：2024年7月22日。

器、弹药罪的规定，对输入禁用武器、爆炸装置或爆炸性物质、足以产生核爆之装置或物质、放射性装置或物质，又或适合用作制造有毒或令人窒息之气体之装置或物质作了禁止性规定。此外，澳门《文化遗产保护法》第 94 条规定了不法出境罪,[①] 也涉及了走私文化遗产的相应处罚。

3. 我国台湾地区关于走私犯罪的规定

我国台湾地区对走私犯罪进行了规定，其中对于走私犯罪的罚则，“惩治走私条例”集中作了规定，包括私运管制物品进出口罪、私运逾公告数额之管制物品进口罪、私运销售或藏匿管制物品罪、走私而持械拒捕罪、服务交通工具人员知走私不报罪、准走私罪等。[②]

二、类型化标准比较

所谓刑事立法的类型性，是指对各种犯罪所作的类型化描述，既不单纯使用抽象的概念，也不按照实践中发生的个案详尽描述犯罪事实，而是将犯罪的构成要件描述为可以与具体案件相对应的类型化标准。各个国家和地区对走私犯罪的打击侧重点不同，由此衍生出不同类型化的立法标准。

（一）以犯罪对象为类型化标准

以犯罪对象为类型化的立法标准，是指犯罪罪名的确定以犯罪对象为依据，从而规定与该犯罪对象有关的罪名。我国关于走私犯罪立法体现的便是以犯罪对象为类型化的逻辑。我国现行《刑法》规定的罪名，如走私核材料罪，走私假币罪，走私文物罪，走私贵重金属罪，以及走私废物罪等，均以走私行为所具体指向的对象为靶向，进而规定相对应的罪名。以走私武器、弹药罪为例，行为人违反海关法规、逃避海关监管，将武器、弹药运输出境，不论其通过何种方式出境，该行为在刑法上都被评价为走私武器、弹药罪。至于我国《刑法》第 155 条所规定的准走私行为，并没有规定具体的罪名，其作为与走私犯罪行为密切关联的下游行为，本

---

① 参见澳门《文化遗产保护法》第 94 条，载澳门特别行政区印务局网站，https：//bo. io. gov. mo/bo/i/2013/36/lei11_ cn. asp，最后访问时间：2024 年 7 月 22 日。

② 参见陈晖：《两岸走私犯罪立法比较与借鉴——兼论走私犯罪类型化立法》，载《河北法学》2008 年第 8 期，第 126 – 127 页。

质上是一种掩饰、隐瞒行为，后被法律拟制成走私犯罪，但是具体罪名仍然依附于走私对象而定。

（二）以行为方式为类型化标准

以行为方式为类型化的立法标准，是指犯罪罪名的确定以行为方式为依据，进而确立相关的罪名。例如《美国法典》中关于走私犯罪的罪状表述，如以虚假陈述方式进口货物、向美国走私货物、向国外走私货物、将货物存放在边界线的建筑物中、在仓库中搬运或重新包装货物、转移海关监管下的货物及破坏密封、隐藏或销毁发票或其他文件等，均是以行为方式为立法标准。又如俄罗斯，虽然规定了走私现金或支付工具、走私酒类产品或烟草产品的相关罪名，但涉及不将文化珍品归还俄罗斯联邦境内、逃避交纳向组织或自然人征收的海关关税、逃避履行返还外汇或俄罗斯货币义务等罪名时，仍然是以行为方式为类型化的立法标准。

我国香港特别行政区、澳门特别行政区、台湾地区关于走私犯罪的规定，亦体现的是行为方式的划分标准。香港对行为人违反输入和输出的禁止规定或限制规定，违反如实申报的义务，伪造、更改许可证、生产通知书等走私犯罪行为规定了对应的刑罚，澳门针对行为人在法律许可地点外将货物运入或运离澳门、输入武器及爆炸性物质、将文化遗产不法带出境等行为规定了刑罚，台湾则从私运、销售、藏匿管制物品或应税物品等方面规定了走私犯罪，均体现了以行为方式进行类型化区分的立法逻辑。

三、刑罚比较

走私犯罪的刑罚，主要依据走私行为的性质、情节轻重程度以及走私物品的种类等因素而确定。由于政治经济体制的差异以及打击犯罪的侧重点不同，各国关于走私犯罪的刑罚也呈现出较大区别。

（一）刑罚轻重比较

各国对走私犯罪的处罚相差比较大。以入罪门槛而言，我国走私犯罪的入罪门槛相对较低。一些走私分子为逃避法律制裁，特别是为规避偷逃应缴税额的起刑点，而采取“化整为零”“蚂蚁搬家”式的小额、多次方式进行走私，因此，《刑法修正案（八）》将一年内曾因走私被给予二次行政处罚又走私的规定为犯罪，从而将小额多次走私行为纳入刑法评价，我国走私犯罪的入罪门槛进一步降低。

从走私犯罪的法定最高刑期来看，我国刑法对走私犯罪的处罚也较为严厉，如走私毒品罪的最高法定刑为死刑，走私武器、弹药罪，走私核材料罪，走私假币罪，走私文物罪，走私贵重金属罪，走私珍贵动物、珍贵动物制品罪，走私淫秽物品罪以及走私普通货物、物品罪的最高法定刑均为无期徒刑。境外关于走私犯罪的刑罚轻重，则呈现出较大差异。在美国，故意建造或资助建造穿越美国与另一国之间国际边界的隧道或地下通道的，处以罚金并处以 20 年以下的监禁。[①] 在俄罗斯，集团实施的逃避海关税费、走私酒类或烟草制品类走私犯罪，则判处 7 年以上 12 年以下的剥夺自由刑罚，并处罚金以及并处或不并处限制自由。[②] 而在法国，走私或有组织地走私主管海关的部长以部长条例列明的对公共健康、道德或安全有害的物品，最长可处 10 年拘役，[③] 并最高处走私货物价值 5 倍罚款。

（二）刑罚种类比较

各国关于走私犯罪的处罚种类主要是财产刑和限制自由刑，具体在刑法适用上则体现出单处或者并处的区别。

第一类是财产刑和自由刑并罚。财产刑和自由刑作为刑罚的常见种类，其双重适用表明该类走私犯罪行为性质严重，法律对该类走私犯罪实行了较为严厉的苛责。以走私武器、弹药罪，走私核材料罪，以及走私假币罪为例，我国《刑法》第 151 条规定，走私武器、弹药、核材料或者伪造的货币的，处 7 年以上有期徒刑，并处罚金或者没收财产；情节特别严重的，处无期徒刑，并处没收财产；情节较轻的，处 3 年以上 7 年以下有期徒刑，并处罚金。武器、弹药、核材料等都是重要战略物资，走私该

---

① 参见 United States Code § 555（2024），载中华人民共和国商务部网站，原文网址：https：//www. customsmobile. com/uscode/title18_ partI_ chapter27_ section555，最后访问时间：2024 年 7 月 29 日。

② 参见黄道秀译：《俄罗斯联邦刑法典》，中国民主法制出版社 2020 年版，第 127、133 页。

③ 参见国家口岸管理办公室编译：《法国海关法典》，中国海关出版社 2016 年版，第 192 页。

类货物、物品将对国家安全造成严重危害，应当予以严惩，所以适用财产刑和自由刑并罚。

第二类是财产刑或自由刑可以选择适用，也可以选择并罚。财产刑或自由刑的选择适用或者并罚代表了该类走私犯罪的行为性质较为严重，但具体处罚可以视情节等要素而定。以走私国家禁止进出口的货物、物品罪为例，根据我国《刑法》第 151 条的规定，走私珍稀植物及其制品等国家禁止进出口的其他货物、物品情节严重的，应适用财产刑和自由刑并罚，处 5 年以上有期徒刑，并处罚金；如果情节不构成严重的，处 5 年以下有期徒刑或者拘役，并处或者单处罚金。再以美国为例，《美国法典》第 541 条规定，对虚假分类的货物进口，处以罚金，或两年以下监禁，或一并处罚。①

第三类是财产刑、自由刑以及其他刑罚的选择适用。不同种类刑罚的选择适用，表明该类走私犯罪行为性质不算严重或者较轻，具体处罚则因具体情节而呈现出较大区别。如俄罗斯关于走私犯罪的刑罚，除判处罚金与判处自由刑以外，还规定了强制性社会公益劳动或强制劳动。以走私酒类产品为例（有预谋的团伙实施的、利用自己职务地位实施的、有组织的集团实施等情形除外），处数额为 30 万卢布以上 100 万卢布以下或被判刑人 1 年以上 3 年以下的工资或其他收入的罚金；或处 5 年以下的强制劳动；或处 5 年以下的剥夺自由。②

四、立法启示

随着国际交流和各国贸易往来进一步推进，走私犯罪也不可避免地会与多国或多地区的法律产生交合，只有了解和掌握各国各地区关于走私犯罪的规定，从中寻找出法律上的契合之处和执法衔接点，才能不断提升打击走私犯罪的工作成效。

---

① 参见 United States Code § 541 (2024)，载中华人民共和国商务部网站，原文网址：https://www.customsmobile.com/uscode/title18_partI_chapter27_section541，最后访问时间：2024 年 7 月 29 日。

② 参见黄道秀译：《俄罗斯联邦刑法典》，中国民主法制出版社 2020 年版，第 133 页。

（一）走私犯罪立法的共性与区别

境内外关于走私犯罪立法的相同之处主要表现为以下几个方面：一是在走私犯罪中除了直接构成走私犯罪的自然人或单位，其他特定主体如公务人员包庇走私犯罪的也应受到处罚；二是走私犯罪的对象通常仅限于禁止或限制进出口的货物、国家管制的货物以及应税货物等几种类型；三是走私犯罪的表现形式通常包括未按法定路线进出口货物、逃避海关关税以及进出口货物未附随有效证明文件等几种类型；四是规定了从重或加重处罚的情节，如武装掩护走私、暴力抗拒缉私等严重危害国家安全的走私犯罪，均是各国严厉打击的对象。

境内外关于走私犯罪立法的区别之处主要在于：第一，从走私犯罪的立法体系看，境外关于走私犯罪的规定比较分散，而我国对走私犯罪的立法规定则相对集中。第二，从修改完善走私犯罪立法的角度看，境外对走私犯罪立法主要直接通过对刑事立法、海关法或其他法律法规进行修订，我国主要通过刑法修正案的方式对走私犯罪立法进行修订和完善。第三，从刑罚的适用来看，整体而言，我国关于走私犯罪的刑罚设置更重。

（二）我国走私犯罪刑事立法的完善

虽然法律概括和提炼了一类犯罪的本质与重要特征，在规定犯罪的同时也实现了法益保护的目的，但由于市场经济不断发展和犯罪手段不断变化，立法无法预见未来发生的所有情况，因而难免存在一些不足，走私犯罪的刑事立法亦不例外，不断出台的有关走私犯罪的司法解释和刑法修正案也说明，我国走私犯罪的立法处于不断完善中。具体可从以下层面进行考量：

第一，关于法律规定完备程度的问题。最高人民法院、最高人民检察院于2014年发布的《关于办理走私刑事案件适用法律若干问题的解释》虽然针对不同犯罪对象的量刑情节作了具体规定，但仍存在一些不明确之处，致使司法实践中对一些具体案件的处理时产生争议。具体而言，以下问题尚需进一步明确：

1. 关于“情节特别严重”“情节较轻”的问题。我国《刑法》第151条规定的走私核材料罪、走私贵重金属罪中涉及情节特别严重、情节较轻的判断，刑法条文没有直接予以明确，相关司法解释也没有明确认定的标准。此外，黄金等贵重金属在海关《限制进出境物品表》中属于“限制出境物品”，行为人以藏匿方式携带明显超出合理自用范畴的黄金及其制品出境，未向海关申报，则构成走私贵重金属罪，但是走私黄金等贵重金属进境是否入罪，实践中争议较多，需要进一步明确。

2. 关于间接走私行为的数额认定问题。我国《刑法》第153条规定的走私普通货物、物品罪的构成要件及处罚标准之一为“偷逃应缴税额”达到较大、巨大或者特别巨大，但是，第155条规定的间接走私的构成要件之一为“非法收购走私进口的货物、物品”数额较大，而不是以“偷逃应缴税额”作为认定标准，导致实践中对于间接走私行为是否构成走私普通货物、物品罪尚存在不同认识。因此，建议将《刑法》第155条的相关表述修改为“非法收购走私进口的货物、物品数额较大，或者偷逃应缴税额较大”，以保持刑法条文的一致性和系统性。

第二，关于程序设置的相关问题。一是行刑衔接配套程序有待完善。一方面，目前各地司法实践中对酌定不起诉数额标准的认识不一、情节轻微各要素标准的把握不统一，出现同类案件不同处置的情况。建议建立涉走私案件酌定不起诉的正面和负面清单，并对具体的情节实行赋分制，对符合酌定不起诉条件的依法作出不起诉决定。另一方面，关于行刑双向衔接的程序规定不够具体。建议明确双向移送案件的标准和程序以及检察机关依法监督的职责和程序等，建立酌定不起诉案件代为告知、检察意见跟踪落实及数据共享等制度，即：将不起诉后检察机关依法制发检察意见建议行政主管机关行政处罚等法律后果的告知提前到认罪认罚阶段，为后续行政处罚做好准备与衔接；依托反向衔接开展行政违法行为监督，确保检察意见落实；逐步开放和共享行政执法数据、侦查监督数据、检察机关酌定不起诉数据，确保行刑双向衔接信息畅通，为大数据法律监督赋能。二是珍贵动物行业性鉴定规范以及第三方重新鉴定程序有待健全。目前，对于列入人工繁殖的国家重点保护野生动物名录，或者人工繁育技术成熟、已成规模，作为宠物买卖、运输的，一般不作为犯罪处理，但是，关于鉴定涉案珍贵动物是否属于人工驯养繁殖的行业性规范目前仍未形成。同时，实践中有时出现涉案珍贵动物及其制品的市场交易价格低于行业主管部门核准价格的情形，有的甚至差距悬殊。如何以真实的交易价格合理调节量刑，从而避免司法裁判结果严重偏离大众的普遍认知，仍然是亟待解决的问题。对此，建议健全珍贵动物行业性鉴定规范及涉案珍贵动物制品的重新鉴定程序，真正在法理情的有机统一中实现公平正义。

第三，关于刑罚种类较为单一的问题。我国《刑法》对走私犯罪规定了管制、拘役、有期徒刑、无期徒刑、死刑、罚金、没收财产等不同种类的刑罚，但均未脱离自由刑和财产刑的范畴。走私犯罪具有贪利性和专业化的特点，尤其是部分走私犯罪系利用特殊进出口资质所产生的便利，如以利用加工贸易手册擅自在境内销售保税货物的方式实施走私犯罪，现有的自由刑和财产刑虽能在一定程度上惩罚其贪利性，但仍未能产生足够有效的震慑和遏制效果。为充分发挥刑罚的惩罚、警示和预防功能，建议引入资格刑，以剥夺犯罪人的再犯能力，如针对一些严重的走私犯罪，可增设在一定期限内或者永久剥夺、限制其从事经济和金融相关业务或特定职业资格的规定。

第三节　走私犯罪的热点问题与发展趋势

一、走私犯罪的热点问题

（一）口岸地区“水客”走私问题

“水客”是对利用口岸边境两地货物价格及贸易管制的差异，频繁采用“蚂蚁搬家”方式化整为零，少量、多次携带货物、物品进出境人员的称谓。自晚清时期“水客”群体出现以来，闽粤台等地在长期的发展过程中逐步形成了“水客”走私亚文化，早期的“水客”在赚取不法利益的同时也将相关知识和经验传授给身边人，其同乡、亲戚、朋友在经济利益诱惑下逐渐接受“水客”走私的价值观念并互相效仿和学习。[①]

根据我国《刑法》第153条规定，在一年内曾因走私被给予二次行政处罚后又走私的，构成走私普通货物、物品罪。近年来，“水客”走私案件

① 参见巩鹏飞：《犯罪经济学视角下深港地区水客走私治理研究》，载《特区经济》2022年第10期，第35页。

高发多发，成为口岸地区社会治理的重点。以毗邻港澳的广东省珠海市为例，“水客”走私犯罪案件从2019年的57件99人增至2023年的381件516人，还出现了以“蚂蚁搬家”方式走私红珊瑚、奢侈品、游戏机、显示屏等一批被海关总署缉私局一级挂牌督办的重大“水客”走私案件。①

1. “水客”走私犯罪的特点

（1）“水客”来源复杂多样。一是传统“水客”数量持续增长。传统“水客”以澳门本地居民为主，近年来澳门经济因疫情等原因受到较大冲击，部分人陆续加入“水客”大军，使得传统“水客”队伍不断壮大。二是内地劳工群体成为新兴主力。非本地劳工在澳门没有居留权，但获许可在澳门从事职业。据澳门相关部门公布的数据，2022年澳门外雇人数达15万余人。从查处的案件来看，内地劳工占“水客”总量的比例较大。三是新移民及其近亲属成为重要参与者。新移民主要指从内地到港澳投靠直系亲属的移民群体，该部分移民的近亲属可一年多次往返探亲。近年查获的部分案件显示，部分新移民已逐渐成为“水客”团伙的核心成员，如代购商、揽货人、“水客头”等，虽然总量不多但在“水客”团伙中的层级较高。四是跨境就读的学生成为“新生力量”。这些学生大都是受“水客”团伙唆使，在早晚人流密集时段以书包作掩护，利用快速通道违法携带商品入境，有的案件中甚至出现父母利用未成年子女偷带货物过关的情况。

（2）反侦查能力不断增强。一是“水客”团伙组织严密，分工明确。从近年来查处的“水客”走私团伙来看，进货、派货、通关、集散、分销等各环节均由专人负责，有的实行“单线”联系以降低被查处风险，有的专设“看水”“望风”岗位负责传递消息，有的设置不同地点接收货以避免被现场“一窝端”等。此外，走私团伙普遍会就如何规避海关旅检人员抽查、如何应对缉私警察讯问等对“水客”进行培训。二是招募“白底水客”实施走私。海关缉私部门通过建立黑名单制度，重点排查曾受到海关查处的过关人员，收效明显。有的“水客”团伙为降低风险，选择尚未被海关查处的“白底水客”进行走私，增加了海关的查缉难度。

① 参见《珠海市检察院走私犯罪检察工作新闻发布会》，载微信公众号“广东反走私”，2024年5月11日。

三是建立“过关情报站”。通过发布口岸现场排班表，选择特定时间安排大量“水客”集体冲关，面对高峰时段的“水客”大军，现场执法力量就显得捉襟见肘，难以有效应对。

(3) 走私渠道进一步拓展。近年来，随着“澳车北上”“港车北上”政策落地，经由港珠澳大桥公路口岸进境的港澳“单牌车”数量与日俱增，成为“水客”走私的新途径。2023 年以来，珠海市检察机关办理的涉“单牌车”走私案件案值达人民币 4.2 亿余元，偷逃税额人民币 1.6 亿余元。该类案件呈现以下特点：一是涉案主体以在澳务工人员和大学生为主，以日常用车充当犯罪工具。如徐某等 3 人走私普通货物案，走私团伙利用徐某在澳门上班的便利，在其“单牌车”内藏匿手表等货物，由徐某在下班返回时夹带进境。二是走私隐蔽程度进一步提高。在近年来办理的该类“水客”走私案件中，“水客”大都通过在汽车发动机舱及主副驾驶座等处加装暗格，或者利用“手套箱”等车内储物空间藏匿走私物品进境，现场发现难度大。三是涉案货物数量大价值高。该类案件的走私对象往往以摄影器材、芯片、手机、酒类等高价值物品为主，偷逃税额较以往“水客”走私案件更大。珠海市检察机关办理的某“单牌车”团伙走私案，案值高达 1.5 亿余元，涉税额近 2500 万元。此外，近年来还陆续出现走私枪支案件。如龚某某等人将在澳门购买的 9 支枪支藏匿于“单牌车”内运输进境，带来严重安全隐患。

2. “水客”走私犯罪的治理难点

(1) 不同法域关于“水客”走私的法律规定不尽一致。在粤港澳大湾区内，香港和澳门均属自由贸易区和免税区，与内地的法律制度存在明显差异，港澳两地法律均不禁止“水客”团伙的揽货行为，使得“水客”团伙长期活跃于港澳，导致打击力度和效果较为有限。① 此外，对“水客”群体相关联的违法行为的实际约束也十分有限。如澳门《对外贸易

① 《中华人民共和国香港特别行政区基本法》和《中华人民共和国澳门特别行政区基本法》均有“保持自由港地位，除法律另有规定外，不征收关税”“实行自由贸易政策，保障货物、无形财产和资本的流动自由”“特别行政区为单独的关税地区”等规定。由于无须缴纳关税，同样的境外进口商品在内地和港澳之间存在明显价格差，成为“水客”走私的重要诱因。

法》《聘用外地雇员法》《禁止非法工作规章》等虽均规定了对“水客”相关联的违法行为予以行政处罚①，但因“水客”团伙多采取化整为零、变相交易等方式逃避打击，以致实际执法效果不佳。

（2）刑罚对“水客”的震慑效果有限。在“水客”走私案件中，境外供货商、揽货人、“水客头”和境内货主居于犯罪链条上的核心环节，是主要打击对象，但这些人大都深藏境外在幕后操纵走私，往往难以归案，打击难度大。而作为具体实施通关带货行为的“水客”，其参与走私活动付出的直接成本只是办理出入境手续的费用及往返交通费，被查处的概率并不高；即使被海关查处，仍有“一年内三次走私”才入罪的缓冲，且走私物品损失、罚款及需要补缴的税款等均由“水客头”或供货商承担；即使被认定为犯罪，大部分也仅被判处拘役一个月或作不起诉处理，因此，“水客”的畏罪心理普遍不强。

（3）反走私合力未能有效凝聚。一方面，反走私工作分别由海关缉私部门、公安机关打击走私犯罪部门、海警机构、市场监管部门、街道等多个部门单位负责，而开展反走私综合治理还需要对口岸地区的众多商铺、出租屋、“地下钱庄”以及快递、交通运输等多个行业领域进行综合整治，但目前各部门在职责衔接、执法协作等方面尚未能形成有效合力。另一方面，内地与港澳还未在共同打击走私方面建立起有效的跨境执法联动机制和司法协作机制。

（二）自贸港“套代购”问题

自贸港作为一个国家更高水平对外开放的窗口，主动对接高标准国际经贸规则，允许货物、资金等生产要素自由进出，允许全部或大部分货物在免征关税的同时，开展储存、展览、加工、包装等服务贸易活动。早在2011年，我国海南省即开展离岛旅客免税购物政策试点，特别是2020年

① 例如，澳门对出入境人员携带行李物品与“水客”的区别只需辨别是否为对外贸易行为，属于对外贸易行为的须提交申报书（或准照），对“水客”的行为主要适用《中华人民共和国澳门特别行政区对外贸易法》第10条予以认定，并依照第37条进行处罚，属行政处罚。根据上述法律规定，对于进出澳门特别行政区的属于“自用或消费”范围内的货物没有限制，但对于非自用或消费价值超过5000澳门元的货物则属于对外贸易活动范畴，应当向澳门海关主动申报。

《海南自由贸易港建设总体方案》发布后，离岛免税购物政策红利持续释放。[①]

然而，在越来越多游客享受到离岛免税购物政策福利的同时，“套代购”这一新型走私犯罪也悄然出现。2023 年，海口、深圳、广州等海关缉私局开展了“HN2304”打击海南离岛免税“套代购”走私集中收网行动。在这个案件中，走私团伙招揽社会人员从事“套代购”走私活动，利用自己或他人的离岛免税购物额度购买离岛免税商品，再采取“离岛自提”“邮寄送达”等方式在岛外集货后销售牟利，案值高达人民币 1.3 亿元。该案也被海关总署列为 2023 年打击走私十大典型案例。[②]

所谓“套购”，指的是套用他人名义，利用关税优惠政策赋予个人的免税额度购买免税商品进行销售牟利；所谓“代购”，指的是以牟利为目的，用自己名下的免税额度为他人购买免税商品，或将所购免税商品在国内市场再次销售。“套代购”走私的具体表现，一是提供虚假身份证件或者使用不符合规定的身份证件违规购买免税商品；二是基于营利考虑，出让自己的免税购物额度，为他人购买免税商品提供帮助；三是在提取免税商品后，本人不离岛并将免税商品带离海关隔离区或交付他人处置，或者在提取免税商品后本人离岛但没有按照规定将免税商品一并携运离岛。

1.“套代购”犯罪的形成背景

（1）离岛免税购物的独特政策优势。离岛免税购物政策是海南自由贸易港建设的重要内容，也是带动海外高端消费回流和消费升级的重要抓手。随着海南离岛免税购物政策不断深化，离岛免税购物蓬勃发展，逐渐成为海南作为自由贸易港和国际旅游消费中心的一张亮丽名片。首先，离岛免税购物货源丰富、商品质量有保障，便利化程度也不断提高。目前，海南拥有中国免税品（集团）有限公司、深圳市国有免税商品（集团）有限公司、海南省发展控股有限公司等旗下免税店 12 家，消费维权渠道

① 根据现行海南离岛免税购物政策，离岛旅客每年每人免税购物额度为 10 万元人民币，不限购买次数。对化妆品、手机、酒类等免税商品的种类及每次购买数量予以限制。超出免税限额、限量的部分，照章征收进境物品进口税。

② 参见关雯：《海关总署发布 2023 年打击走私十大典型案例》，载《中国国门时报》2024 年 2 月 2 日，第 2 版。

较为清晰，投诉反馈相对规范。离岛方式实现了飞机、轮船、火车全覆盖，提货方式也在原有隔离区提货基础上增加了邮寄送达、返岛提货、即购即提、担保即提等,[①] 简化了免税购物手续，改善了购物体验。其次，离岛免税购物的价格优惠极具吸引力。在进口环节增值税与消费税方面，海南离岛免税购物享受的是该类税收全免，与以往跨境电子商务渠道减按70%纳税相比优势明显。同时，离岛免税购物的年度额度足以满足大部分消费需求且无单件数额限制。2020年调整的离岛免税购物政策，取消了每人每次限购1件、每年限购2件价格超过人民币8000元商品的限制，使得离岛旅客可以在人民币10万元的额度内购买单价更高的免税商品。在以上优势的叠加影响下，近年来海南离岛免税购物市场蓬勃发展，竞争力逐步增强。根据海口海关统计，2024年“五一”假期期间，共监管免税购物金额人民币5.47亿元，购物客流量8.58万人次。[②]

（2）犯罪成本与犯罪收益之间的“剪刀差”。走私犯罪成本包括直接成本、机会成本和惩罚成本，直接成本源于实施走私的交通费用等直接开支，而走私市场的长期存在和发展，使走私犯罪的机会成本相对收益而言显得微乎其微。[③] 因此，惩罚成本对于实施走私犯罪的“理性经济人”而言更为重要。“套代购”作为通关走私犯罪的一种表现形式，严重扰乱国家税收监管及国内市场流通秩序。“套代购”涉案人员涉嫌走私偷逃税款，触犯我国《刑法》第153条的规定，构成走私普通货物、物品罪。权衡可能受到的处罚与获取的非法利益，组织或参与“套代购”仍然颇

① 2023年4月1日，海南离岛免税新增“即购即提”“担保即提”提货方式，离岛旅客在购买单价不超过人民币2万元（不含2万元）且在清单内的15类商品，可以按照每人每类免税品限购数量的要求，选择“即购即提”方式提货，即支付货款后可现场提货，离岛环节海关不验核实物。购买单价超过人民币5万元（含5万元）的免税品，可选择“担保即提”方式提货，除支付货款外，还须向海关提交担保金，离岛验核实物后退还担保金。

② 参见曹马志、杜虹霖：《“五一”假期海南离岛免税购物金额5.47亿元》，载《海南日报》2024年5月7日，第A6版。

③ 参见张大春：《走私犯罪应用经济学研究》，中国海关出版社2013年版，第33、68页。

具诱惑，部分人因此不惜铤而走险。通过检索中国裁判文书网，以海南近年来作出的刑事判决为例，处罚较轻的是林某走私普通货物案，[①] 林某明知他人走私，仍利用导游身份便利为他人提供旅客的免税额度用于套购免税商品，偷逃应缴税额人民币 16.84 万余元，被海口市中级人民法院以走私普通货物罪判处有期徒刑 1 年，缓刑 2 年，并处罚金人民币 5 万元；处罚较重的是赵某、寇某虹走私普通货物案，[②] 二人合作套购免税商品销售牟利，共计偷逃应缴税额人民币 485 万余元，数额特别巨大，其中赵某被三亚市中级人民法院判处有期徒刑 10 年，并处罚金人民币 300 万元。然而在"套代购"走私犯罪的涉案人员中，数量众多的"人头"组成了犯罪链条的第一个环节，负责采购用于走私的免税商品，其各自采购的免税商品金额多在人民币 10 万元以下，或者分多次采购，被查获时所购买的免税商品金额往往达不到判处刑罚的标准，大多被取保候审，检察机关通常予以酌定不起诉，对"人头"的惩罚和警醒效果有限。

2. "套代购"犯罪的治理难点

（1）犯罪的低门槛及组织的松散化。海南离岛免税购物政策采用不同于内地往来港澳的出入境专用证件式管理模式，人员进出海南岛不属于出入境而是在国内省份之间进行正常流动，政策许可人群的范围十分广泛。因此，区别于传统的有组织犯罪，"套代购"走私犯罪门槛较低，组织一般较为松散，活动的临时性和随机性强，犯罪链条长，组织成员之间又以单线联系为主，给缉私部门进行及时、精准打击带来较大困难。在"套代购"走私中，处于底层的群体通常被称为"人头"，他们按要求使用自身免税购物额度购买免税商品并从中获取报酬；处于中层的被称为"头目"，他们通过线上线下等多种方式招募"人头"实施"套代购"活动，与货主实行单线联系；处于顶层的是货主，他们将得到的免税商品通过二手购物平台、微信朋友圈、微信群等转售牟利，是整个走私犯罪活动的组织者。"套代购"犯罪组织的松散性、活动的随机性主要体现在，许多人受利益驱使成为"人头"，与发布某项免税商品采购任务的"头目"取得联系，并与其他素不相识的"人头"组成该项任务的微信群，在购

① 海南省海口市中级人民法院刑事判决书（2023）琼 01 刑初 53 号。

② 海南省三亚市中级人民法院刑事判决书（2022）琼 02 刑初 9 号。

买行为完成后便可退出该群，再寻找新的免税商品采购任务并加入新的微信群，与新“头目”合作完成采购任务。不仅如此，一些不法分子还看中在校大学生没有“案底”、不易引起监管部门注意的“优势”，以招聘兼职等形式许以报酬，引诱大学生充当“人头”在免税商店用自身额度代购，进一步增加了缉私部门的打击难度。

（2）犯罪手段日趋隐蔽化。随着对“套代购”走私犯罪的打击力度不断加大，犯罪分子的反侦查能力也在不断增强，犯罪活动日趋具有隐蔽性，如尽量确保采购环节的合规合法，将集货点设置在岛外，利用快递进行零包销售等，导致发现犯罪难、建立证据链条难。具体表现在：一是组织手段隐蔽。走私团伙中的“头目”通过微信群等招募“人头”，要求“人头”下单购买特定免税商品并提货离岛，待该批次商品在异地完成交货后，“头目”与本次招募的“人头”即终止联络，有新的“套代购”需求时再重新组织“人头”。二是运输方式隐蔽。在琼州海峡往返的轮船班次多、票价便宜、人流量大，实施“套代购”的时间成本和经济成本均较低，而港口的现场执法力量有限、查验设备相对简单，所以大多数“人头”选择乘船实施“套代购”走私。三是资金账目隐蔽。为掩饰非法目的，走私团伙刻意混淆资金流向，如将购买免税商品的货款通过支付宝、微信等方式分散转给“人头”，由“人头”自行支付免税商品的价款，待商品交付给货主后再收取现金酬劳。此外，免税商品的销售人员和邮寄打包人员在服务过程中虽然能够察觉出“顾客”可能在实施“套代购”走私，但出于业绩压力及其他顾虑，普遍缺乏进行积极干预的动力。

（3）免税商品监管尚有不足。海南离岛免税购物政策的开放程度较高，本地居民甚至所有进出岛的旅客都将成为离岛免税“套代购”的监管对象。长期以来，海南离岛免税商品监管使用的系统主要有免税商品监管子系统和海南离岛旅客免税商品监管系统。在业务量较小的情况下，这两套系统尚能够较为精准有效地实现对免税商品的监管。但是，随着离岛免税销售规模不断扩大，海关监管业务量持续增加，这两套监管系统审单流程过长、查询统计失准等问题逐渐暴露，有时甚至需要人工处理相关数据，智能化水平明显不足。[①] 近年来，海口海关自主研发了离岛免税RFID仓库监管系统，操作便捷度和智能化水平有所提升，但由于该系统平台目前尚存在数据归集、信息协和、实时共享不足等问题，仍离不开传统人工线下核查，系统的灵敏度和准确度与及时发现“套代购”走私的实际需求还存在较大差距。

二、走私犯罪的发展趋势

走私犯罪作为一种历史悠久的经济犯罪，与关税制度的建立和国际市场的兴起紧密相连。近年来，随着全球经济发展、科技进步和我国对外开放程度不断扩大，境内外市场互动愈加频繁，跨境贸易途径日益多样。而走私犯罪就像潜藏于跨境经济贸易洪流之中的一股湍流，也在根据不同时期内外部环境的变化呈现出多样化的形态。走私犯罪不仅严重破坏国家的经济秩序，严重威胁国家经济安全，还给生态安全、生物安全等带来威胁。

走私犯罪多发于沿海和边境地区，与所处地域显示出明显的相关性。粤港澳大湾区地处我国东南沿海，受益于独特的区位优势和优越的经济社会发展政策，在经济实力不断壮大、对外贸易蓬勃发展的同时，也成为走私分子的觊觎之地，面临着走私犯罪带来的严峻挑战，因此，有必要加强调查分析，加大监管和打击力度，以有效维护国家安全和社会公共利益。本书将以粤港澳大湾区为例，对我国走私犯罪的基本发展趋势作具体分析。

（一）涉案金额与案件数量双增长

粤港澳大湾区是我国改革开放的前沿，历经四十余年快速发展，区域内城市各具特色，社会经济形态多样，展现了丰富的差异性和较强的互补性。这里既有“一国两制”框架下香港、澳门两个特别行政区，又有深圳、珠海两个经济特区，还有横琴粤澳深度合作区、深汕特别合作区等区域发展新引擎，以及广州南沙、深圳前海等国家级自由贸易试验区，再加

① 参见陈天云、胡继琛、王万孔：《海南自贸港建设背景下打击“套代购”走私的路径研究》，载《新东方》2023年第6期，第3页。

上东莞、惠州、中山、江门等制造业重镇，具有坚实的产业基础和雄厚的经济实力，广州、深圳、香港等超级大都市更以其显著的国际影响力推动大湾区高速发展。多元化、差异化的社会经济环境，既为大湾区繁荣发展提供了强大动力，也让走私分子觅得可乘之机。以广州海关开展的“国门利剑”等系列打击走私专项行动为例，严密高效的缉私执法成功打击了走私犯罪，但立案数和案值的明显增长也反映出走私犯罪的整体严峻态势。①

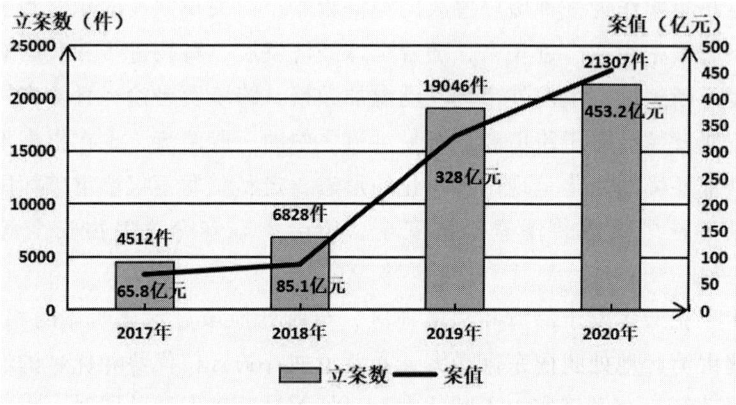

图 1－3－1　广州海关打击走私犯罪情况

在“质”的维度上，随着供给侧结构性改革成效显现，粤港澳大湾区内部产业结构得到持续优化调整，居民消费能力逐步增强，进出口商品的附加值不断上升。但经济活力增强的同时也遇到新的挑战，如走私货值

① 相关数据参见：(1) 罗艾桦、刘燚燊：《广州海关 2017 年查获走私案件 4 千余宗案值 65.8 亿》，载人民网 2018 年 2 月 3 日，http：//society.people.com.cn/n1/2018/0203/c1008－29804091.html。(2) 李大林：《广州海关 2018 年查获近七千宗走私案件案值逾 80 亿》，载大洋网 2019 年 1 月 21 日，https：//news.dayoo.com/guangzhou/201901/21/139995_52462146.htm。(3) 唐贵江、王宇龙：《广州海关“国门利剑 2019”行动立案 1.9 万起 案值 328 亿元》，载中国新闻网 2020 年 1 月 18 日，http：//www.chinanews.com/sh/2020/01－18/9063586.shtml。(4) 郑澍、关悦：《广州海关“国门利剑 2020”行动成果显著》，载央广网 2021 年 1 月 10 日，http：//news.cnr.cn/native/city/20210110/t20210110_525387503.shtml。

必将随之上升，近年来涉案金额超千万元、超亿元的特大案件已不鲜见。在“量”的维度上，由于粤港澳大湾区拥有香港港、深圳港、广州港等货物吞吐量巨大的世界级集装箱海港，在进出口贸易方面优势明显。同时，口岸通关便利化、往返签注政策优化等一系列政策利好，有效促进了大湾区内部人财物等生产要素的便捷流动。以实施分线管理、封关运行的横琴粤澳深度合作区为例，截至2024年6月9日分线管理政策实施满100天，海关在“一线”横琴口岸监管进出境车辆超60万辆次，约53.3万人次澳门居民经新家园通道快速验放，2838名澳门居民经审核适用“允许携带相关动植物产品进入合作区”优惠政策，共预约携带1968批次特定动植物产品；海关“二线”验放出区车辆超481万辆次。[①] 可以预见，浑水摸鱼趁机实施走私犯罪的几率也将随之增加。

（二）犯罪手段的链条化与智能化

近年来，走私犯罪在珠三角地区一直是严厉打击和综合治理的重点。面对日益加大的打击力度，犯罪分子的对抗经验也在不断累积，其中一个重要表现便是以团伙的形式有组织地实施犯罪。2019年至2023年，珠海市检察机关共办理团伙走私犯罪案件220件1000人。走私团伙的犯罪网络结构日益严密、分工更加明确，逐步形成“走私产业链”。例如，在“水客”团伙“蚂蚁搬家”式走私案件中，往往包括居间揽货、境外订货和交接、中转地派货、偷带通关、境内接货和仓储、发货、收货、销售等多个环节，在海上团伙走私案件中包括海上偷运、非设关地卸载和装运等环节。有的走私团伙还借助无人运输等先进技术手段，突破自然地理因素的阻隔，使“走私产业链”的运作显得更为流畅。在珠海市检察机关办理的卓某都、周某辉等人走私案中，犯罪分子以夜色作掩护，在横琴某高层建筑上安置绞盘，操控无人机在横琴与澳门的临近高楼间架设空中绳索，通过“飞线”运输方式在空中走私手机等体积小、货值高的货物进

① 封关运行是对横琴粤澳深度合作区分线管理政策的落地实施。按照规定，横琴与澳门特别行政区之间设为“一线”，横琴与中华人民共和国关境内其他地区之间设为“二线”，合作区实施“货物‘一线’放开、‘二线’管住”的税收和海关监管制度。参见何丽苑、师琳泠：《横琴分线管理百天 政策红利持续释放》，载《南方日报》2024年6月10日，第A1版。

境，接收货物后立即打包装运转移，各环节衔接有序，犯罪过程一气呵成，俨然在上演一部惊心动魄的“特战”大片。

在走私手段链条化趋势不断增强的同时，犯罪分子还利用快速发展的各种智慧平台和移动互联网技术提高走私的智能化、便利化水平，如通过开发智能货管平台、借助互联网和专用即时通讯软件实施走私犯罪。在偷逃应缴税额达人民币 1.7 亿余元的王某瑾团伙走私案中，犯罪分子通过微信朋友圈等发布广告招揽货物清关业务，在网上招聘并管理客服团队、注册客服微信号对接客户，还聘请技术人员开发了“德曼物流 ERP 系统”，该系统详细记录了承揽货物的类别、数量、通关费用以及港澳仓库接收货物、“水客”携带货物进境、境内接收货物、通过快递给境内客户寄送货物的时间节点，还记录了各境内收件人的姓名、地址、联系电话等信息资料，至案发时共记录走私货物数据 465236 项。

（三）走私对象的高档化与多样化

走私犯罪的对象，与货物的进出口税率和市场行情等因素息息相关。关税税率越高、境内外价格差异越大的货物，越容易吸引走私犯罪分子的注意力；市场上越是紧俏的货物，越容易成为走私对象。①

粤港澳大湾区的发展定位是泛珠三角地区的发展龙头，要充分发挥先行示范和辐射带动作用，注重地区经济结构的多元优化。粤港澳大湾区的企业生产经营将在此指引下适度分层布局，居民生活消费水平也会随之转型升级。在多元化的经济环境下，走私犯罪的具体对象也将表现出多样化、非均衡化态势。② 未来，在粤港澳大湾区发生的涉及生产资料的走私案件中，针对传统生产资料的走私，如成品油、汽车及零部件、化工原料、纺织原料等大宗货物走私，依然会占据一定比例。以成品油走私为例，针对广东附近海域 2024 年上半年成品油走私活动有所复苏的情况，广东海警局在潮州、揭阳、汕尾、惠州、深圳、中山、珠海、江门、阳江、湛江等地深入推进“粤海亮剑 2024”系列打击海上走私专项行动，

---

① 参见陈鹿林：《走私犯罪司法认定》，法律出版社 2023 年版，第 10 页。

② 参见周洋：《粤港澳大湾区走私犯罪的治理》，载《福建警察学院学报》2022 年第 4 期，第 52 页。

共查获走私成品油案件 20 起，查扣成品油 319 吨。[①] 同时，针对尖端工业产品、高科技产业生产原材料的走私预计将会显著增加。广东要为全国推进供给侧结构性改革、实施创新驱动发展战略、构建开放型经济新体制提供支撑，粤港澳大湾区有珠三角九市强大的制造产业体系为支撑，又有高科技前沿产业与人才汇聚，已经成为连接先进技术与工业产品的重要平台，目前拥有 1 个国家级自主创新示范区、3 个国家创新型城市、43 个国家重点实验室、逾 200 所高等院校，培育了华为、腾讯、大疆等一批在全球高科技行业细分领域实现领跑的创新型企业，正在打造仅次于美国硅谷的高科技产业引领区，科技创新气氛浓厚，对集成电路芯片、稀土及稀有金属、高纯度单晶硅、纳米纤维等用于制造高精尖产品的原材料有着稳定而庞大的需求。可以预见，这些需求同时也会刺激走私分子铤而走险。

在与粤港澳大湾区民生息息相关的领域，一方面，针对流通领域常见消费品的走私，如智能手机、平板电脑、知名品牌烟酒和化妆品等，可能会因走私对象的多元化而在比例上出现下降，但绝对数量仍可能稳中有升。同时，经济蓬勃发展带来的旺盛市场需求，还可能吸引更多未经合法检验检疫的冷冻肉制品等食品原材料走私进境，严重威胁人民群众“舌尖上”的安全。另一方面，针对高档商品的走私将成为新的犯罪热点。粤港澳大湾区的繁荣发展带动居民消费水平升档升级，对全球知名奢侈品的需求亦将随之不断增强，加之国内外市场巨大的价格差异，都为走私犯罪提供了强劲动力。因此，须高度警惕走私分子打着“境外代购”“全球海淘”等幌子，在粤港澳大湾区内以香港、澳门等地为中转站，“化整为零”，将这些高档奢侈品辗转走私进境。在 2022 年开展的“春燕”行动中，珠澳海关联手成功查获殷某团伙走私燕窝等高档食材进境案，案值达人民币 4.2 亿元，偷逃税款 9200 余万元；后期查获的鄞氏团伙走私高档食材和医美产品进境案、“518”团伙走私燕窝及化妆品进境案，两案案值合计人民币 7.4 亿元，偷逃税款 1.12 亿余元。

---

① 参见方伟彬：《广东海警局上半年共查获涉走私案件 47 起 案值上亿元》，载中国新闻网 2024 年 7 月 4 日，http：//www.chinanews.com.cn/sh/2024/07-04/10246080.shtml。

第二章　走私犯罪程序问题

第一节　走私犯罪案件管辖问题

刑事诉讼管辖是刑事诉讼的起点和入口，也可以说是通往公平正义的大门。管辖作为衡量公权力运行是否具有正当性的重要标准，其重要性愈来愈受到关注。[①] 管辖不规范，就不可能保证程序和实体的公正。[②] 近年来，走私犯罪日益猖獗，加之走私犯罪的侦查主体逐渐多元化，司法实践中遇到诸多与管辖相关的问题。因此，本书将在对我国的刑事诉讼管辖制度及走私犯罪案件管辖权配置进行梳理的基础上，检视走私犯罪案件管辖实践中存在的问题，并从职能管辖、级别管辖、并案管辖、管辖错位案件的处理原则等层面，提出优化和完善我国走私犯罪案件管辖制度的建议。

一、刑事诉讼管辖制度与走私犯罪案件管辖权的配置

法国社会学家埃米尔·涂尔干曾道，“如果高等社会要维持自身的平衡，就必须实行分工”。[③] 在刑事诉讼中，管辖就是案件分担处理的依据和规定。管辖划分出公权力机关受理刑事案件的相应范围，使公权力机关明确其相应的权限和职责。[④]

---

① 参见张曙：《刑事诉讼管辖制度研究》，法律出版社 2020 年版，第 1 页。

② 参见桂梦美：《刑事诉讼管辖制度研究》，中国政法大学出版社 2019 年版，第 1 – 2 页。

③ ［法］埃米尔·涂尔干：《社会分工论》，渠东译，生活·读书·新知三联书店 2000 年版，第 355 页。

④ 参见张曙：《刑事诉讼管辖制度研究》，法律出版社 2020 年版，第 8 页。

（一）我国的刑事诉讼管辖规定

我国《刑事诉讼法》在第二章专章规定了管辖制度，分别是职能管辖和审判管辖，其中第 19 条是关于职能管辖的内容，第 20 条至第 28 条是关于审判管辖的内容。从制度起点看，职能管辖是立法者为强调国家权力的分界而对案件管辖设计的一种“类案分工”，审判管辖则是帮助确定具体案件管辖权的“个别分工”。①

职能管辖也称为立案管辖或者部门管辖，主要指公诉案件与自诉案件的划分，以及侦查权在不同机关的分配问题。② 本书所谈及的职能管辖问题主要指后者。审判管辖，是指各级法院之间、普通法院与专门法院之间以及同级人民法院之间，在审理第一审刑事案件上的权限划分。③ 简言之，就是法院组织系统内部审判第一审案件的分工，所要解决的是由哪种、哪级、哪个法院对刑事案件进行第一审审判。我国的审判管辖分为普通管辖和专门管辖，普通管辖可以进一步分为级别管辖、地域管辖和指定管辖。级别管辖和地域管辖亦称之为法定管辖，是由法律规定案件管辖的事先分配，既避免管辖争议，也避免他人通过操纵管辖进而实现对审判结果的操作。④ 指定管辖也称之为裁定管辖，其是为了弥补法定管辖存在的不足而设定的，是依据法院裁定决定案件管辖的事后分配，在管辖不便或管辖不明时指定或转移管辖。二者的有机结合更有利于案件的审理以及应对社会的复杂情况。⑤

设置专门管辖的原因主要在于，有些刑事案件涉及专门业务或技术方面的问题，或者与某些专门业务有密切联系，不便由普通法院审判，而交由专门法院审判更为便利。出发点是有效地解决专业性、复杂性和多样性

---

① 参见张曙：《刑事诉讼管辖制度研究》，法律出版社 2020 年版，第 79 页。

② 参见徐静村：《刑事诉讼法学（第三版）》，法律出版社 2012 年版，第 193－199 页。

③ 参见陈光中主编：《刑事诉讼法（第七版）》，北京大学出版社、高等教育出版社 2021 年版，第 125 页。

④ 参见林钰雄：《刑事诉讼法（上册）》，新学林出版股份有限公司 2017 年版，第 112 页。

⑤ 参见熊秋红、余鹏文：《我国刑事诉讼管辖体系之完善》，载《法学杂志》2022 年第 4 期，第 59 页。

的社会争议，便于法院统一法律适用、提高审判效率以及服务国家战略。① 目前，我国设置的专门法院主要有铁路运输法院、军事法院、海事法院、林区法院等。

除了《刑事诉讼法》规定的职能管辖和审判管辖，最高人民法院、最高人民检察院、公安部还联合发布了为数众多的管辖规范，其中的内容涉及侦查管辖。侦查管辖，是指具有侦查权的机关在刑事案件上的管辖分工与职责范围。② 其要解决的是具体刑事案件由哪个侦查机关进行侦查的问题，相关规定均是参照审判管辖的模式设计，同样包含了级别管辖、地域管辖、指定管辖等内容。

（二）我国走私犯罪案件管辖权的配置

1. 走私犯罪案件职能管辖权的配置

我国经济社会飞速发展，特定时期的刑事司法政策相应地发生变化，相关法律法规也随之进行修改，使得走私犯罪案件职能管辖权的配置历经多次变迁，逐步发展成侦查主体多元化的职能管辖格局。总体来说可以划分为三个时期：

第一个时期为1998年以前，由地方公安机关和边防等部门分别行使职能管辖权。1978年改革开放后，随着国民经济调整、经济管理体制改革和各项经济政策的落实，整个国民经济活跃起来，但与此同时走私活动尤其是海上走私也日益猖獗，当时海关是缉私工作的主管部门，但这个时期海关只有监管权和行政处罚权而没有刑事司法权，即对于涉嫌走私犯罪的案件，海关没有管辖权，只能由海关调查部门移送地方公安部门管辖。③ 面对日益严峻的走私形势，1993年公安部发布《关于严厉打击走私活动和严格执行缉私规定的通知》（公通字〔1993〕75号），其中规定由边防部门依法执行海上缉私任务，由刑侦部门负责陆上缉私任务。因

---

① 参见熊秋红、余鹏文：《我国刑事诉讼管辖体系之完善》，载《法学杂志》2022年第4期，第59页。

② 参见程军伟：《侦查管辖的立法思考》，载《法律科学（西北政法大学学报）》2010年第5期，第142页。

③ 参见秦前红、张鹏：《关于海关“三权衔接”机制的思考》，载《海峡法学》2020年第3期，第31页。

此，这一阶段地方公安机关和边防等部门都在一定程度上分别行使缉私的刑事司法权。

第二个时期为1998年至2018年，以海关缉私部门为主行使职能管辖权。1998年召开的全国打击走私工作会议，作出了建立“联合缉私、统一处理、综合治理”缉私新体制的重大决策，2000年修订的《海关法》从法律的高度对这一缉私体制予以确认。与此同时，国务院批准在海关总署内设立走私犯罪侦查局并组建专职缉私警察队伍，依法查缉我国海关关境内的涉税走私犯罪案件和发生在海关监管区内的走私犯罪案件。2002年，海关总署走私犯罪侦查局更名为海关总署缉私局。2012年，公安部发布《公安机关办理刑事案件程序规定》，其中规定地方公安机关对发生在海关监管区域外的非涉税走私犯罪案件进行管辖。但是，在这一时期的司法实践中，绝大部分走私犯罪案件都由海关缉私局管辖。

为适应新形势需要，2013年第十二届全国人民代表大会第一次会议通过的《关于国务院机构改革和职能转变方案的决定》提出，缉私局海上缉私队伍和职能划入海警局，国家海洋局以海警局的名义开展海上维权执法，接受公安部的业务指导。但这个时期海警局并未拥有法律意义上的侦查权，仅属于公安机关侦查权的延伸，只是在整合执法力量、理顺机制上进行了改革。①

第三个时期为2018年至今，由海关缉私部门、海警机构、地方公安机关分别行使职能管辖权。为贯彻海洋治理和海洋发展新理念，提升我国在管控海洋等方面的综合实力，建立一支更加统一、高效的海上综合执法队伍，更加合理地配置海上执法力量，2018年第十三届全国人民代表大会常务委员会第三次会议通过了《关于中国海警局行使海上维权执法职权的决定》，明确海警机构执行打击海上违法犯罪活动等任务，行使法律规定的公安机关相应执法职权。同年修改后的《刑事诉讼法》在附则中进一步明确海警机构履行海上维权执法职责，对海上发生的刑事案件行使侦查权，这标志着海警机构正式成为专门的海上侦查机关，对包括海上走私在内的海上刑事案件均具有职能管辖权。自此，海关缉私部门对于海上发生的涉税

① 参见毛彦民：《海上侦查制度研究》，中南财经政法大学2022年博士学位论文，第1页。

走私犯罪案件不再拥有管辖权。2020 年 2 月，最高人民法院、最高人民检察院、中国海警局联合发布《关于海上刑事案件管辖等有关问题的通知》（海警〔2020〕1 号），立足海上执法司法工作的实际需求，对海上刑事案件的管辖、海警机构提请批准逮捕和移送起诉等问题予以明确。

与此同时，随着公安体制改革的不断推进，公安机关在打击走私犯罪中也起着越来越重要的作用，走私犯罪案件的职能管辖也发生了一些新的变化。一方面，海关缉私部门进行了管理体制调整。2018 年管理体制调整前，海关缉私部门既是海关总署的一个内设局，又是公安部的一个序列局，实行海关总署与公安部双重垂直领导、以海关总署领导为主的体制；调整后双重领导体制不变，但从以海关总署领导为主改变为以公安部领导为主，在具体业务上公安部发挥更大作用。另一方面，中共中央印发《深化党和国家机构改革方案》，明确提出公安边防部队改制，从现役部队整体转隶并入公安机关，沿海地区公安机关陆续设立新的机构负责查处包括走私犯罪在内的各类违法犯罪，如处在打击走私犯罪前沿阵地和重点地区的广东省公安厅设立了打击走私犯罪局，承担组织开展打击走私专项行动等任务，各地市公安机关亦相继设立打击走私犯罪部门，开展反走私工作。2020 年，公安部相继修改《公安机关办理刑事案件程序规定》（中华人民共和国公安部令第 159 号）、制定《公安部刑事案件管辖分工规定》（公通字〔2020〕9 号），进一步完善了走私犯罪案件的职能管辖制度。

2. 走私犯罪案件审判管辖权的配置

走私犯罪案件的审判管辖权相对处于较为稳定的状态。1998 年最高人民法院、最高人民检察院、公安部、司法部、海关总署发布的《关于走私犯罪侦查机关办理走私犯罪案件适用刑事诉讼程序若干问题的通知》（署侦〔1998〕742 号）及 1999 年最高人民检察院发布的《关于走私犯罪侦查机关提请批准逮捕和移送审查起诉的案件由分、州、市级人民检察院受理的通知》（高检发研字〔1999〕2 号）规定，海关缉私部门侦查终结的走私犯罪案件，应当移送所在地的分、州、市级人民检察院审查起诉，检察院决定起诉的，应当向本地中级人民法院提起公诉。2018 年以前，因绝大部分走私犯罪案件是由海关缉私部门所侦办，因而在客观上形成了走私犯罪案件基本上都是由中级人民法院管辖的局面。但是，在侦查主体多元化的职能管辖新格局下，走私犯罪案件的审判管辖也面临着一些新的问题，后文将详加论述。

二、走私犯罪案件管辖的实践问题

走私犯罪案件职能管辖格局调整所带来的变化之一，就是打击走私力量得到强化，查获的走私犯罪案件数量呈不断上升态势。以珠海市为例，2023年全市检察机关受理的走私犯罪案件数量比2022年增加了136%（走私毒品案件除外）。但是，这种情况也带来一系列与管辖相关的问题。

（一）走私犯罪案件的职能管辖问题

1. 职能管辖存在重合与模糊空间

根据《刑事诉讼法》《公安机关办理刑事案件程序规定》《公安部刑事案件管辖分工规定》等规定，海关缉私部门负责管辖海关关境内发生的涉税走私犯罪案件和海关监管区内发生的走私国家禁止进出口的货物、物品案，以及走私毒品、走私废物案件等13种走私犯罪案件；海警机构管辖海上的涉税和非涉税走私犯罪案件；地方公安机关管辖在海关监管区之外发生的非涉税走私犯罪案件（见表2-1-1）。

表2-1-1 各侦查主体对走私犯罪案件的管辖范围

侦查主体	走私犯罪案件的管辖范围
海关缉私部门	海关关境内发生的走私普通货物、物品案； 海关监管区内发生的走私武器、弹药案，走私核材料案，走私假币案，走私文物案，走私贵重金属案，走私珍贵动物、珍贵动物制品案，走私国家禁止进出口的货物、物品案，走私淫秽物品案，走私废物案，走私毒品案，走私制毒物品案，走私人类遗传资源材料案
地方公安机关	非海关监管区的除走私普通货物、物品案以外的走私案件
海警机构	海上的所有走私案件

尽管相关法律和规定明确了各侦查主体的管辖权范围，但在实践中仍存在职能管辖重合与模糊的情况。

一是海警机构与地方公安机关之间的职能管辖存在重合与模糊的情

况。管辖权的重合之处在于，双方对从海上走私到陆地的非涉税案件都可以行使管辖权。我国《刑事诉讼法》虽然规定了海上走私犯罪案件均由海警机构管辖，但由于海上走私的货物、物品通常都会抵达陆地，因而犯罪行为也会延续到陆地，如果走私对象是非涉税的货物、物品，那么从犯罪结果地来看，地方公安机关也具有管辖权。管辖权的模糊之处则在于，双方的管辖界限存在不明确的情况。根据《关于中国海警局行使海上维权执法职权的决定》《中国海警局与其他涉海部门职责分工及协作配合机制有关问题的意见》《关于海上刑事案件管辖等有关问题的通知》等规定，海警机构管辖我国海（岛屿）岸线以外、管辖海域以内发生的刑事案件。根据《公安机关办理刑事案件程序规定》及《海警机构办理刑事案件程序规定》（中国海警局令第 1 号），公安机关管辖发生在沿海港岙口、码头、滩涂、台轮停泊点以及设有公安机构的岛屿等区域的走私犯罪案件。但问题是，一些海（岛屿）岸线划分尚未明确。以珠海市为例，由于珠海所辖地域海洋面积大、海岸线长、岛屿众多，而海（岛屿）岸线的划分问题较为复杂，至今尚未能明确划分，以致公安机关与海警机构之间对海岸和岛屿附近海域的走私案件及过境走私案件的管辖界限一直未能明确和理顺。

二是海关缉私部门与地方公安机关之间的职能管辖存在模糊的情况。究其原因，主要是有些走私对象的定性模糊。在非海关监管区的走私案件中，如果属于涉税案件，应当由海关缉私部门行使职能管辖权；如果属于非涉税案件，则由地方公安机关行使职能管辖权。然而，涉税案件与非涉税案件有时存在转化可能，较为典型的是走私冻品案件。根据传统思路，走私不是来自境外疫区或者无法查明是否来自境外疫区的冻品，以走私普通货物、物品罪论处；走私来自境外疫区的冻品，则以走私国家禁止进出口的货物罪论处。2021 年，最高人民法院、最高人民检察院、海关总署、公安部、中国海警局联合制定《关于打击粤港澳海上跨境走私犯罪适用法律若干问题的指导意见》（署缉发〔2021〕141 号），规定对于走私冻品均以走私国家禁止进出口的货物罪定罪处罚，而不再区分冻品是否来自境外疫区或者无法查明是否来自境外疫区。自此，走私冻品案件基本不存在涉税与非涉税转化的问题。除此之外，实践中常见的问题还有：在侦查初期有些走私犯罪案件的具体性质尚未确定，或者侦查机关对走私对象的法律属性判断存在偏差，进而影响了对案件管辖的判断。在一起走私牛黄案中，公安机关因国家对牛黄的进口把控较为严格而误以为牛黄属于国家禁止进出口的货物，对该案以涉嫌走私国家禁止进出口的货物罪立案侦查。实际上，牛黄属于普通货物而非国家禁止进出口的货物，公安机关对该案没有管辖权。

在职能管辖模糊时，有些地方的公安机关为了继续侦办实际上涉税的走私案件，而从非涉税走私或者走私以外的其他罪名如非法经营或生产、销售伪劣产品等罪继续侦查，易导致片面侦查的情况，① 影响对走私犯罪的打击效果。

三是海关缉私部门和海警机构之间的职能管辖存在模糊的情况。该模糊之处同样在于职能管辖的界限未明确。依有关规定，海警机构对海上走私犯罪案件具有排他性的管辖权。根据海关总署、中国海警局相关协作配合办法，海关缉私部门与海警机构的管辖区域以河流口门线为界，即海关缉私部门对于在内河发生的涉税案件仍具有管辖权，但目前却没有河流口门线的划定标准。实务部门有观点认为，河、海的分界线即入海河流口门线，然而河、海分界线的划分标准也不明确，其结果就是，河、海分界线附近水域往往成为管辖真空地带，有些走私团伙就选择在该区域进行散货。

刑事诉讼管辖的基本功能之一，在于界定公权力机关对刑事案件最初的受理权限，防止在受理案件时互相争执或者推诿扯皮，使刑事诉讼活动能够高效、公正地进行。② 近年来，走私犯罪的新手段层出不穷，并且呈现出隐蔽化、智能化、网络化等趋势，案件的侦查难度增大，对侦查取证的时效性及证据固定的及时性提出了更高要求。因管辖权存在重合而出现管辖争议，或者侦查机关因对自身是否具有管辖权存在顾虑，极易贻误最佳的侦查时机，影响侦查效率和质量，甚至可能导致重要的客观证据损坏或灭失，造成影响案件顺利办理及放纵犯罪的后果。管辖权重合或者模糊还可能导致诸多跨部门改变管辖的情况，造成诉讼延迟和司法资源浪费。除此之外需要特别关注的是，在跨部门改变管辖的案件中，原侦查机关的

① 参见陈鹿林：《走私犯罪司法认定》，法律出版社 2023 年版，第 321 页。

② 参见熊秋红、余鹏文：《我国刑事诉讼管辖体系之完善》，载《法学杂志》2022 年第 4 期，第 54 页。

侦查行为是否具有合法性，所获取的证据是否具备证据能力，实践中也不无争议，对此后文再述。

2. “联合办案”与职能管辖的边界问题

2021 年，广东省高级人民法院、广东省人民检察院、广东省公安厅、海关总署广东分署、广东海警局发布的《关于走私刑事案件管辖等问题的意见》（粤公意字〔2021〕4 号）规定，根据案件或工作需要，各相关侦查机关可以成立联合专案组或联合工作专班开展侦查工作，结合管辖职能确定案件主办、协办部门。实际上，早在该意见发布之前，已不乏海关缉私部门、海警机构、地方公安机关联合办案的先例，如广东海警局于 2020 年联合广州海关缉私局、广州市公安局侦查经营，成功打击一个特大走私成品油团伙；① 又如温州海关缉私部门与地方公安合力打击走私犯罪并形成“温州模式”。② 联合办案模式有助于形成打击犯罪的合力，也确实取得了一定成效。

需要关注的是，实践中有些所谓的“联合办案”却名不副实。有的办案机关在立案前即已明知对案件不具备职能管辖权，或是在案件侦办过程中已发现自身不具备管辖权，却不依法移交案件，而是采取与具备管辖权的侦查机关“联合办案”的形式完成后续侦查工作，而具备管辖权的侦查机关未参与或者未实质参与案件的办理。此一做法实质上背离了职能管辖的原则和有关规范性文件的初衷，使我国法律关于职能管辖的规定虚置。以广东省有关部门发布的《关于走私刑事案件管辖等问题的意见》为例，该意见规定各侦查主体可以联合办案，但同时要求办案单位应“结合管辖职能确定案件主办、协办部门”，这就意味着，原本没有管辖权的侦查主体不可能通过联合办案的方式获得管辖权。更需要关注的是，侦查机关超越管辖权所获取的证据还存在着合法性问题，实践中即有辩护人对联合办案中不具有职能管辖权的侦查机关所获取证据的证据能力提出

① 《案值约 8 亿元！广东海警联合海关、公安打掉特大走私成品油团伙》，载微信公众号“广东反走私”，2020 年 7 月 29 日。

② 参见陈鹿林：《走私犯罪司法认定》，法律出版社 2023 年版，第 317 页。

质疑。如鲍某某走私普通货物、物品案，[①]辩护人提出，本案的办案主体公安机关没有侦办涉税走私案件的权限，其制作的全部谈话笔录均不能作为证据使用。法院对此回应称，本案系由海关缉私部门与公安机关成立联合专案组侦办的案件，因走私金额大、涉案人员众多，由公安机关抽调人员共同参与本案的侦办工作，故本案侦查机关具有相应的侦查权限，所采集的证据具有合法性和公正性、客观性，依法应予采纳。虽然法院未采纳辩护人的意见，但应注意到该案件是公安机关抽调人员参与侦查工作，不同于前述与有职能管辖权的侦查机关联合办案，从而在形式上符合职能管辖规定的情形。当然，也有观点提出，取证主体合法性理论并不是一项科学合理的证据学理论，因而应当予以扬弃。[②]但目前理论界和实务界的主流观点仍认为，取证主体的合法性是判断证据合法性的重要标准，因此，以“联合办案”为名行实质管辖之实，相关侦查主体所获取的证据始终面临合法性的质疑，对案件处理的公正性容易带来负面影响。

3. 并案管辖的适用尚存在疑义

并案管辖的依据，见于最高人民法院、最高人民检察院、公安部、国家安全部、司法部、全国人大常委会法制工作委员会于 2012 年联合发布的《关于实施刑事诉讼法若干问题的规定》，公安部于 2020 年发布的《公安机关办理刑事案件程序规定》《公安部刑事案件管辖分工规定》，以及中国海警局于 2023 年发布的《海警机构办理刑事案件程序规定》。并案管辖的内容主要是，具有一人犯数罪，共同犯罪，共同犯罪的犯罪嫌疑人、被告人还实施其他犯罪，以及多个犯罪嫌疑人、被告人实施的犯罪存在关联，并案处理有利于查明案件事实的情形之一，可以在职责（权）范围内并案处理。此外，《关于走私刑事案件管辖等问题的意见》也规定了海关缉私部门、海警机构、地方公安机关在办理本部门管辖的刑事案件过程中，发现其他部门管辖的刑事案件，符合《刑事诉讼法》《公安机关办理刑事案件程序规定》有关并案侦查规定的，可以一并办理，不再移交。

---

① 参见浙江省某市中级人民法院“鲍某某走私普通货物、物品案”，判决书（2019）浙 03 刑初 39 号。

② 参见万毅：《取证主体合法性理论批判》，载《江苏行政学院学报》2010 年第 5 期，第 114 页。

海关缉私部门、海警机构在侦办走私犯罪案件过程中，有时会发现与走私犯罪紧密联系、相互交织的其他犯罪，如虚假出资、抽逃出资罪，骗取出口退税罪，非法经营罪，以及洗钱罪等，实践中常见的操作是并案管辖。并案管辖在性质上属于管辖权的合并，在诉讼法上将产生一种“绑定”的效果，即管辖机关可以突破法定的地域管辖和级别管辖制度的规定，将原本应由不同机关管辖的数个案件，在程序上合并处理。[①] 比如，2020 年拱北海关缉私局在立案侦办柯某某等人走私普通货物案[②]过程中，发现犯罪嫌疑人林某某除受主犯柯某某雇请参与走私外，还按照柯某某指示，使用其本人账户内的柯某某团伙走私违法所得资金购置房产并登记在其本人名下，配合柯某某将犯罪所得收益予以掩饰、隐瞒，涉嫌洗钱犯罪，拱北海关缉私局遂并案侦办相关洗钱犯罪。该案的并案管辖，最大限度地节约了司法资源，实现了对走私及上下游犯罪“全链条”高效打击的目的。

根据上述规定，并案管辖的范围是“在职责范围内”，但问题在于应当如何理解“职责范围”。有观点认为，《关于实施刑事诉讼法若干问题的规定》中所指的并案侦查，是以我国《刑事诉讼法》关于职能管辖的规范为前提，并案管辖只能在法律所规定的职能管辖的范围内进行，不能打破管辖范围，否则就会各行其是，使管辖秩序紊乱。[③] 还有观点认为，并案管辖虽然可以突破地域管辖和级别管辖制度，但不能突破职能管辖和专门管辖制度的规定。[④] 全国人大常委会法制工作委员会刑法室的解读认为，并案管辖只能是本系统内的并案管辖。[⑤]《公安机关办理刑事案件程

① 参见万毅:《解读“并案管辖”四个关键词》，载《检察日报》2014 年 3 月 5 日，第 3 版。

② 《拱北海关缉私局首次侦办的洗钱犯罪案件获成功判决》，载中华人民共和国拱北海关网站 2024 年 5 月 27 日，http://chengdu. customs. gov. cn/gongbei_ customs/374293/374295/4729505/index. html。

③ 参见龙宗智:《新刑事诉讼法实施：半年初判》，载《清华法学》2013 年第 5 期，第 129 页。

④ 参见万毅:《解读“并案管辖”四个关键词》，载《检察日报》2014 年 3 月 5 日，第 3 版。

⑤ 参见全国人大常委会法制工作委员会刑法室编著:《关于实施刑事诉讼法若干问题的规定解读》，中国法制出版社 2013 年版，第 17 页。

序规定》第30条规定，公安机关侦查的刑事案件涉及人民检察院管辖的案件时，应当将相关案件移送人民检察院，同时确立了“主罪机关为主”的分案侦办原则，并规定公安机关在侦查的刑事案件涉及其他侦查机关管辖的案件时，参照该规定。该规定同样暗含了并案管辖不能够突破职能管辖的内涵。因海关缉私部门与地方公安同属于公安机关，尚可以依据以上规定适用并案管辖规则。但是，海警机构与海关缉私部门、地方公安机关分属于不同的国家机关，对于应由海关缉私部门、地方公安机关管辖的案件，因已超出海警机构的法定侦查权限，则不能当然地适用上述关于并案管辖的规定。另外，鉴于目前没有相关的法律法规、司法解释等明确并案管辖的实施程序，所以有必要对此予以具体规定。

（二）走私犯罪案件的地域管辖问题

在我国的刑事诉讼中，地域管辖是指同级人民法院之间在审理第一审刑事案件上的权限划分，[①]主要是对审判地域管辖的划分。侦查管辖是参照审判管辖进行设计的，因而在管辖规范中也有关于侦查地域管辖划分的规定。一般而言，侦查地域管辖与审判地域管辖是对应关系，但走私犯罪案件有其特殊之处，作为侦查机关的海关缉私部门和海警机构所管辖的范围与行政区划并非具有完全一一对应的关系，导致的后果是其所对应的检察院和法院对案件不一定具有地域管辖权。目前在实践中较为突出的问题主要有以下两个：

一是海警机构的管辖范围与行政区划不一致时的地域管辖问题。以广东海警直属分局为例，在其侦办深圳市以外海域发生的刑事案件时，便可能产生地域管辖问题。根据《关于海上刑事案件管辖等有关问题的通知》，直属局办理的刑事案件向其所在地设区的市级人民检察院提请批准逮捕、移送起诉，广东海警直属分局的所在地在深圳市，据此规定该类案件应向深圳市人民检察院提请批准逮捕和移送起诉。在审查逮捕时尚不存在障碍，也有利于检察机关及时引导侦查取证，但到了审查起诉阶段便会面临深圳市对案件没有地域管辖权的问题，需要根据我国《刑事诉讼法》的规定将案件移送有管辖权的人民检察院或者报请广东省人民检察院指定

① 参见陈光中主编：《刑事诉讼法（第七版）》，北京大学出版社、高等教育出版社2021年版，第128页。

管辖。然而无论是选择哪种方式，要么在横向上跨地区移送案件，要么在纵向上增加诉讼环节，都将延宕诉讼时间，不符合诉讼经济原则。而且，如果在审查起诉阶段再移交案件，一方面会导致“捕诉分离”，不利于检察机关动态、全程、有效开展诉讼监督，有违最高人民检察院推动“捕诉一体”改革的初衷；另一方面，负责审查起诉的检察机关与异地的侦查机关在沟通协作上存在跨地域的障碍，如果审查过程中发现事实不清、证据不足而需要退回补充侦查，跨地域沟通协作的弊端将更加凸显。对此有观点建议，明确海警局在其管辖范围内侦办的案件，直接由海警局所在地检察机关审查起诉，不再跨区域移送管辖。① 该建议能够解决跨区域移送管辖问题，有利于检察机关侦查活动监督工作的有效开展，也有利于检察机关与侦查机关的沟通协作更加顺利进行，具有一定的合理性和可行性。

二是海关关区设置与行政区划不一致时的地域管辖问题。在此一问题上，以深汕合作区最为典型。按照海关关区划分，深汕合作区属于汕头海关关区；按照行政区划划分，深汕合作区属于深圳市管理。根据国务院办公厅《关于组建缉私警察队伍实施方案的复函》（国办函〔1998〕52号）的要求，海关缉私部门管辖关区内发生的涉税走私犯罪案件。那么，在深汕合作区内发生的涉税走私犯罪案件，应由汕头海关的隶属海关汕尾海关缉私分局管辖，案件侦查终结后向汕尾市人民检察院移送起诉。但是，侦查机关具有侦查管辖权不必然意味着其所在地的法院当然地具有审判管辖权。根据我国《刑事诉讼法》《人民检察院刑事诉讼规则》规定，检察院提起公诉应当与法院审判管辖相适应，因案件的犯罪地在深圳市，管辖法院指向深圳市中级人民法院，所以汕尾市人民检察院在受理案件后同样需要移送案件或者报请指定管辖。而按照我国《刑事诉讼法》有关地域管辖的一般性原则，由于管辖法院指向深圳市中级人民法院，在推进“以审判为中心”的刑事诉讼制度改革的背景下，根据侦查管辖应服务于审判管辖的原则，则案件应由深圳海关缉私局管辖，由深圳市人民检察院审查起诉，并向深圳市中级人民法院提起公诉。之所以会产生上述管辖问题，主要缘于合作区海关关区与行政区划不一致。

① 参见陈鹿林：《走私犯罪司法认定》，法律出版社2023年版，第324页。

对于上述走私犯罪案件存在的地域管辖问题，可以考虑探索在一定区域内对走私犯罪案件进行集中管辖加以解决，将在后文详加论述。

（三）走私犯罪案件的级别管辖问题

走私犯罪案件中的级别管辖问题，突出表现在审判级别管辖上。审判级别管辖，是指各级人民法院在审判第一审刑事案件上的职权范围，解决的是上下级人民法院之间的权限分工问题。① 相关规定见于我国《刑事诉讼法》第 21 条至第 24 条，其中规定中级人民法院管辖危害国家安全、恐怖活动和可能判处无期徒刑、死刑的第一审刑事案件。除了以上所列案件，其他第一审刑事案件均应由基层法院管辖。根据上述规定，海关缉私部门办理的走私案件显然不在中级人民法院的管辖范围之内。但是，根据 1998 年《关于走私犯罪侦查机关办理走私犯罪案件适用刑事诉讼程序若干问题的通知》、1999 年《关于走私犯罪侦查机关提请批准逮捕和移送审查起诉的案件由分、州、市级人民检察院受理的通知》，海关缉私部门侦办的走私犯罪案件由中级人民法院管辖，相关通知的内容时至今日仍然有效。然而，随着经济社会的不断发展以及在走私犯罪侦查主体多元化的职能管辖新格局下，有必要对走私犯罪案件的级别管辖问题进行重新审视。

一是海警机构和地方公安机关侦办的走私犯罪案件应由哪一级人民法院管辖的问题。据了解，粤港澳大湾区的不同城市对此有不同的操作方式。一种是参照对海关缉私部门侦办的走私犯罪案件的处理方式，对于海警机构和地方公安机关所侦办的走私犯罪案件，均由市级人民检察院审查起诉并向中级人民法院提起公诉；另一种是仅将海关缉私部门侦办的案件保留由市级人民检察院和中级人民法院管辖，而对于海警机构和地方公安机关侦办的走私犯罪案件，均根据《刑事诉讼法》第 21 条的规定确定审判级别管辖，对于不属于应当由中级人民法院管辖的案件，由基层人民检察院和基层人民法院办理。

二是有无必要继续将所有海关缉私部门办理的案件均交由中级人民法院管辖的问题。上述 1998 年通知发布的背景是，海关走私犯罪侦查局刚成立，提级管辖可以体现打击走私犯罪的高压态势，作为特定时期的权宜

① 参见陈光中主编：《刑事诉讼法（第七版）》，北京大学出版社、高等教育出版社 2021 年版，第 126 页。

之计未尝不可。但是，现距该通知发布已达26年之久，是否有必要将此项特殊性安排“永久化”，值得认真思考。在这期间，我国《刑事诉讼法》经过数次修改，包括将恐怖活动犯罪纳入中级人民法院管辖的第一审案件范围，也规定了外国人犯罪案件不再必须由中级人民法院进行一审，但始终未将走私犯罪案件包括海关缉私部门侦查的走私犯罪案件纳入中级人民法院管辖的第一审案件中，是否继续沿用上述通知值得进一步研究。

三、走私犯罪案件管辖制度的优化完善

为在法治原则下更加有效地惩治走私犯罪，对司法实践中暴露出的上述与管辖有关的问题，需要进行深入反思。本书认为，有必要对各侦查主体的管辖边界、海警机构和地方公安机关侦办走私犯罪案件应遵循法定级别管辖制度、联合办案与并案管辖的原则、管辖错位案件的处理原则等作进一步明确、重申或细化，从而回应和消弭实践中存在的管辖问题，在确保程序正义的同时实现办案质效提升。

（一）明确各侦查主体的职能管辖边界

走私犯罪侦查主体之间的职能管辖边界不明晰不利于依法及时有效惩治走私犯罪，因此尽快明晰各侦查主体之间的职能管辖边界是目前亟待解决的问题。

地方公安机关与海警机构之间是以海（岛屿）岸线作为管辖边界，但目前有些海（岛屿）岸线划分尚未明确；海关缉私部门与海警机构之间是以河、海分界线作为管辖边界，但目前部分河、海分界线标准亦不明确。以珠海市为例，海洋行政管理部门以“大陆海岸线”为标准，即以珠海大桥、泥湾门大桥、崖门大桥为界，界以南为“海上”，但因入海口兼具河、海的特征，事实上海洋、水利部门在相关入海口采取“叠区”联管方式，而根据海事部门的划分标准，内河水域的区域则更大。实务部门有观点认为，海洋行政管理部门对河、海界限的划分，涉及的是海域使用的审批和自然资源的开发、利用、保护，而海事部门的划分涉及的是相关海域内航行、停泊、作业以及其他与海上交通安全相关活动的监督管理。走私犯罪更多地涉及海上、内河航行、停泊、作业，而无关海域的使

用和自然资源的开发、利用、保护，因此，对于海关缉私部门与海警机构管辖权边界的划分应参照海事部门的划分标准。

为保障打击走私犯罪工作顺利进行，在职能管辖的界限明确之前，有两种应对思路。一是各侦查机关之间通过协商确定模糊区域的管辖权。如珠海海警局与珠海市公安局已协商暂时以珠海大桥为界，确定双方的管辖范围。二是探索将模糊区域暂时作为共管区，并确立“谁先发现谁先管辖”的优先管辖原则，既能够避免相关模糊区域成为执法真空地带，也可以防止因管辖争议贻误侦查时机，有利于形成打击走私犯罪合力。但作为长久之策，有关部门仍应尽快对海（岛屿）岸线划分以及河、海分界线标准予以明确。根据我国《海警法》规定，海警机构的职责包括维护我国管辖海域的安全和利益，对海上重要目标和重大活动实施安全保卫，维护海上治安秩序，查处海上走私行为，预防、制止和侦查海上犯罪活动等，打击走私犯罪仅是海警机构的其中一项职能。因此，考虑到警力投入等因素以及打击走私犯罪的实际情况，在划分职能管辖界限时，可以适当灵活地向海洋方向前移海（岛屿）岸线和河、海分界线，从而能够在遵循职能管辖制度的前提下最大限度地合理配置侦查资源。

（二）明确海警机构和地方公安机关侦办的走私犯罪案件应遵循法定级别管辖制度

不同地区对海警机构、地方公安机关侦办的走私犯罪案件的审判级别管辖问题存在不同理解和操作，因此有必要明确该类案件的审判级别管辖。本书认为，海警机构、地方公安机关侦办的走私犯罪案件，应根据我国《刑事诉讼法》第 21 条的规定确定审判级别管辖，而不是参照海关缉私部门侦办的走私犯罪案件的审判级别管辖规定。理由如下：

从 1998 年《关于走私犯罪侦查机关办理走私犯罪案件适用刑事诉讼程序若干问题的通知》、1999 年《关于走私犯罪侦查机关提请批准逮捕和移送审查起诉的案件由分、州、市级人民检察院受理的通知》的内容来看，其所规定的仅是海关缉私部门办理的走私犯罪案件的级别管辖问题，而不是对所有走私犯罪案件管辖的规定，着眼点在于负责侦查案件的机关而非案件的性质。关于这一点，在《关于海上刑事案件管辖等有关问题的通知》规定中也可见一斑，其中关于各级海警机构移送刑事案件所对应的检察机关的规定即不同于上述海关缉私部门办理走私犯罪案件的管辖规定。两者的具体区别如下（见表 2－1－2）：

表 2－1－2　海关缉私部门和海警机构移送案件规定对比

海关缉私部门办理案件的移送及受理规定	海警机构办理案件的移送及受理规定
走私犯罪侦查局直接办理的案件，由案件发生地的走私犯罪侦查分局向所在地的分、州、市级人民检察院移送	沿海省、自治区、直辖市海警局办理的刑事案件向所在地省级人民检察院提请或者移送
走私犯罪侦查分局（设在直属海关）、走私犯罪侦查支局（设在隶属海关）办理的案件，由所在地的分、州、市级人民检察院受理	沿海省、自治区、直辖市海警局下属海警局，中国海警局各分局、直属局办理的刑事案件向所在地设区的市级人民检察院提请或者移送
走私犯罪侦查中队（设在隶属海关下一级海关）办理的案件，由走私犯罪侦查支局或者分局向所在地的分、州、市级人民检察院移送	海警工作站办理的刑事案件向所在地基层人民检察院提请或者移送
人民检察院认为走私犯罪嫌疑人的犯罪事实已经查清，证据确实、充分，依法应当追究刑事责任的，应当依法提起公诉。对于基层人民法院管辖的案件，可以依照《刑事诉讼法》第 23 条（现第 24 条级别管辖的变通）的规定，向当地中级人民法院提起公诉，人民法院应当依法作出判决	

由上可见，各级海关缉私部门办理的刑事案件需要提请批准逮捕或者移送起诉时，都应通过海关缉私局或海关缉私分局①向所在地的分、州、市级人民检察院移送，由当地中级人民法院进行审判管辖，而各级海警机构办理的刑事案件则是各自向对应级别的检察机关移送，并无特别规定相

① 根据海关总署于 2002 年印发的国务院办公厅《关于海关总署走私犯罪侦查机构职能调整和更名的复函》，“海关总署走私犯罪侦查分局”更名为“海关缉私局”，“海关总署走私犯罪侦查支局”更名为“海关缉私分局”。

关案件的审判级别管辖问题，二者关于管辖规定的逻辑并不相同。对于海警机构所办理的走私犯罪案件并未参照适用海关缉私部门办理案件的管辖规定，在没有特别规定的情况下，当然应当遵循法定的级别管辖制度。对于地方公安机关办理的走私犯罪案件的管辖，亦同此理。

（三）明确联合办案和并案管辖的规定

1. 明确联合办案应在职能管辖原则下进行

我国《刑事诉讼法》遵循管辖法定原则，并对各机关受理刑事案件的权限分工进行了规定。《刑事诉讼法》第109条规定，侦查机关发现犯罪事实或者犯罪嫌疑人，应当按照管辖范围立案侦查。该条文意在突出管辖权对于诉讼职权的约束作用。最高人民检察院检察长应勇提出“三个善于”的办案理念，其中一个“善于”对应正确适用法律，要求不得超出法律文本的射程范围进行。[①] 关于联合办案的问题，亦应回归到立法原意解读职能管辖制度，而不应超出法律文本的范围进行解读。在走私犯罪侦查过程中，海关缉私部门、地方公安机关、海警机构固然可以通过联合办案的方式形成打击犯罪的合力，但应当强调的是，联合办案不应违背设定职能管辖制度的立法意图，即联合办案不应成为突破职能管辖的方式，不能使原本没有职能管辖权的侦查主体据此获得管辖权，联合办案仍应在相关职能管辖规定下进行。没有职能管辖权的侦查机关在办案中发现自身对所办案件不具有管辖权时，可以有两种操作方式：一是按照有关规定将案件移交有管辖权的侦查机关办理；二是原侦查机关如认为自己继续参与办理更有利于案件侦办的，可以与有职能管辖权的机关协商进行联合办案，但此时仍需遵循职能管辖的规定，由有管辖权的侦查机关作为主办部门，原侦查机关作为协办部门予以协助和配合，有职能管辖权的机关不能仅作为名义上的侦办机关而不主要参与或不实际参与案件的侦办工作。

2. 明确并案管辖的相关规定

首先，并案管辖应在“职责范围内”进行。国家机关的职责及分工是由法律授权和规定的，任何国家机关都不得以任何理由行使其他国家机关的权力，否则将造成国家机关无法律依据而自行扩大权力的严重后果。

---

① 参见李淮：《“三个善于”：揭示司法办案客观规律与本质要求》，载《检察日报》2024年5月23日。

侦查权本身即具有自我膨胀性，存在被滥用的风险。[①] 因此应当明确，并案管辖只能对属于自己职能管辖范围内的案件，基于一人犯数罪、共同犯罪等关联关系而进行，对于法律规定应由其他国家机关行使职能管辖权的案件，不得违法越权并案，以此保持我国法定管辖制度的稳定和权威，避免因滥用并案管辖权导致某一侦查机关的管辖权无序扩张。

其次，并案管辖应充分考虑必要性和可行性。一方面，并案管辖的案件之间必须具有密切关联性。并案管辖的初衷在于有效查明案件事实和节约诉讼资源，但并案管辖在符合《关于实施刑事诉讼法若干问题的规定》的前提下，还应实质性地考虑相关案件之间是否具有密切关联性，否则动辄进行并案管辖将导致职能管辖制度的虚化。所谓密切关联性，是指应考虑两个案件之间在方法行为、目的行为、结果行为等方面是否存在相关关系。在深圳海关缉私局侦办的吴某某等人走私白银案[②]中，吴某某等人将国产白银出口至香港，在骗取国家出口退税后再将这些白银夹藏走私进境。在该案件中，吴某某先后实施了两个性质不同的犯罪行为，即存在手段行为与目的行为的牵连，可以认为两个案件之间存在着密切关联性。如果案件之间的关联性不大，则无并案管辖的必要。另一方面，并案管辖还应量力而行，从人员力量、专业知识、经验储备等方面考虑并案管辖的可行性。

最后，应当明确并案管辖的运作程序。并案管辖如果依法运用得当，对于查明案件事实、节约司法资源等都具有重要的积极意义，但如果不予以规范则可能会被滥用。具体规范的思路如下：一是明确并案管辖的审批程序，通过严格的审批程序防止并案管辖制度被滥用。二是明确侦查机关在作出并案决定前应听取其他有关侦查机关的意见。从实质上看，并案管辖是代行其他机关的案件管辖权，因此侦查机关在决定并案管辖前应当充分听取有管辖权的机关的意见，避免因缺乏沟通而导致管辖争议，浪费司法资源。三是明确案件移送流程。有关侦查机关就并案管辖达成一致意见

---

① 参见李华伟：《职务犯罪关联案件并案侦查机制研究》，载《法学杂志》2016年第11期，第112页。

② 《深圳海关破获两起白银走私大案》，载中国新闻网2007年11月7日，https：//www. chinanews. com/sh/news/2007/11 -07/1070305. shtml。

后，原侦查机关应及时将案件材料移送给并案机关，并明确不移送或者不按规定移送案件材料的法律后果。

（四）明确管辖错位案件的处理原则

对于管辖错位的案件，原侦查机关的侦查行为是否具有合法性，以及所取的证据是否具备证据能力，法律并未明确予以规定，目前仍存在疑问。关于该问题，不同国家和地区主要有“绝对否定”“相对否定”“绝对肯定”三种处理模式。我国澳门特别行政区采“绝对否定”模式，《澳门刑事诉讼法》第106条（e）规定，违反与法院管辖权有关之规则，相关诉讼行为构成不可补正之无效。德国采“相对否定”模式，《德国法院组织法》规定，如果是出于纯粹的诉讼认识错误而确定了不符合法律要求的审判组织，则不违反《德国基本法》第101条第1款第2句规定的法定法官原则；只有以客观恣意的方法确定审判组织的，即纯粹基于不合事理的盘算，才属于剥夺法定法官情形。《德国刑事诉讼法》第338条规定，一旦被认定为对案件不具有管辖权而管辖，即属于绝对的法律审上诉理由。[①]“绝对肯定”模式即不因为管辖权错误而导致诉讼行为无效，主要以韩国为代表。[②]

否定相关侦查行为的合法性和所取证据的证据能力的观点主要认为，除了有限的任意性内容外，职能管辖的规定属于法律的强制性规定，如果肯定越权管辖有效，就违背了法律，并且会变相鼓励侦查机关违法，这不符合刑事诉讼法治原则；对侦查效率的追求必须以法律的规定为限度，个案的效率不能突破法律。而且如果允许打破侦查分工突破管辖规定，刑事诉讼管辖制度就会在一定程度上发生混乱，这会带来另一方面的无效率。[③]“绝对否定”模式的优势在于具有较强的威慑力，可以促使侦查机关严格遵守管辖制度，同时也起到维护程序法权威的作用。但另有观点认

① 参见［德］维尔纳·薄逸克、萨比娜·斯沃博达：《德国刑事诉讼法教科书》，程捷译，北京大学出版社2024年版，第58、578页。

② 参见桂梦美：《刑事诉讼管辖制度研究》，中国政法大学出版社2019年版，第200页。

③ 参见龙宗智：《取证主体合法性若干问题》，载《法学研究》2007年第3期，第135页。

为，对于违反诉讼程序的行为，应当根据行为的不完善或者瑕疵的严重程度，而不应按照等同划一的方式加以制裁，更不应当一律采取宣告无效这种最为严厉的制裁方式。①

在我国刑事证据法理论上，对证据的排除可以分为强制性排除和自由裁量排除两种。强制性排除主要是针对取证行为的违法情节较为严重的情形，只有实施最为严厉的程序性制裁，也就是对所取证据绝对地否定，才能够体现程序性违法与程序性制裁相适应的原则，从而达到有效制止程序性违法行为的效果。自由裁量排除则是针对违法情节不严重的违法侦查行为，如若对所取证据一律绝对否定，未免过于严厉，容易破坏程序性违法与程序性制裁相适应的原则，而且还可能导致一些有价值的证据仅因取证手段的轻微违法而被否定证据能力，进而使得案件的事实真相难以发现，造成放纵犯罪的消极后果。② 本书赞同该种观点。

首先，通过刑讯逼供、暴力威胁等方法获取供述等非法取证行为，既严重侵害了被告人的诉讼权利，也严重损害了刑事司法的公正。管辖错位与之相比，对人权保障以及司法公正的损害程度并不具有相当性，如果对管辖错位所取的证据一律排除，不符合程序性违法与程序性制裁相适应的原则。其次，从打击犯罪与保障人权的平衡角度来看，绝对否定过于极端，不仅对司法资源造成极大的浪费，而且再次取证可能面临取证困难或是证据灭失的风险，从而招致打击犯罪不力的质疑。再次，走私犯罪案件职能管辖主体多元化，一定程度上造成了管辖权重合或者模糊的情况，而且有些案件的性质在侦查之初比较模糊，准确定性往往取决于取证的程度，有时侦查主体对于事实认定或法律的理解也难免存在偏差。以上原因，都可能导致管辖错位的发生，在这种情况下对所取证据绝对否定在实践中缺乏合理性和可行性。最后，《人民检察院刑事诉讼规则》在第357条第2款中规定了检察机关审查起诉时发现监察机关与公安机关管辖错位案件的处理，即如果案件事实清楚，证据确实、充分，符合起诉条件的，可以直接起诉。

① 参见陈瑞华：《程序性制裁理论（第三版）》，中国法制出版社2017年版，第139页。

② 参见陈瑞华：《程序性制裁理论（第三版）》，中国法制出版社2017年版，第194－195页。

监察机关与公安机关是性质不同的两个国家机关，在二者之间发生管辖错位的情况下尚可直接起诉，那么海关缉私部门、海警机构和地方公安机关同属于侦查机关，三者之间的管辖错位案件更有理由适用该规则原理。

相较而言，“绝对肯定”模式在制度合理性与效率性方面具有一定的说服力，但从程序法与实体法的关系方面考量，其弊端也是显而易见的。“绝对肯定”模式对管辖错位所取证据的证据能力全盘肯定，无疑会放任为了“争管辖”而故意为之的管辖错位行为，造成弱化甚至是虚化管辖制度的后果，程序法的严肃性和权威性也将受到损害。

从程序逻辑和制度语境来看，折中的“相对否定”模式更符合我国刑事司法的实际情况。对于应当构建怎么样的“相对否定”模式，有观点提出基于“相对合理主义”的立场对管辖错位进行区别对待，具体的标准是区分“善意管辖”和“恶意管辖”，前者是指在案件本身性质不明确，或者对案件性质合理地存在某些争议的情况下实施的管辖，在此情形下所取证据具有证据能力；后者是指明知自身没有管辖权而管辖，在此情形下对其管辖的合法性与有效性予以否定，对其违法管辖所取证据予以排除，这也是制止“恶意管辖”最为有效的方式。① 有观点提出以侦查机关是否明知其有无管辖权作为判断标准，如侦查机关明知自身没有管辖权而管辖，那么其侦查行为无效。② 有观点认为应弱化标准适用中的主观色彩，提出建立“明显错误”标准判断错位管辖的侦查效力，具体判断标准包括管辖错位是否明显违背管辖规范常识、侦查机关是否由于理解偏差或是客观原因导致的管辖错误等，错误只有达到“明显”的程度，诉讼程序才失去效力。③ 有观点提出，需要在“善恶二元论”的基础上对恶意管辖采取更加严格的认定标准，明知违法不宜直接推定为恶意管辖，还应当审查是否有主观恶意，如是否意图通过突破职能管辖谋求办理关系案、

① 参见龙宗智：《取证主体合法性若干问题》，载《法学研究》2007 年第 3 期，第 135 – 136 页。

② 参见黄东熊、吴景芳：《刑事诉讼法》，台北三民书局 2002 年版，第 96 – 97 页。

③ 参见张曙：《刑事诉讼管辖制度研究》，法律出版社 2020 年版，第 322 – 325 页。

人情案等“不正当利益”。①

总结而言，上述观点的共同点在于，根据管辖错位的不同情况对侦查机关所取证据的证据能力作出不同的判断，在有效制止违反管辖制度的行为、维护管辖秩序的同时防止对诉讼效率的损害。本书赞同“善意管辖”与“恶意管辖”二分的观点，同时应当以更加严格的标准认定恶意管辖。具体到走私犯罪案件中，对于管辖错位的案件首先应判断侦查机关是否明知自身没有职能管辖权，如不明知则应认为其是善意管辖；如明知，则进一步判断其错位管辖是否出于不正当目的，如出于不正当目的则认定为是恶意管辖，如非出于不正当目的则认定为是善意管辖。如前文所举走私牛黄案，管辖错位是因公安机关对牛黄的法律属性判断不准确所致，公安机关在侦查之初并不明知自身没有管辖权，因而属于善意的错位管辖，对此不应采取程序性制裁措施而应承认其所取证据具备证据能力。而对于恶意的错位管辖，则应当采取程序性制裁，即否定其所取证据的证据能力，以从源头上遏制该种蓄意破坏管辖秩序的行为。

四、走私犯罪案件管辖制度的未来展望

对于走私犯罪司法实践中存在的管辖问题，还可以探讨通过将海关缉私部门侦办的走私犯罪案件回归审判级别管辖的常态，以及在粤港澳大湾区内对走私犯罪案件进行集中管辖等措施加以有效解决。

（一）将海关缉私部门侦办的走私犯罪案件回归审判级别管辖的常态

《关于走私犯罪侦查机关办理走私犯罪案件适用刑事诉讼程序若干问题的通知》《关于走私犯罪侦查机关提请批准逮捕和移送审查起诉的案件由分、州、市级人民检察院受理的通知》中对于海关缉私部门侦办的走私犯罪案件审判级别管辖的规定，是在特定时期的提级审理，不同于法定管辖。如今时过境迁，不应再将这项特殊性安排永久化，而应当根据实际情况将上述案件回归到审判管辖的常态。

---

① 参见谢小剑：《刑事职能管辖错位的程序规则》，载《中国法学》2021 年第 1 期，第 278 页。

首先，前已述及，在特定时期通过提级管辖的方式以适应打击走私犯罪工作的需要或许并无不可，但从我国《刑事诉讼法》数次修改都未将走私犯罪纳入中级人民法院管辖的范围来看，继续将所有海关缉私部门侦办的走私犯罪案件均交由中级人民法院管辖已不具有必要性和正当性。

其次，将海关缉私部门侦办的走私犯罪案件回归到审判管辖的常态，可以更加合理地配置司法资源。根据案件的轻重程度适用繁简有别的审判程序，是司法资源合理配置的需要。实践中，大量起诉至中级人民法院的走私犯罪案件都属于轻刑案件。以珠海市为例，2018 年 1 月至 2024 年 6 月，在珠海市人民检察院提起公诉的涉嫌走私犯罪的被告人中（走私毒品的除外），被判处 3 年有期徒刑以下刑罚的约占 80%。但受限于《刑事诉讼法》第 222 条规定的速裁程序仅适用于基层人民法院管辖的案件，海关缉私部门侦办的大量轻刑犯罪案件都无法适用速裁程序审理，因而难以最大限度地实现案件审判的繁简分流。而且，继续让大量轻刑走私犯罪案件挤占中级人民法院有限的审判资源，与目前中级人民法院受理一审民商事案件的门槛一再提高，以及大幅度提高二审案件开庭率的大背景亦不相适应。

最后，基层人民法院能够办理好走私犯罪案件。经过近 30 年对走私犯罪的打击治理，司法机关已形成一套成熟的办案模式，而且基层人民法院的办案能力一直在不断提高，完全能够胜任对走私犯罪案件的办理，将相关案件由基层人民法院管辖已具备成熟的条件。对于该类案件的管辖问题，可以参考外国人犯罪管辖规定的变迁。2012 年前之所以规定外国人犯罪案件由中级人民法院一审，主要是改革开放初期在我国的外国人为数不多，外国人犯罪的刑事案件也比较少，而且当时涉外案件敏感性较强。2012 年修改的《刑事诉讼法》不再将外国人犯罪案件列入中级人民法院管辖的范围，是因为立法者考虑到随着改革开放的不断扩大和在我国外国人的增加，加之基层人民法院的办案能力不断提高，因此将相关案件由基层人民法院管辖的条件已经成熟。[①] 外国人犯罪案件回归正常的审判级别管辖已有十几年，相关案件的处理质效并未因管辖法院的级别变化而受到

① 参见郎胜主编：《中华人民共和国刑事诉讼法释义》，法律出版社 2012 年版，第 36 页。

影响。此外，诸如重大责任事故罪、假冒专利罪等涉及大量专业知识的案件，基层人民法院均能胜任，而且实际上已有相当部分海警机构、地方公安机关办理的走私犯罪案件是由基层人民法院管辖，更充分地说明基层人民法院可以办理好走私犯罪案件。

综合以上因素，将海关缉私部门侦办的走私犯罪案件回归审判级别管辖常态的时机和条件均已成熟。具体而言，至少可以先将小额多次走私犯罪案件回归基层人民法院进行一审。一方面，在海关缉私部门侦办的走私犯罪案件中，小额多次走私犯罪案件所占比重较大。以珠海市为例，2023年珠海市人民检察院向珠海市中级人民法院提起公诉的走私犯罪案件（除走私毒品案件外）中，小额多次走私犯罪案件约占55%。该类案件回归级别管辖的常态，能够为中级人民法院释放出大量审判资源。另一方面，从案件的难易程度而言，该类案件的案情往往较为简单，在证据结构和法律适用等问题上也都相对单一，回归到基层人民法院进行一审可适用速裁程序，以最大限度地实现案件审判的繁简分流。待到时机成熟时，可以考虑再将海关缉私部门侦办的所有走私犯罪案件都回归到审判级别管辖的常态。

（二）在粤港澳大湾区内对走私犯罪案件进行集中管辖

自党的十八届三中全会提出探索建立与行政区划适当分离的司法管辖制度改革目标以来，司法机关先后启动了相关改革。如，最高人民法院先后同意深圳市中级人民法院、上海市第三中级人民法院等法院内设专门审判机构集中管辖部分破产案件；又如，广东省高级人民法院发布《关于广州互联网法院案件管辖的规定》，由广州互联网法院集中管辖广州市辖区内应当由基层人民法院受理的11类一审案件，包括通过电子商务平台签订或者履行网络购物合同而产生的纠纷等案件。司法实践中刑事案件的集中管辖，主要集中在知识产权犯罪案件、破坏环境资源保护犯罪案件、涉未成年人刑事案件和外国人犯罪的案件等。如珠海市，目前对环境资源类刑事案件实行由珠海市斗门区人民检察院审查逮捕和提起公诉、珠海市斗门区人民法院审判的全流程集中管辖。

集中管辖并不是法律明确规定的管辖制度。有观点将其定义为上级司法机关改变审判地域管辖和级别管辖，将某一类刑事案件集中到特定的司法机关管辖。[①] 从现实角度来看，集中管辖在司法实践中应运而生，主要有以下考量：一是集中管辖是构建跨行政区划办案机制的重要手段，能够通过突破地域管辖破除地方行政干预，保证办案程序和结果的公正性；二是能够整合诉讼资源，通过提升办案专业化程度从而提升办理相关案件的质效，同时避免因管辖权分散产生的分歧和争议，提高诉讼效率；[②] 三是将同类案件集中在同一法院审判，其判决结果必然会更加统一，从而有利于同案同判的裁判标准获得统一。[③]

但是，关于集中管辖的合法性问题，理论界的认识并不统一。质疑的声音主要认为，一是集中管辖的相关规定属于司法解释而非立法，就管辖是属于诉讼制度的基础地位而言，显得法律效力位阶明显不足，带来对集中管辖突破程序法定原则的质疑；[④] 二是集中管辖突破了《刑事诉讼法》一直秉承的地域管辖和级别管辖原则，对法定法官原则带来冲击；[⑤] 三是集中管辖难以从指定管辖立法中寻找到正当性依据。有观点认为集中管辖以指定管辖为法律基础，被视为指定管辖的一种实践拓展。[⑥] 但事实上，集中管辖与指定管辖在适用范围、价值定位等方面存在本质上的区别。指定管辖是个案式的管辖，即当已经发生的刑事案件出现管辖不明、管辖争议或不便管辖等情况时，由上级司法机关通过个案裁定的方式对管辖权作出调适。反观集中管辖，则是预先将某一类案件的管辖权整体移交给某个司法机关。[⑦] 将上级法院的指定管辖作为授权依据，是对指定管辖制度目

---

① 参见张曙：《刑事诉讼管辖制度研究》，法律出版社 2020 年版，第 263 页。

② 参见万毅：《论检察机关集中管辖制度》，载《社会科学》2021 年第 11 期，第 107 页。

③ 参见桂梦美：《未成年人犯罪检察案件集中管辖模式研究》，载《河南社会科学》2020 年第 9 期，第 74 页。

④ 参见郭烁：《法官法定原则：刑事管辖制度的确定性与救济性》，载《北京联合大学学报（人文社会科学版）》2024 年第 3 期，第 44 页。

⑤ 参见王德正：《制度同构理论视角下中国刑事管辖制度发展新路径》，载《社科纵横》2024 年第 1 期，第 92 页。

⑥ 参见孙长永：《中国刑事诉讼法制四十年：回顾、反思与展望》，中国政法大学出版社 2021 年版，第 23 页。

⑦ 参见赵一单：《法律保留视野下的专门法院改革——以铁路运输法院为例》，载《经贸法律评论》2022 年第 4 期，第 135－136 页。

的的曲解，属于法无依据的自我授权。[1]

也有观点认为，集中管辖虽然在司法权的分配上有别于普通管辖制度，但其同样是以明确的规则和标准来事先分配司法权，并不会出现“人选案”或者“案选人”的问题，与传统的法定法官原则的精神并不冲突、更不矛盾。而且，集中管辖制度其实更接近或类似于专门法院，从本质上看是一种特殊的专门管辖制度，是普通管辖制度的例外。[2] 实际上，质疑集中管辖的声音中也并未完全否定集中管辖本身所具有的效用与价值，而是肯定这些机制的有效运行能够切实增强刑事管辖制度适用的灵活性，只是提出应严格控制适用空间，并且要求在《刑事诉讼法》中予以言明，为集中管辖制度提供规范上的正当性。[3]

集中管辖在刑事诉讼管辖制度上具有重要的创新价值，其顶层设计来源于《中共中央关于全面深化改革若干重大问题的决定》《中共中央关于全面推进依法治国若干重大问题的决定》，实践中也获得了良好的效果。我们应以更加开放和前瞻的眼光来看待集中管辖制度，但应明确其推行必须以立法机关的明确授权作为前提，并按照现代法院管理的内在规律来加以规范，促使该制度能够在法治轨道上规范运行。[4]

除了集中管辖的共性优势外，基于以下考量，有必要探索对走私犯罪案件实行集中管辖。首先，集中管辖能够避免因地域管辖问题而产生的争论，避免大量出现需要上级司法机关指定管辖或者跨地区移送案件的情形，有利于提高诉讼效率。其次，集中管辖能够让所有走私犯罪案件回归到级别管辖的常态，从而将中级人民法院有限的审判资源从这些达不到《刑事诉讼法》第 21 条规定的案件中解脱出来。再次，对于海警机构和地方公安机关办理的走私犯罪案件的审判级别管辖问题，粤港澳大湾区不同城市的做法并不统一，对该类案件实行集中管辖能够“一揽子”解决

---

① 参见王一超：《刑事诉讼条件论》，法律出版社 2023 年版，第 164 页。

② 参见万毅：《论检察机关集中管辖制度》，载《社会科学》2021 年第 11 期，第 110 页。

③ 参见郭烁：《法官法定原则：刑事管辖制度的确定性与救济性》，载《北京联合大学学报（人文社会科学版）》2024 年第 3 期，第 45－46 页。

④ 参见王德正：《制度同构理论视角下中国刑事管辖制度发展新路径》，载《社科纵横》2024 年第 1 期，第 95 页。

该问题。最后，对走私犯罪案件进行集中管辖实际上已有先例，北京市第四中级人民法院作为全国首批跨行政区划法院之一，自2014年成立起便对北京海关缉私局侦查的走私犯罪案件进行集中管辖；① 上海市第三中级人民法院亦是自2015年起集中管辖上海地区的走私犯罪案件。②

再者，粤港澳大湾区是我国开放程度最高也是经济活力最强的区域之一，而且粤港澳大湾区海岸线长、港口众多，该区域历来也是我国走私犯罪多发的地区，客观上已成为走私货物进入内地的主要集散地。因此，本书认为，可以在粤港澳大湾区探索对走私犯罪案件进行审查逮捕、审查起诉和审判全流程的集中管辖。

实践中集中管辖的设置主要有两种。一种是在某一检察院和法院设置专门的内设机构，对某一区域的某一类案件进行集中管辖。该种方案最大的优势在于可以最大限度地利用现有的司法资源，当然由于案件量的激增，必然需要增加专业化司法人员的编制。另一种是设立专门的检察院和法院，专门办理某一区域的某一类案件。此方案的优势在于具有更高的规范性，有利于强化对走私犯罪的治理，但是该种方案在立法规范、人员编制、机构设置方面的要求均比较高，耗费的司法资源亦更大，需要考虑司法资源投入与产出之间的平衡。为了最大限度地节约司法成本，不少地区将具有跨区划特性的铁路运输检察院、法院进行一定程度的改造后由其对某类案件进行集中管辖。在粤港澳大湾区，以珠海市、深圳市为例，两地的中级人民法院环境资源审判庭均集中管辖包括走私珍贵动物、珍贵动物制品罪和走私废物罪在内的环境资源刑事案件。这也提供了一个思路，即可以从特定类型的走私犯罪案件入手探索集中管辖。具体到粤港澳大湾区，考虑到横琴粤澳深度合作区特殊的地理位置和政治地位优势，可以先行探索将珠海市的小额多次走私犯罪案件交由横琴粤澳深度合作区人民检察院、法院集中管辖，从而使该类案件回归到正常的审判级别管辖，为中

① 参见《北京四中院通报走私刑事案件审理情况》，载北京市第四中级人民法院网站2021年9月24日，https：//bj4zy. bjcourt. gov. cn/article/detail/2021/09/id/6283256. shtml。

② 参见《上海三中院发布走私刑事案件审判白皮书》，载上海市高级人民法院网站2018年6月26日，https：//www. hshfy. sh. cn/shfy/web/xxnr. jsp？pa = aaWQ9MjAwODE3NjUmeGg9MSZsbWRtPWxtMTcxz。

级人民法院释放出大量的审判资源。待到时机成熟，再进一步探索扩大走私犯罪案件集中管辖的地域和案件类型范围，以解决前文述及的其他管辖问题。当然，所有设想最终均应通过立法予以确定，从而在根本上消弭集中管辖制度面临的问题。

第二节　走私犯罪案件电子数据问题

随着现代经济社会信息技术的飞速发展，手机、电脑等电子设备已与人们的工作和生活深度捆绑。电子数据作为我国《刑事诉讼法》规定的法定证据类型之一，在刑事犯罪特别是在走私犯罪案件办理中的重要作用日益凸显。当前社会正在经历全面且深刻的数字化变革，我国刑事诉讼原理、制度、规则的体系化更新也已蓄势待发。① 以走私犯罪为视角，从电子数据规则检视与应用困境两个维度出发对电子数据问题进行剖析，并对电子数据规则的完善与应用优化展开思考，对推动建立适应走私犯罪特点的电子数据制度具有积极意义。因此，本书拟从走私犯罪入手考察“电子数据入法”的脉络，在梳理电子数据规则体系的建立与完善和走私犯罪案件电子数据应用的司法现状基础上，检视电子数据规则，剖析应用困境，主张在电子数据规则完善方面应建立刑事诉讼电子数据个人信息分级保护制度，科学区分强制侦查与任意侦查措施，将搜查、勘验等侦查措施向电子数据侦查取证延伸来改良电子数据侦查取证规则；同时，应通过理顺“真实性”与“完整性”的关系，重新定位合法性审查规则来完善电子数据审查判断规则。此外，在电子数据应用优化方面，通过简化特定类型电子数据取证规则，强化辩护权，加强取证技术支持来全面释放电子数据的潜在效能。

---

① 第十四届全国人大常委会将《刑事诉讼法》修改纳入第一类立法工作计划，《刑事诉讼法》第四次修改的相关工作已经正式启动。参见李奋飞、曹晶：《刑事诉讼法再修改如何回应数字侦查》，载《检察日报》2024 年 2 月 27 日，第 3 版。

一、走私犯罪案件电子数据概述

(一) 从走私犯罪考察“电子数据入法”脉络

20 世纪 60 年代，以计算机应用的普及、计算机与现代通信技术的结合为标志的信息技术革命拉开序幕，20 世纪 80 年代我国掀起了全国性普及计算机的高潮。在国际贸易领域，电子商务扮演着越来越重要的角色。而走私犯罪是国际贸易中一个复杂而隐蔽的阴影面，它伴随国际贸易的繁荣而潜在地增长。走私案件中合同、发票、提单等商业单证资料逐渐电子化，能够证明案件事实的证据材料亦越来越多地以电子数据的形式呈现，司法适应信息化社会发展的必然选择便是“电子数据入法”。为了解决电子邮件、电子合同、电子账册等证据材料的侦查取证与审查判断问题，走私犯罪在“电子数据入法”方面也开始先行先试。

2002 年，最高人民法院、最高人民检察院、海关总署联合发布《关于办理走私刑事案件适用法律若干问题的意见》(法〔2002〕139 号)，该意见专门规定了走私犯罪案件电子数据的相关问题。一方面，意见明确将走私犯罪案件中经常涉及的电子邮件、电子合同、电子账册、单位内部的电子信息资料等统称为“电子数据”，规定上述证据材料应当作为刑事证据予以收集、保全；另一方面，意见规定了提取、复制电子数据的过程应当制作说明及须记明的事项等。意见中的上述内容基本被后续的电子数据规则吸收采纳。

2005 年，公安部先后发布了《计算机犯罪现场勘验与电子证据检查规则》(公信安〔2005〕161 号)、《公安机关电子数据鉴定规则》(公信安〔2005〕281 号)，对电子数据现场勘验与检查、鉴定等问题进行了梳理与规定。2010 年，最高人民法院、最高人民检察院、公安部、国家安全部、司法部发布《关于办理死刑案件审查判断证据若干问题的规定》(法发〔2010〕20 号)，其中第 29 条规定了电子证据审查的主要内容。但上述规则、规定内容较为局限，且其时电子数据尚不具有作为立法上的独立证据类型的身份认可，相关规则、规定中出现“电子数据”“电子证据”两种表述，司法实践中多将其转化为其他证据类型使用。

2012 年《刑事诉讼法》修改，吸收了《关于办理走私刑事案件适用法律若干问题的意见》（法〔2002〕139号）中“电子数据”的表述，将其正式作为法定证据类型进行确认，与视听资料并列。但此次修法未对电子数据的定义予以明确，亦没有针对其自身特征设置相应的侦查取证和审查判断规则。同年最高人民法院发布的《关于适用〈中华人民共和国刑事诉讼法〉的解释》（法释〔2012〕21号，现已废止）也仅规定了电子数据的审查重点和不得作为定案根据的情形。2014年，最高人民法院、最高人民检察院、公安部联合发布了《关于办理网络犯罪案件适用刑事诉讼程序若干问题的意见》（公通字〔2014〕10号，现已废止），其中围绕“电子数据的取证与审查”问题，就原始存储介质的封存，收集、提取笔录的制作，远程提取电子数据的情形等进行了规定。可以说，当时的电子数据侦查取证和审查判断工作基本处在探索阶段，相关规定散见于各种司法解释和规范性文件，尚未形成统一的规则体系。

在电子数据的司法应用方面，由于走私犯罪案件涉及大量电子数据问题，在此方面积累了许多有益经验。以广州某汽车配件贸易有限公司等走私普通货物案为例。① 该案是一起“委托包税”型走私犯罪案件，涉及多个包税人，且系层层转包，各被告人为确保各类数据在传送过程中不遗漏、不受损，没有采用传统的电话、传真等传输手段，而是选择网络传输途径。在案电子数据呈现出两个特点：一是覆盖广，本案的被告单位和被告人，从老板到经办文员，从签订合同、单证往来到付汇、收款等，均用电子邮件、MSN、QQ等进行；二是数量大，侦查机关扣押了100多台电脑，一批U盘、移动硬盘、手机卡等存储介质，向服务商调取了30个涉案邮箱中的20万封电子邮件。在电子数据侦查取证方面：一是采用“封存—扣押”模式固定原始存储介质，对于未被删除的数据，采取“打印—确认”模式进行提取，对于已被删除的数据，则由侦查机关检查，进行恢复、提取，而后进行“打印—确认”，并通过鉴定的方式再次确认原始存储介质中电子数据的真实性；二是通过《调取证据通知书》《介绍信》

---

① 广东省广州市中级人民法院、崔小军、许媛媛：《广州顺亨汽车配件贸易有限公司等走私普通货物案——在刑事案件中如何审查电子数据的证据资格以及如何认定走私共同犯罪中主、从犯》，载最高人民法院刑事审判第一、二、三、四、五庭主办：《刑事审判参考》总第93集，法律出版社2014年版，第1-11页。

向网络服务商调取电子邮件。

在电子数据审查判断方面，围绕证据的“三性”[①] 展开。“真实性”方面，注重审查电子数据内容的真实性及收集、传送和保存方法，如是否使用只读设备对电脑进行分析，向网络服务商调取的电子邮件是否保存在只能读不能写的光盘中等。“合法性”方面，注重审查收集主体和取证程序是否合法，具体是在审查收集主体是否合法时强调网警支队等具有相关专业知识的侦查人员参与侦查，在审查取证程序是否合法时则主要对照 2005 年公安部《计算机犯罪现场勘验与电子证据检查规则》（公信安〔2005〕161 号）及《公安机关电子数据鉴定规则》（公信安〔2005〕281 号）的相关规定，如是否制作了《电子证物检查笔录》等。“关联性”方面，注重审查电子数据与虚假报关资料等其他证据间的印证关系。上述电子数据侦查取证和审查判断的思路、具体方法在当时具有典型意义，该案亦成为电子数据证据资格审查方面的指导案例。[②] 但不可忽视的问题是取证方式复杂、效率不高，如对原始存储介质中的电子数据，叠加使用“检查”“鉴定”“打印—确认”等方式取证。

综上，我国《刑事诉讼法》和相关司法解释、规范性文件关于电子数据所作规定较为原则，系统性、操作性不强。[③] 加之传统侦查措施在应对电子数据信息虚拟性、载体与信息可分离性、信息海量性等特征时表现乏力，亟须从顶层设计的高度构建科学规范的电子数据规则体系。

（二）电子数据规则体系的建立与发展

2016 年 9 月，最高人民法院、最高人民检察院、公安部联合发布

---

① 证据“三性”即证据具有相关性（关联性）、客观性（真实性）、合法性。本书不参与证据属性问题的学理讨论，关于证据“三性”的具体定义，根据学者龙宗智的观点，真实性是指证据真实可靠，与事实相符；合法性是指取证主体、证据形式、证据搜集方法与程序符合法律规定；关联性是指与案件待证事实有实质性关联，即对案件事实有证明力。参见龙宗智：《论我国诉讼证据审查要素及审查方法的调整改革》，载《法学研究》2023 年第 4 期，第 170 页。

② 广州某汽车配件贸易有限公司等走私普通货物案是最高人民法院编写的连续出版物《刑事审判参考》中刊登的“指导案例”，具有参考价值。

③ 参见周加海、喻海松：《〈关于办理刑事案件收集提取和审查判断电子数据若干问题的规定〉的理解与适用》，载《人民司法》2017 年第 28 期，第 31 页。

了《关于办理刑事案件收集提取和审查判断电子数据若干问题的规定》（法发〔2016〕22号，本节以下简称2016年《电子数据规定》），明确电子数据的定义是“案件发生过程中形成的，以数字化形式存储、处理、运输的，能够证明案件事实的数据”，并列举了四种常见类型①。2016年《电子数据规定》肯定了走私犯罪在电子数据审查判断中的有益经验，明确审查判断应围绕证据“三性”展开，又结合电子数据的独特属性，强调应当采取相关措施保证其“完整性”。此外，该规定在明确收集、提取电子数据一般应当遵循的程序性规定的基础上，根据扣押、封存原始存储介质，电子数据提取、冻结、调取等取证方式的不同细化了相关内容，初步统一了实务界对电子数据侦查取证和审查判断的认识。

电子数据是信息技术发展的产物。随着信息技术的飞速发展，每天数以十亿计的人使用电子设备进行即时通讯、开展电子商务等生产活动，同时，云技术的出现带来了海量数据的爆发式增长，电子数据开始渗透到人们工作生活的方方面面。为了解决刑事案件电子数据出现的新情况新问题，最高人民法院、最高人民检察院、公安部虽未针对电子数据再次联合发布或修订相关文件，② 但三机关均各自发布了相关规范性文件，在2016年《电子数据规定》基础上展开更多探索。具体有：2019年公安部发布实施的《公安机关办理刑事案件电子数据取证规则》（公通字〔2018〕41号，本节以下简称《电子数据取证规则》），规则共5章61条，主要围绕电子数据取证方面进行详细规定；2021年最高人民检察院发布的《人民检察院办理网络犯罪案件规定》，其中第3章专门关注“电子数据的审查”问题，不仅丰富了电子数据的类型，还在电子数据的审查判断标准方面从宏观与微观两个维度进行细化，宏观维度是以证据“三性”为基本，在“真实性”下延伸出“完整性”的审查内容，微观维度则是根据电子数据

① 网络平台发布的信息；网络应用服务的通信信息；用户注册信息、身份认证信息、电子交易记录、通信记录、登录日志等信息；电子文件。

② 2022年，最高人民法院、最高人民检察院、公安部联合发布了《关于办理信息网络犯罪案件适用刑事诉讼程序若干问题的意见》（法发〔2022〕23号），但其中关于电子数据的内容较少，且主要集中在电子数据调取方面。鉴于与此处重点讨论问题关联不大，不引入做对比。

取证方式的不同，对应公安部发布的《电子数据取证规则》具体规定了每种取证方式的审查重点；2021 年最高人民法院发布的《关于适用〈中华人民共和国刑事诉讼法〉的解释》（法释〔2021〕1 号，本节以下简称《最高法关于适用〈刑诉法〉的解释》），其中第 108 条至第 115 条围绕电子数据审查判断规定了相关审查认定规则。

表 2－2－1　电子数据规则体系部分法条对比

	法条序号	2016 年最高人民法院、最高人民检察院、公安部《电子数据规定》	法条序号	2019 年公安部《电子数据取证规则》	法条序号	2021 年《人民检察院办理网络犯罪案件规定》	法条序号	2021 年最高人民法院《最高法关于适用〈刑诉法〉的解释》
定义	1	内涵：案件发生过程中形成的，以数字化形式存储、处理、传输的，能够证明案件事实的数据 4 种常见类型：网络平台发布的信息；网络应用服务的通信信息；用户注册信息、身份认证信息、电子交易记录、通信记录、登录日志等信息；电子文件	/	/	27	内涵：数字化形式存储、处理、传输的，能够证明案件事实的数据 7 种常见的类型：网络平台发布的信息；网络通讯信息；用户身份信息；用户行为信息；行为工具信息；系统运行信息；电子文件及其附属信息	/	/

续表

	法条序号	2016年最高人民法院、最高人民检察院、公安部《电子数据规定》	法条序号	2019年公安部《电子数据取证规则》	法条序号	2021年《人民检察院办理网络犯罪案件规定》	法条序号	2021年最高人民法院《最高法关于适用〈刑诉法〉的解释》
收集提取或审查判断原则	2	真实性、合法性、关联性	2	真实、完整	29	客观性、合法性、关联性	110 | 112	真实、完整、合法
电子数据取证方式	7 | 17	以“收集与提取”为总括，涵盖扣押、封存原始存储介质，提取电子数据，冻结电子数据，调取电子数据，电子数据检查与侦查实验，检验与鉴定等方式	3	取证分为“收集、提取”“检查和侦查实验”“检验与鉴定”三个阶段	28	同公安部《电子数据取证规则》	/	/
			7	“收集、提取”细分为五种方式：扣押、封存原始存储介质，网络在线提取电子数据、现场提取电子数据、冻结电子数据、调取电子数据	28	同公安部《电子数据取证规则》	/	/

在电子数据的内涵与外延方面，《人民检察院办理网络犯罪案件规定》延续了2016年《电子数据规定》中关于电子数据的内涵表述，将电子数据的类型由四种拓展细分为七种，并增加了一些新的电子数据细项，如生物识别信息、网站源代码等。类型拓展细分方面，具体是将2016年

《电子数据规定》中的第三项"用户注册信息、身份认证信息、电子交易记录、通信记录、登录日志等信息"拆分为"用户身份信息"和"用户行为信息"两项；第四项"文档、图片、音视频、数字证书、计算机程序等电子文件"拆分为"行为工具信息""系统运行信息""电子文件及其附属信息"三项。

在电子数据的收集提取或审查判断原则方面，公检法三机关各自的规范性文件均延续了2016年《电子数据规定》的内容，在证据"三性"即真实性、合法性、关联性基础上强调"完整性"，但具体表述及侧重点不同，如公安部发布的《电子数据取证规则》更强调取证的"真实、完整"，最高人民法院发布的《最高法关于适用〈刑诉法〉的解释》将"完整性"作为"真实性"的要素之一进行规定。

在电子数据取证方式方面，2016年《电子数据规定》以"收集与提取"为总括，涵盖了扣押、封存原始存储介质，提取电子数据，冻结电子数据，调取电子数据，电子数据检查与侦查实验，电子数据的检验与鉴定等，而公安部发布的《电子数据取证规则》则对取证方式进行了细化，从取证逻辑上，按照电子数据收集、分析、鉴别三个步骤，具体划分为"收集、提取电子数据""电子数据检查和侦查实验""电子数据检验与鉴定"三个阶段，并将"收集、提取"细分为扣押、封存原始存储介质，网络在线提取电子数据，现场提取电子数据，冻结电子数据，调取电子数据等五种方式。①《人民检察院办理网络犯罪案件规定》对上述分段式取证规则进行了确认，并明确了相应的重点审查内容。此种分段式取证规定更为合理，逻辑更加清晰。具体来说，对比传统实物证据的取证阶段，现场勘验、搜查、提取、扣押物证书证等固定证据阶段相当于电子数据的"收集、提取"阶段，而对实物证据所带来的专门性技术问题进行鉴定，如对书证的朱墨时序鉴定，② 则相当于电子数据的"检验与鉴定"阶段。

① 鉴于此处所述内容为规范性文件对比分析，分类方式依据是《公安机关办理刑事案件电子数据取证规则》（公通字〔2018〕41号）第7条。学界有观点认为收集、提取电子数据的普通技术方法可分为提取原始存储介质、提取电子数据、打印拍照或录像、冻结电子数据、调取电子数据等五种。参见陈晖：《国际刑事司法协助理论与立法研究》，法律出版社2023年版，第226页。

② 《物证类司法鉴定职业分类规定》（司规〔2020〕5号），第11条。

但由于电子数据的表现形式复杂多样，多数情况下并不像传统实物证据那样“所见即所得”，其内容难以被直接感知，因此根据实践需要，在“收集、提取”阶段和“检验与鉴定”阶段之间增加了一个阶段，即“检查和侦查实验”阶段，该阶段由侦查人员根据侦查需要对电子数据进行“恢复、破解、统计、关联、比对”或“实验”。这一阶段的作用是对电子数据进行进一步的整理及呈现，以便更好地服务于证明体系的构建，本质上属于扣押、封存原始存储介质等“收集、提取”电子数据工作的自然延续。①

可以说，我国目前已基本形成了由司法解释、规范性文件等共同构成的电子数据规则体系，该体系不仅对电子数据侦查取证、审查判断和排除规则等三个方面都有所覆盖，还对电子数据的内涵及外延、取证原则与方式等进行细化，发挥了良好的引领实践作用。

（三）走私犯罪案件电子数据应用的司法现状

近年来，走私犯罪呈现团伙化、职业化运作模式。北京②、青岛③、上海④、珠海⑤等地司法机关陆续发布的研究报告，均指出走私犯罪涉案人数多、犯罪链条长，手段多样且隐蔽，出现网络化、智能化等新特点。在走私犯罪案件中，电子数据的应用已经变得极为普遍且至关重要，电子数据规则体系的引领实践作用发挥得也较为充分。

具体来说，走私犯罪团伙成员间分工通常十分明确，组织者先行策划，选择走私路线、运输方式等，而后团伙成员按照采购、运输、入境、分销、资金转移等环节分工负责、环环相扣，形成产业化运作模式。由于

---

① 参见周加海、喻海松：《〈关于办理刑事案件收集提取和审查判断电子数据若干问题的规定〉的理解与适用》，载《人民司法》2017 年第 28 期，第 35 页。

② 《走私犯罪呈现与洗钱等多种犯罪交叉竞合等特点》，载最高人民检察院网站，2023 年 4 月 11 日，https：//www. spp. gov. cn/spp/llyj/202304/t20230411_ 610768. shtml。

③ 《青岛走私刑事案件审判白皮书》，载微信公众号“青岛中院”，2023 年 4 月 14 日。

④ 《一年一度的走私犯罪检察白皮书发布了!》，载微信公众号“上海检察三分院”，2023 年 5 月 9 日。

⑤ 《珠海市检察院召开走私犯罪检察工作新闻发布会》，载微信公众号“珠海检察”，2024 年 4 月 29 日。

团伙成员分散在境内外，多以微信、QQ、WhatsApp 等通讯工具为沟通联络媒介，而组织者出于操控走私团伙运作的需要，对于走私货物的规格、数量、购销价格、流转环节等通常都需要制作电子账册等进行记录确认。这些随着走私行为实施所形成的电子数据，正逐渐成为查处走私犯罪的关键，在追踪犯罪路径、认定犯罪事实、揭示犯罪细节等方面起着至关重要的作用。可以说，电子数据已经成为走私犯罪案件中不可或缺的组成部分。

1. 电子数据在走私犯罪案件中的定位

从走私犯罪案件裁判文书看，汇总全国 2019 年至 2021 年共 4019 份走私犯罪判决书，涉及罪名涵盖走私普通货物、物品罪，走私国家禁止进出口的货物、物品罪，走私废物罪，走私珍贵动物、珍贵动物制品罪等走私犯罪①常见罪名，具有代表性。因电子数据规则体系基本确立了侦查取证应以扣押、封存原始存储介质为原则，故选取“手机”“电脑”“U 盘(u 盘)”“硬盘”4 个常见电子数据存储介质为关键词对上述判决书进行检索，筛选出至少包含上述一个关键词的判决书共计 2543 份，占比约 63.3%；由于走私团伙成员分散境内外，沟通联络多以电子通讯工具为媒介，因此选取“短信”“微信”“电子邮件”3 个常见通讯工具为关键词进行检索，筛选出至少包含上述一个关键词的判决书共计 2369 份，占比约 59%。由此可见，至少有 60% 左右的走私犯罪案件涉及电子数据这一证据类型。

从电子数据所证明的内容看，在许多走私犯罪案件的事实认定中，几乎每个走私环节均需要电子数据予以证实。如前述珠海市检察机关办理的王某某团伙走私案。② 犯罪分子通过微信朋友圈等发布广告招揽货物清关业务，在网上招聘并管理客服团队、注册客服微信号对接客户，并聘请技术人员开发了“某某物流 ERP 系统”，该系统详细记录了承揽货物的类

① 汇总判决书时未包括走私、贩卖、运输、制造毒品罪案件。原因是“走私、贩卖、运输、制造毒品”为选择性罪名，走私毒品罪案件仅占其中一部分，但案由为“走私、贩卖、运输、制造毒品罪”的案件量远超其他走私犯罪总和，为更好地反映走私犯罪案件电子数据应用问题，未汇总该罪名判决书。

② 参见《珠海市人民检察院反走私工作白皮书（2019—2023）》，2024 年 4 月 28 日发布，第 7 页。

别、数量、通关费及港澳仓库接收货物、"水客"携带货物进境、境内接收货物、通过快递给境内客户寄送货物的时间节点以及购私人的信息资料，共记录走私进境货物数据40余万项，为最终认定全案犯罪事实提供了重要依据。

从电子数据的效能看，其可补强甚至替代口供，成为数字时代的"证据之王"。如珠海市检察机关办理的罗某某走私珍贵动物制品案。① 境外走私分子雇佣他人分两批将约190公斤象牙从我国澳门特别行政区走私入境后交给罗某某，并收取费用。由于第一批走私的象牙没有被查获，查获第二批走私的象牙时罗某某不在犯罪现场，而罗某某到案后拒不供认犯罪事实。因未达到逮捕标准，在审查批捕环节检察机关对罗某某未批准逮捕。后经对罗某某手机中的近30万条微信聊天记录、近10万张图片等电子数据进行恢复、提取、比对，固定了罗某某在微信上向他人兜售涉案象牙的证据，同时发现了罗某某非法购买河马牙碎片并雇请他人加工成工艺品销售的事实。最终，检察机关以电子数据为核心构建了严密的证据体系，该案零口供定案，罗某某因犯走私珍贵动物制品罪，非法收购、出售珍贵、濒危野生动物制品罪，数罪并罚，被决定执行有期徒刑11年6个月，并处罚金31万元。

此外，电子数据在对走私团伙开展全链条打击中也扮演着重要角色。实践中，不包含电子数据的案件多集中在小额多次走私类案件，该类案件案情简单易于认定，在案证据主要是先前两次走私行为受到行政处罚的相关书证，以及第三次走私行为现场查获的物证、犯罪嫌疑人供述等。然而，该类案件中的电子数据是打击"水客"团伙"蚂蚁搬家"式走私的重要侦办线索。"水客"团伙"蚂蚁搬家"式走私分工明确，进货、派货、通关、集散、分销等环节均由专人负责，走私频率高、隐蔽性强，打击难度大，如何通过零散的"蚂蚁"端掉整个"蚁穴"，电子数据在其中发挥着重要作用。以某市检察机关办理的卓某某等人走私国家禁止进出口的货物案为例，侦查机关先后在口岸通关一线查获了10余名"水客"，

---

① 参见《一名工艺品设计师的不归路》，载微信公众号"珠海检察"，2019年11月14日。

经核查发现均是携带红珊瑚[①]通关走私。办案机关经分析研判，进一步调取了“水客”手机中的微信聊天记录，发现涉案红珊瑚均来自我国澳门特别行政区某商铺，走私进境后均交至境内某商铺，从而挖出了整个走私犯罪团伙，涉案红珊瑚价值逾人民币1000万元。

2. 常见电子数据类型与应用

根据电子数据表现形式的不同，2016年《电子数据规定》将其分为四类。走私犯罪案件中常见的电子数据，基本涵盖了上述四种类型。如前述王某某团伙走私案中，犯罪分子通过微信朋友圈等发布的招揽货物清关业务的广告，属于规定中的“网络平台发布的信息”；犯罪分子手机中的微信聊天记录，属于规定中的“网络应用服务的通信信息”；犯罪分子向购私人出售走私货物的电子交易记录，则属于规定中的“用户注册信息、身份认证信息、电子交易记录、通信记录、登录日志等信息”；犯罪分子开发的“某某物流ERP系统”及其记录的走私进境货物数据，则属于规定中的“电子文件”。

为便于司法应用，结合走私案件特点，根据电子数据产生方式及内容、证明力等的不同，又可以将其分为三类，一是随附涉案人员远程信息沟通产生的信息链电子数据；二是随附货物流转涉案人员记录的物流资金链电子数据；三是走私过程中衍生的客观痕迹类电子数据。上述三类电子数据随着走私链条的运转产生，在走私犯罪认定中相互支持、互为佐证，共同发挥重要作用。

信息链电子数据主要包括手机短信、微信、QQ等即时通信软件记录的涉案人员之间的通信信息，证明涉案人员互相联系的过程及具体内容。该类电子数据反映的是信息传递的动态过程，应按照时间轴全面梳理后综合审查判断，常用来证实涉案人员的主观故意、在走私团伙中的地位、分工及所起的作用等。如闵某甲等走私普通货物案。[②] 该案是通过“进境快

① 涉案红珊瑚虽属于《国家重点保护野生动物名录》规定的国家一级保护水产野生动物，但并未列入经国家濒危物种进出口管理机构公布的《濒危野生动植物种国际贸易公约》附录一和附录二。

② 闵某甲等走私普通货物案，人民法院案例库参考案例，入库编号2023-06-1-85-001。

件”等伪报贸易性质的走私犯罪案件，通过审查本案电子数据信息链即可知，闵某甲参与到走私犯罪前，境外走私犯罪分子已搭建完毕仓储、发货、报关整个犯罪链条，闵某甲仅需提供虚假的身份信息给境外走私犯罪分子，境外走私犯罪分子便可按照收货地址将货物拆分发货。信息链电子数据可证实闵某甲所起作用明显小于境外走私犯罪分子，应依法认定其为从犯。

物流资金链电子数据主要包括记录走私货物价格、数量、规格、货主等信息的电子合同、账册、单等电子文件。不同于一般商品买卖的“钱货两讫”，国际贸易流程复杂，进出口货物运输耗时长，商业风险大，定价方式多种多样，买卖双方在书面合同之外，根据实际需要，通过电子邮件等方式补充或进一步明确交易内容的情况较为常见，因此物流资金链电子数据对于走私犯罪的基本事实认定具有十分重要的作用。如冀某某走私普通货物案。① 该案是一起公式定价模式下的走私犯罪案件，检察机关指控冀某某在明知公式定价进口货物正确申报方式的情况下，以临时价格作为进口货物的实际成交价格向海关进行申报。在案证据如贸易合同、补充协议、资金账户和汇付凭证能够与其他证据印证，证实申报的临时价格不是最终成交价格，本案的实际成交价格是冀某某与外商来往电子邮件中的价格。

客观痕迹类电子数据，不同于前述两种涉案人员使用电子设备、网络工具等直接操作生成的电子数据信息，而是指随附货物、资金、人员的跨境流转活动，在某一数据系统中客观形成的，以数字化形式存储、处理、传输的痕迹类电子数据，如支付宝、微信、银行等资金交易记录，国际包裹邮递记录，AIS（船舶自动识别系统）数据等。该类电子数据因具有较强的客观性，通常不易受到涉案人员直接干预或篡改，因此证明力更高，在反驳涉案人员虚假供述方面尤为重要。如林某某走私普通货物案。② 该案也是一起通过“进境快件”等伪报贸易性质的走私犯罪案件，林某某

① 冀某某走私普通货物案，人民法院案例库参考案例，入库编号 2024 - 06 - 1 - 085 - 002。

② 林某某走私普通货物案，人民法院案例库参考案例，入库编号 2023 - 06 - 1 - 085 - 001。

辩称境外供货商存在多次未发货的情况。经审查林某某与境外供货商的微信聊天记录，双方商议购买香烟的价格、运费等信息，可以和侦查机关收集提取的微信、支付宝转账记录等电子数据印证，部分还可与国际快递单号印证。最终，法院对林某某的辩解不予采信。侦查机关收集提取的微信、支付宝转账记录及国际快递单号等，即属于客观痕迹类电子数据。

二、走私犯罪视角下电子数据规则检视与应用困境

在走私犯罪案件的办理中，电子数据作为不可或缺的证据类型，对于构建严密科学的犯罪指控体系具有举足轻重的作用，其应用具有代表性。以走私犯罪为视角，从规则检视与应用困境两个维度出发对当前电子数据问题进行剖析，具有重要价值。

（一）电子数据规则检视

1. 电子数据侦查取证规则检视

（1）侦查取证规则内部存在的问题

电子数据侦查取证规则在宏观和微观两个层面都显露出问题。宏观层面，2016 年《电子数据规定》明确规定了“以扣押、封存原始存储介质为原则，以提取电子数据为例外，以打印拍照录像等方式固定为补充”① 的取证原则。《电子数据取证规则》第 8 条第 1 款第 3 项规定，在需现场展示、查看相关电子数据的情况下，可以采取打印、拍照或者录像等方式固定相关证据，能够扣押原始存储介质的，应当扣押原始存储介质。有专家表示在实际侦办案件过程中，广泛存在通过拍照打印方式固定电子数据的情形，此种方式操作简单，甚至能够省去后续检查、检验、鉴定等环节，可以节约侦查成本。② 然而，此种方法与电子数据先“收集、提取”再“检查和侦查实验”，后“检验与鉴定”的取证逻辑不一致，用“打印、拍照或者录像”的方式代替了“恢复、破解、统计、关联、比对”的方式对电子数据进行“检查”，问题显而易见，因为电子数据原始存储

---

① 周加海、喻海松：《〈关于办理刑事案件收集提取和审查判断电子数据若干问题的规定〉的理解与适用》，载《人民司法》2017 年第 28 期，第 34 页。

② 参见田虹、翟晓飞、王艺筱：《〈公安机关办理刑事案件电子数据取证规则〉的理解与适用》，载《派出所工作》2019 年第 3 期，第 10 页。

介质的使用人可以轻松对电子数据进行再编辑，如微信聊天记录的删除功能。因此，以“眼见为实”的传统逻辑提取电子数据必然会面临被蒙蔽的风险。电子数据的取证规则以有效固定和查验电子数据的属性信息、关联痕迹及完整数据等措施来保证其真实性，“打印、拍照或者录像”的方式忽视了电子数据的属性信息、关联痕迹等信息的作用，不能有效应对电子数据造假问题。以某市办理的走私洋酒案件为例,[①] 犯罪嫌疑人在收到外商用电子邮件发来的 PDF 版本的发票后，利用 PS 等技术将发票金额进行修改再进行报关等操作，等到案发时，获取外商证言的难度极大甚至无法实现，是否能够提取到电子邮件中的真实发票，对准确计算其偷逃税款的数额就显得至关重要。

在微观层面，以走私犯罪案件中常用的电子数据“检查”为例。根据 2016 年《电子数据规定》第 16 条第 2 款，电子数据检查应当对电子数据存储介质拆封过程进行录像，但《电子数据取证规则》第 47 条第 3 项则要求“检查前解除封存、检查后重新封存前后应当拍摄被封存原始存储介质的照片，清晰反映封口或者张贴封条处的状况”。最高人民检察院和最高人民法院对此种变通做法是否符合要求并未作出明确评价。具体来说，《人民检察院办理网络犯罪案件规定》在第 32 条合法性审查内容中第 5 项明确规定应审查“是否按照有关规定进行同步录音录像”，但第 40 条针对电子数据检查、侦查实验的审查内容第 4 项则表述为“是否使用拍照、录像、录音、通信数据采集等一种或多种方式客观记录检查、侦查实验过程”，似乎又承认了拍照记录形式的合法性。《最高法关于适用〈刑诉法〉的解释》在电子数据合法性审查中仅表述为应审查“进行电子数据检查的，检查程序是否符合有关规定”，具体符合何种规定则语焉不详。

（2）侦查取证规则与刑事诉讼侦查措施尚待有机融合

学界对此问题已有不少研究成果。龙宗智教授从传统搜查、扣押、技术侦查等侦查措施出发，论证了电子数据取证中强制侦查与非强制侦查区

① 参见王露：《浅析网络走私犯罪审查中的电子数据》，载《做优刑事检察之网络犯罪治理的理论与实践——第十六届国家高级检察官论坛文集》，中国检察出版社 2020 年版，第 435 页。

别不明确等问题。[①] 陈永生教授从电子数据区别于传统证据的特征出发，讨论了电子数据搜查与扣押方面如何实现惩治犯罪与保障人权的平衡问题，主张建立司法审查机制。[②] 吴洪淇研究员提出对于获取电子数据的侦查行为没有被界定为搜查行为，对原始介质的扣押和封存都应该纳入查封、扣押这一侦查措施之下等观点。[③]

总体说来，回归证据学理分类，在言词证据与实物证据的二元区分框架下，电子数据本质上应属于实物证据，其与物证、书证等传统实物证据相同，具有不以人的意志为转移等特征。根据我国《刑事诉讼法》证据专章第54条第2款规定，行政机关在行政执法和查办案件过程中收集的电子数据与物证、书证相同，均可在刑事诉讼中作为证据使用。对比言词证据须经转化方可使用，此规定是从立法的角度对电子数据的实物证据属性的确认。

然而，我国《刑事诉讼法》证据专章第56条非法证据排除中，仅对物证、书证、证人证言等证据类型进行了规范，并未对电子数据进行规定。同样，《刑事诉讼法》侦查专章中，勘验、检查的范围为“场所、物品、人身、尸体”，查封扣押的对象为“物证、书证”，均不包含“电子数据”。可以说，电子数据侦查取证中的“收集、提取”“检查和侦查实验”“检验与鉴定”等取证方式似乎游离于现有刑事诉讼侦查措施之外。刑事诉讼程序的价值追求是在查清犯罪事实与保护公民基本权利之间探寻一个平衡点，脱离了《刑事诉讼法》侦查程序的基本保障，电子数据的取证方式难免遭到侵犯公民基本权利的质疑，从而引发逻辑混乱与价值冲突。

2. 电子数据审查判断规则检视

当前电子数据规则体系规定了具体的审查判断规则，规则的构建基本延续了以证据“三性”为基础的审查判断原则。证据“三性”审查判断原则作为我国证据体系审查最重要的组成部分，得到法律规范和司法解释

---

① 参见龙宗智：《寻求有效取证与保证权利的平衡——评“两高一部”电子数据证据规定》，载《法学》2016年第11期，第7－14页。

② 参见陈永生：《电子数据搜查、扣押的法律规制》，载《现代法学》2014年第5期，第111－127页。

③ 参见吴洪淇：《刑事诉讼电子数据合法性制度框架的虚化与矫正》，载《上海政法学院学报（法治论丛）》2022年第6期，第87－98页。

的充分支撑。[1] 但在电子数据规则体系中，审查判断规则的构建具有一个显著的特征，就是在证据"三性"之外，还强调"完整性"这一概念。

（1）"完整性"与"真实性"概念的关系

证据的"完整性"并没有作为一个法律规范用语在我国《刑事诉讼法》当中直接体现。但考察电子数据相关规则可以发现，"完整性"被多次强调，在侦查取证与审查判断方面均有关于"完整性"的专门内容，且规则将"完整性"作为电子数据"真实性"审查判断的要素。对比分析2016年《电子数据规定》与《最高法关于适用〈刑诉法〉的解释》相关条文中"完整性"与"真实性"的审查内容，可以发现两者的关注重点有较多重复之处。2016年《电子数据规定》的起草者对此解释为"电子数据完整性是真实性的要素之一，甚至是最重要的要素"。[2] 可见，实务界将电子数据的"完整性"作为其"真实性"的重要保障。

表2-2-2 电子数据规则体系"真实性"与"完整性"法条对比

	真实性	完整性
法条序号	2016年《电子数据规定》第22条；《最高法关于适用〈刑诉法〉的解释》第110条	2016年《电子数据规定》第23条；《最高法关于适用〈刑诉法〉的解释》第111条
具体审查内容	原始存储介质是否移送和保存	介质扣押、查封的状态
	是否具有数字签名、数字证书等特殊标识	比对电子数据完整性校验值
	收集、提取过程是否可以重现	审查收集、提取过程，查看录像
	是否增加、修改、删除	与备份的电子数据进行比较；审查冻结后的访问操作日志
	完整性是否得到保证	其他方法

① 参见龙宗智：《论我国诉讼证据审查要素及审查方法的调整改革》，载《法学研究》2023年第4期，第170页。

② 周加海、喻海松：《〈关于办理刑事案件收集提取和审查判断电子数据若干问题的规定〉的理解与适用》，载《人民司法》2017年第28期，第33页。

从法学理论考察，完整性有两层含义，即“数据完整”和“覆盖事项完整”。电子数据规则中，被纳入“真实性”审查判断要素的“完整性”，主要是指“数据完整”，指尽量避免证据在收集、提取、移送、流转过程发生隐匿、污染、变化等失真问题，确保证据在收集提取过程中未被篡改或破坏。① 学界基本认同将“数据完整”纳入电子数据是否真实的问题范畴，但强调“完整性”并不等同于“真实性”。按照吴洪淇研究员的观点，电子数据的“完整性”主要是处理电子数据的鉴真问题，“电子数据真实性包括实质真实性和形式真实性两个层面，形式真实性主要指电子数据收集提取过程保持了完整性，而实质真实性则是指电子数据内容本身为真”。② 学者褚福民则提出电子数据“真实性”应从三个层面分析，即载体的真实性、电子数据的真实性和电子证据内容的真实性，在“真实性”与“完整性”的关系分析中他指出，“考察电子数据的完整性，主要是针对电子证据载体和电子数据的真实性”。③ 本书认为，电子数据“真实性”与“完整性”各自有其含义，并不是包含关系，而是交叉关系。

（2）合法性审查与真实性标准的关系

关于证据的合法性审查，一般包括“证成”与“证否”两个视角。所谓“证成”，是指正向的、一般性审视，即审查取证主体、证据形式、取证方法与程序是否合法。所谓“证否”则从违法取证的法律后果来解读合法性概念。④ 全面检视当前电子数据规则的合法性审查问题，从“证成”与“证否”两个视角进行法条梳理分析，均可发现合法性审查基本被真实性标准主导的问题。

---

① 参见陈丽：《论电子数据的完整性》，载《证据科学》2021 年第 6 期，第 710 页。

② 吴洪淇：《电子数据完整性的法律定位与理论反思》，载《国家检察官学院学报》2024 年第 1 期，第 157 页。

③ 褚福民：《电子证据真实性的三个层面——以刑事诉讼为例的分析》，载《法学研究》2018 年第 4 期，第 132 页。

④ 参见龙宗智：《论我国诉讼证据审查要素及审查方法的调整改革》，载《法学研究》2023 年第 4 期，第 180、184 页。

表 2－2－3 《最高法关于适用〈刑诉法〉的解释》合法性审查规则

审查具体内容（第 112 条）	取证主体	收集、提取是否由二名以上调查人员、侦查人员进行
	取证程序	技术调查、侦查措施是否经过严格批准手续
	技术性规则	取证方法是否符合相关技术标准；检查程序是否符合有关规定
	其他	是否附有笔录、清单，相关人员是否签名或盖章，若无，是否注明原因；电子数据类别、文件格式是否注明清楚

从“证成”的角度分析，其中“取证方法是否符合相关技术标准”等取证技术性要求更侧重于保障电子数据的真实性问题。与传统物证、书证等实物证据不同，电子数据具有信息虚拟性、载体与信息可分离性、信息海量性等特征。这些特征决定了其收集、提取方法应满足一定的技术性规则，如电子数据检查应当通过写保护设备进行、屏蔽信号等。技术性规则虽然在客观上能够起到准确认定犯罪事实从而保障被追诉主体权利的效果，但其本质是服务于证据真实性。电子数据因不符合取证技术性规则而被剥夺证据资格的情况，亦属于真实性问题范畴。而合法性规则是将对侦查权的有效控制与被追诉主体的权利保障作为首要价值追求。如取证主体要求二名以上侦查人员，是为了防止一人取证可能出现的违法情形，取证程序如技术调查须经过严格审批手续，亦是考虑到技术调查措施的适用与公民个人隐私权的平衡问题。所以，本书认为，技术性规则更多体现真实性标准。

表 2－2－4 《最高法关于适用〈刑诉法〉的解释》违法取证法律后果

法条序号	具体情形	可以采用	不得作为定案的根据
113	未以封存状态移送的	经补正或者作出合理解释的	不能补正或者作出合理解释的
	笔录或者清单上没有相关人员签名或盖章的		
	对电子数据的名称、类别、格式等注明不清的		
	有其他瑕疵的		

续表

法条序号	具体情形	可以采用	不得作为定案的根据
114	篡改、伪造或者无法确定真伪	/	不得作为定案的根据
	有增加、删除、修改等情形，影响电子数据真实性的		
	其他无法保证电子数据真实性的情形		

从“证否”的角度分析，违法取证法律后果分为“瑕疵补正”与“强制排除”两种情况。电子数据“瑕疵补正”条款列明的情况中，不包括合法性审查中的“取证主体”“取证程序”等内容。“强制排除”条款中未纳入“可能严重影响司法公正”这一物证、书证合法性审查的重要标准，且兜底条款“其他无法保证电子数据真实性的情形”更是直接将排除标准等同于真实性存疑。

（二）电子数据应用困境

与其他证据类型相比，电子数据的侦查取证与审查判断更为复杂和困难。究其原因，一方面集中体现在电子数据规则本身，另一方面则集中体现在电子数据的司法应用问题。电子数据的应用困境一部分原因是规则的不完善，但仍有司法实践的深层次原因。电子数据在打击违法犯罪工作中发挥着重要的作用，其在走私犯罪中的应用困境亦十分具有代表性，具有分析研究的必要。

1. 侦查取证规则存在虚置现象

（1）电子数据属性“书证化”

从走私犯罪案件裁判文书看，在汇总全国2019年至2021年的4019份走私犯罪判决书中，以“电子数据”“电子证据”“电子物证”为关键词检索，筛选出至少包含上述一个关键词的判决书共计1277份，占比约31%；在不包含上述任一个关键词的2742份判决书中，以“微信聊天记录”为关键词进行检索，筛选出判决书共计1127份，占汇总判决书的28%。检索结果反映出，在司法实务中将电子数据转化为其他证据类型使用的情况仍然存在，最明显的便是将“微信聊天记录”这一电子数据“书证化”。具体情况是，侦查机关将“微信聊天记录”通过照片、截图等形式固定下来后打印为书面材料，交有关涉案人员辨认、签字。

究其原因，一方面，电子数据的取证呈现普及化趋势，随着越来越多类型的案件涉及电子数据，经侦、治安、刑侦、禁毒等警种甚至派出所都需要承担相应的电子数据取证工作，① 而海警机构作为打击走私犯罪的重要力量仍处于初创阶段，侦查机关技术水平与警力有限，实践中拍照、打印等取证方式便有了存在的空间。另一方面，部分执法司法人员认为电子数据的打印件或拍照件是以其所载的内容或表达的思想来证明案件事实，将其认定为书证并无问题，且涉案人员已经辨认并签字确认该证据内容真实，那么它属于何种证据类型、如何收集提取就不再是关注的焦点，电子数据取证规则也因此被虚置。

（2）以“鉴定”代替“检查”

“检查”与“鉴定”作为电子数据侦查取证的不同方式，在程序设计与适用情形方面均不相同，在实施人员与工作内容方面亦有较大区别。在实施人员方面，根据《电子数据取证规则》规定，收集、提取电子数据应当由二名以上侦查人员进行。对于技术性强的取证活动，如电子数据检查，必要时可以指派或者聘请有专门知识的人参加，此种情形下取证主体仍然是侦查人员，有专门知识的人只是提供协助。而电子数据鉴定解决的是专门技术性问题，其主体当然是鉴定人员。在工作内容方面，对电子数据存在疑问的，需由司法鉴定机构出具鉴定意见，鉴定意见应当是对电子数据内容进行判断后作出的专家意见，而检查在本质上是单纯的取证行为，不包含个人意见。

表 2-2-5　公安部《电子数据取证规则》检查与鉴定内容比较

检查（第 43 条、第 44 条）		鉴定（第 55 条）
实施人员	二名以上具有专业技术的侦查人员进行，必要时可以指派或者聘请有专门知识的人参加	指派、聘请有专门知识的人进行鉴定
具体内容	数据恢复、破解、搜索、仿真、关联、统计、比对等方式	对电子数据涉及的专门性问题难以确定的，由司法鉴定机构出具鉴定意见

① 参见周加海、喻海松：《〈关于办理刑事案件收集提取和审查判断电子数据若干问题的规定〉的理解与适用》，载《人民司法》2017 年第 28 期，第 33 页。

当然，根据司法部2020年发布的《声像资料司法鉴定执业分类规定》（司规〔2020〕5号），电子数据的鉴定可以分为存在性鉴定、真实性鉴定、功能性鉴定和相似性鉴定，其中存在性鉴定便涵盖了检查电子数据的功能。但对于加密电子数据的解密、破解等工作，按照2016年《电子数据规定》起草者意见，应当采用检查的取证方法进行。① 实践中，以"鉴定"代替"检查"有两方面原因，一方面，侦查机关侦查技术与力量不足，许多加密设备或文件难以破解或无暇应对，导致其不得不将对电子数据的破解、恢复工作转由鉴定机构完成，"以鉴代侦"；另一方面，部分执法司法人员对电子数据这种证据类型的认识还不统一，仍然有一些电子数据要转化为鉴定意见等形式才能得到认可。② 然而"检查"与"鉴定"混淆使用不仅弱化了鉴定机构的独立性，而且虚化了刑事诉讼程序对侦查取证行为的程序控制。

2. 辩护权在审查判断中未发挥应有作用

阅卷权是律师履行辩护职责的重要权利之一。律师能否全面了解案件情况，为当事人提供有效的辩护，依赖于是否查阅了全部案卷材料。实践中，对于电子数据，通常除随案移送扣押、封存的原始存储介质如手机、电脑、U盘等电子设备外，侦查机关一般还会将检查、鉴定电子数据时所制作的镜像或备份文件储存在光盘、U盘、移动硬盘等存储介质中一并移送。在此之外，为满足涉案人员辨认指认的需要或便于后续案件审查工作的开展，侦查机关对于对认定案件事实有重大影响的微信、QQ等聊天记录，电子合同、电子账册、资金流水等电子文件，会打印出来交涉案人员签字确认后附在案件卷宗内移送。因此，电子数据作为案件证据材料的存在形式分为三种：一是原始存储介质；二是检查、鉴定等过程中形成的储存在光盘等存储介质中的镜像或备份；三是出于侦查或审查的需要打印形成的书面材料。

---

① 参见周加海、喻海松：《〈关于办理刑事案件收集提取和审查判断电子数据若干问题的规定〉的理解与适用》，载《人民司法》2017年第28期，第35页。

② 参见李瑾：《〈公安机关办理刑事案件电子数据取证规则〉的运行和实践——专访规则主要起草人、公安部网络安全保卫局电子数据取证鉴定工作处处长翟晓飞》，载《警察技术》2021年第3期，第5页。

无论是哪种形式的电子数据，其作为案卷材料当然属于辩护律师的阅卷范围，对于第一类原始存储介质，因已封存，无申请重新鉴定等特殊情形下一般由司法机关保存；对于第三类以打印件形式呈现的电子数据，因已附在案件卷宗内移送，在辩护律师申请阅卷时亦可以一并查阅。但对于第二类储存在光盘等存储介质中的镜像或备份，是否主动提供给律师查阅，各地司法机关做法并不一致。多数情况下，由于第三类以打印件形式呈现的电子数据已经满足了辩护律师了解案情的基本需求，对于随案移送的光盘、U 盘、移动硬盘等存储介质中的镜像或备份，在辩护律师未主动表示需要查阅、复制的情况下，司法机关主动将其与案卷材料一并提供查阅、复制的情况并不多见。在辩护律师明确提出要求时，有的司法机关会制作复制件以供查阅，有的司法机关则会在指定场所提供技术支持供律师查阅。

因此，通常情况下，律师辩护的基础是以打印件形式呈现的电子数据。但该类电子数据经过侦查机关筛选，其对于案件事实认定的指向性更为明确，并不能反映电子数据的全貌，罪轻、无罪的证据容易被忽视。电子数据阅卷问题导致辩护权在电子数据审查判断中未发挥应有作用。

3. 取证技术相对薄弱，制约电子数据效能发挥

电子数据的产生和运用与科学技术发展水平和用户需求密切相关，出于保护用户隐私的需要，电子设备或电子数据的安全保护技术日趋完善。为了确保信息不被轻易获取，逃避责任追究，犯罪分子会采取多重加密手段来保护他们的电子设备和电子数据。实践中，走私犯罪团伙成员使用的工作手机多集中在个别品牌，亦是因为现有侦查手段强制解锁该品牌手机存在较大技术障碍。侦查机关能否从手机等电子设备中收集提取到证实犯罪事实的电子数据很大程度上依赖于持有人是否配合，若在不具备相关技术水平的情况下强行对手机进行解锁，可能会导致手机系统自动清空用户全部数据的后果。技术障碍极大地制约着电子数据在打击走私犯罪活动中潜在效能的发挥。

三、走私犯罪视角下电子数据规则完善与应用优化

电子数据规则与应用所涉及的问题很多，且具有普适性。以走私犯罪为视角，检视电子数据规则体系，剖析应用困境，并对电子数据规则完善

与应用优化展开思考，对推动建立适应走私犯罪特点的电子数据制度具有积极意义。

（一）电子数据规则完善

1. 电子数据侦查取证规则完善

电子数据的许多侦查取证措施，本应是对搜查、扣押、勘验等传统侦查措施的进一步细化。但传统侦查措施的运作机理较为简单，不能很好适应电子数据虚拟性、信息海量性等特征，在取证方面存在较多局限。以搜查、扣押为例，侦查人员通过对犯罪现场、涉案物品、痕迹等进行搜索与查看，提取应被扣押之物即可完成相关取证工作。但电子数据的内容难以被直接感知，因此在操作上难以遵循从搜查到扣押的取证步骤，往往需要先扣押存储介质，后对其内容进行搜查再提取与案件有关的电子数据，即按照先扣押再搜查的逻辑进行取证。且由于电子数据与其存储介质的可分离性又使得扣押这一步骤并不必然发生，如在线提取电子数据。

目前制定的规范性文件，根据电子数据自身特征，在总结了电子数据侦查取证实践探索的成功经验基础上，创设了不同于传统侦查取证措施的规范，如网络在线提取、网络远程勘验等。① 上述侦查措施为电子数据的收集提取提供了路径，但亦造成了电子数据侦查取证规则与刑事诉讼侦查措施融合度不高的问题，且由于规则制定主体多元，其内部也还存在着问题。

电子数据的取证规则，在本质上应是《刑事诉讼法》侦查程序的细化与特别解释，在《刑事诉讼法》关于侦查和证据的法律框架内修改和完善电子数据取证规则，是共识也是共通的做法。② 当然，刑事诉讼制度吸收电子数据取证在司法实践中的运行成果，从而实现对传统侦查措施的完善和发展亦是十分必要的。理顺当前电子数据侦查取证措施的法律性质，是实现两者有机融合的基础，亦有助于理顺电子数据侦查取证规则内

---

① 参见谢登科：《规范电子数据侦查取证措施势在必行》，载《上海法治报》2024 年 4 月 3 日，第 B3 版。

② 参见龙宗智：《寻求有效取证与保证权利的平衡——评“两高一部”电子数据证据规定》，载《法学》2016 年第 11 期，第 12 页。参见梁坤：《电子数据侦查措施的规范构造》，载《中国刑警学院学报》2022 年第 3 期，第 41 页。

部的问题。结合办理走私案件中常用的电子数据取证措施，重点论述以下几点：

（1）建立刑事诉讼电子数据个人信息分级保护制度

电子数据既是打击犯罪的重要证据材料，也是公民基本权利的重要载体。如电子邮件、短信、微信等个人信息数据里就承载着公民的隐私权、通信自由和通信秘密权。[①] 根据个人信息数据所承载的隐私权等权利敏感程度的不同对其进行区分，实施不同的保护措施或手段是当前各国的通行做法。如国际网络犯罪公约委员会 2015 年调查报告将网络犯罪侦查中所涉个人信息数据分为用户信息、交互数据和内容数据三类。[②] 我国《个人信息保护法》则将个人信息数据分为个人敏感信息和一般信息，其中个人敏感信息包括个人生物识别信息、行踪信息、通信记录和内容等。

检视电子数据规则体系，仅公安部《电子数据取证规则》的相关条款将电子数据进行了分类，具体是将电子数据分为公开发布与非公开发布，并将网络在线提取电子数据的对象限制在境外公开发布的电子数据及境内远程计算机信息系统上的电子数据。可见，当前电子数据规则对于境内电子数据的取证并未根据个人信息敏感程度进行区分，且此种分类主要是基于化解潜在国际争端和外交风险的视角，而非个人信息保护的视角。

平衡电子数据有效取证与公民基本权利保护的前提，可以完善刑事诉讼电子数据个人信息分级保护制度。根据电子数据所载个人信息敏感程度，准确划分侦查措施的强制或任意属性，建立相应的审批规则，是科学构建电子数据侦查取证规则的基础。刑事诉讼电子数据个人信息分级保护制度亟待建立。

（2）科学区分强制侦查与任意侦查措施

在刑事诉讼理论中，侦查可以分为强制性侦查与任意性侦查。强制侦查法定原则是现代各国刑事侦查制度通行的规则。具体来说，“强制处分必须根据刑事诉讼法的规定，不得实行该法没有规定的强制处分，这是侦

① 参见谢登科：《规范电子数据侦查取证措施势在必行》，载微信公众号“中国刑事诉讼法学研究会”，2024 年 4 月 14 日。

② 转引自刘玫、陈雨楠：《数字时代侦查措施的体系建构及程序控制》，载《河北学刊》2023 年第 1 期，第 193 页。

查中的重要原则。强制侦查要受强制处分法定主义与令状主义的双重制约。任意侦查由侦查机关通过独自判断来实施”。①

电子数据载体与信息的可分离性，导致电子数据实际控制主体与数据信息所载隐私权等权利主体出现分离，造成强制侦查与任意侦查在电子数据取证中出现混乱，应当对两者科学区分。以“调取电子数据”这一常用取证方法为例，在当前刑事诉讼规定中，“调取”证据材料并不是一项独立的侦查措施，且其具有任意侦查属性。不同于搜查等侦查措施被集中规定于《刑事诉讼法》侦查章节，“调取”规定于《刑事诉讼法》证据章第52条，该条将“收集”与“调取”证据对执法司法机关进行了概括性授权，且规定在初查阶段就可以使用“调取”这一侦查措施取证。“调取电子数据”作为“调取”这一侦查措施的具体应用，其当然属于任意侦查措施。

然而侦查措施是否干预或侵犯被调查对象的相关权利，是区分强制侦查与任意侦查的关键。如前所述，电子数据中可能承载着敏感程度较高的个人信息，调取这些电子数据，理应是强制侦查。但电子数据控制主体与数据信息所载隐私权等权利主体分离的情况，掩盖了其强制侦查属性。如向网络服务商、网络运营商调取个人存储在云平台中的照片、文档等电子数据的情况。此时网络服务商、网络运营商作为电子数据的控制主体，个人则是电子数据的权利主体。在强制性侦查和任意性侦查理论中，权利主体可自愿放弃权利，同意侦查机关采取强制性侦查措施，此时强制性措施就会转化为任意性措施。网络运营商作为控制主体，有配合侦查机关取证的义务，但其同意配合取证，并不能替代权利主体自愿放弃权利，从而将调取的强制属性转化为任意属性。② 2021年颁布实施的《数据安全法》已经注意到了电子数据调取的强制属性，该法第35条明确，因侦查犯罪需要调取数据，“应当按照国家有关规定，经过严格的批准手续”。电子数据规则应重视“调取电子数据”这一侦查措施的强制侦查属性，并建

① ［日］松尾浩也：《日本刑事诉讼法（上卷）》，丁相顺译，中国人民大学出版社2005年版，第40页。

② 参见谢登科：《论侦查机关电子数据调取权及其程序控制——以〈数据安全法（草案）〉第32条为视角》，载《环球法律评论》2021年第1期，第56页。

立严格的审批制度。

(3) 搜查、勘验等侦查措施应向电子数据侦查取证规则延伸

搜查、勘验等传统侦查措施的功能在电子数据领域被提取、检查等措施替代，电子数据规则融合至刑事诉讼侦查程序的重要一环便是将搜查、勘验等侦查措施向电子数据取证规则延伸。

一方面，应明确提取并不是一种侦查措施而是侦查技术，其实质是对电子数据存在场域进行的搜查、勘验。侦查措施是法律所规定的侦查机关在刑事案件侦查中可以采取的调查活动和强制措施，而侦查技术则是科学技术方法在侦查领域中的具体实施与运用。《刑事诉讼法》并未将“提取”定性为一种侦查措施。类比实物证据取证，在勘验犯罪现场的过程中，提取指纹、足迹，在身体检查中提取血迹、生物样本等，提取多是作为搜查、勘验的内在构成要素。① 电子数据的提取亦是对其所在场域进行搜查、勘验后，提取相关电子数据。因此，提取电子数据应回归搜查、勘验等侦查措施中来。

另一方面，当前刑事诉讼中的检查主要是指对身体的检查，而电子数据检查实质上是对扣押、封存的电子数据存储介质中内容的搜查。对电子数据通过恢复、破解、搜索、仿真、关联、统计、比对等方式展开的检查，其目的是发现证据，具有证据搜索的性质，符合《刑事诉讼法》第136条规定的为了收集犯罪证据，而对有关的地方进行搜查的规定。计算机搜查也是现代各国规范刑事案件中计算机取证的一个重点。② 且鉴于电子数据存储介质中存储的海量数据涉及了持有人工作、生活的方方面面，将检查回归到搜查中来也有利于探讨电子数据搜查范围的确定与限制等问题。

综上，完善当前电子数据侦查取证规则，应建立刑事诉讼电子数据个人信息分级保护制度，科学区分电子数据取证措施的强制侦查与任意侦查属性，并将搜查、勘验等侦查措施向电子数据侦查取证延伸，从而理顺电

---

① 参见谢登科：《电子数据网络在线提取规则反思与重构》，载《东方法学》2020年第3期，第93页。

② 参见龙宗智：《寻求有效取证与保证权利的平衡——评“两高一部”电子数据证据规定》，载《法学》2016年第11期，第12页。

子数据侦查取证规则内部的问题，实现电子数据取证规则与刑事诉讼侦查措施的有机融合。

2. 电子数据审查判断规则完善

当前电子数据审查判断规则存在“完整性”与“真实性”概念混乱，以及合法性审查基本被真实性标准所主导等两个问题。因此，电子数据审查判断规则的完善，一方面要理顺“真实性”与“完整性”的关系，另一方面要重新定位合法性审查规则。

（1）理顺“真实性”与“完整性”的关系

在实务中，电子数据的“完整性”有保证电子数据“真实性”的作用。但“真实性”与“完整性”并不相同。需明确以下几点：一是“真实性”包含形式真实性与实质真实性两方面，“完整性”仅是用作保证形式真实性的手段之一。具有完整性的电子数据并不必然是真实的，其内容是否真实需进一步判断。二是完整性有瑕疵的电子数据并不必然导致真实性受损。以完整性校验值为例，在一起组织、领导传销活动案中，[①] 侦查人员通过远程勘验从犯罪组织租用的云服务器上下载了涉案电子数据，并将之压缩为“案件电子数据 . zip”，之后又将电子数据送交鉴定。本案勘验数据的哈希值与送鉴数据的哈希值不一致。经审查，原来是侦查机关仅把勘验数据的一部分提取出来送鉴导致，此时就需要予以补正。三是“完整性”除指“数据完整”之外，亦有“覆盖事项完整”这一属性，其反面含义可概括为“断章取义”。若侦查机关只收集提取了一部分聊天记录，会导致事实整体无法被确切表达。因此“完整性”亦要求电子数据完整地记录、反映或覆盖案件事实。

（2）重新定位合法性审查规则

在重新定位合法性审查规则方面，从“证成”与“证否”两个视角入手，避免电子数据合法性审查被真实性标准主导的问题。在“证成”方面，虽然合法性审查与真实性审查均在保证证据真实层面有积极作用，如合法性审查要求取证主体为二名侦查人员，取证活动应由见证人或录像等方式监督，相关规则通过保证取证过程的合法来保证证据的真实。但真

① 参见陈丽：《论电子数据的完整性》，载《证据科学》2021 年第 6 期，第 719 页。

实性规则，特别是技术性取证规则应剥离出合法性审查的内容。一是随着科技的发展，取证技术亦是在不断更新的过程中。从立法技术角度分析，将其纳入合法性审查内容必将带来合法性审查规则的不确定性。二是两者价值追求上有本质区别。技术性取证规则以真实性为首要价值追求，而合法性审查规则则着眼于对侦查权的制约，主要包括取证主体、取证程序等规定，特别应注意完善强制侦查手段的程序性审批规则，才能实现保障被追诉主体基本权利的立法目的。

在“证否”方面，则应当完善合法性制约机制，目前的电子数据违法取证后果仅在触及真实性问题时才存在被排除的可能，导致合法性审查规则的立法目的虚化。应从违法取证后果层面对合法性与真实性问题分别规制，才能发挥合法性审查规则的应有效用。具体来说，不具备真实性的证据当然不被采纳，但应当明确取证出现严重违法情形时，不论证据内容是否真实，都应当予以排除。当然，并非所有的违法取证都必然导致证据丧失资格，瑕疵电子数据经补正后仍可被采信，但本问题的核心是将真实性与合法性区分开来，完善合法性制约机制，明确不具备合法性的电子数据的证据资格问题，从而使实体公正与程序公正并重的刑事司法理念得到真正确立。

（二）电子数据应用优化

1. 适度简化特定类型电子数据取证规则

剖析当前电子数据应用现状可以发现，尽管电子数据相关规则在宏观上与刑事诉讼侦查措施尚待有机融合，其规则体系内部亦存在问题，且在具体个案的办理中，亦出现电子数据属性“书证化”、以“鉴定”代替“检查”等多种问题，但电子数据司法应用方面并未出现重大或明显的运行阻滞，其中一个重要的原因便是虽然电子数据容易被修改，但同传统实物证据相比较，被伪造或变造的电子数据更容易被发现。因为电子数据本身就是一个包含有内容、属性、痕迹的综合体，任何造假都必须三位一体进行，而这几乎不可能不被识别。收集、提取电子数据是否应当要求做到在技术上绝对真实这一问题值得深思。① 鉴于司法资源的有限性与电子数据取证需求的爆炸式增长之间的矛盾，对所有电子数据取证工作不加区分

① 参见刘品新：《论电子数据的理性真实观》，载《法商研究》2018 年第 4 期，第 58 – 70 页。

地苛以最严格的技术要求并不现实且缺乏必要。基于不同类型电子数据的自身特点，适度简化电子数据取证规则有一定的合理性。

在实务中，对于有权威来源的电子数据，如支付宝、微信、银行等提供的资金交易记录，海关提供的国际包裹邮递记录等，即使缺乏完整性校验值等技术性手段保证真实，或仅是加盖公章的打印件，亦极少受到质疑，即使受到质疑也便于进一步核实。为此，对于具有权威来源的电子数据，在技术性取证要求方面可予以适当简化，以提高取证效率。

2. 强化辩护权并将审查判断规则落到实处

阅卷权是律师全面了解案件情况，为当事人提供有效辩护的基础权利，电子数据阅卷权存在被忽视的风险，应当予以强化，从而发挥辩护权在电子数据审查判断中的积极作用。具体来说应当转变当前电子数据在律师提出要求后方予以查阅、复制的做法，司法机关应主动将电子数据的镜像或备份与纸质版案卷材料一并提供给律师阅卷。律师通过对电子数据的全面分析梳理，全面审查有罪无罪、罪轻罪重等证据材料，并围绕证据“三性”积极履行辩护职责。

3. 加强取证技术支持，充分发挥电子数据效能

（1）积极探索区块链存证等新技术的运用

信息技术的发展不仅促进了电子数据在生活工作中的普及，而且也催生了新类型的侦查取证技术。以区块链存证为例，其通过分布式储存创造了诸多接入节点，在有效保障所存数据的安全性和可靠性的同时，可以实现证据在存证平台间的快速共享，提升证据传输效率。同时其采用了分布式记账等去中心化和加密算法等技术，综合了分布式存储、完整性检验、可信时间戳等多项技术特点，让存证数据具有较强的防篡改性。①

区块链存证技术虽然未规定在电子数据的取证规则之中，但在司法实践领域已有运用。如王某某诈骗案。② 王某某通过网络实施诈骗共 176

---

① 参见高天书：《引入区块链存证，推进证据制度改革》，载最高人民检察院网站 2022 年 7 月 20 日，https://www.spp.gov.cn/spp/llyj/202207/t20220720_565780.shtml。参见谢登科：《电子数据的技术性鉴真》，载《法学研究》2022 年第 2 期，第 217 页。

② 参见余建华、单巡天：《全国首例区块链存证刑事案宣判》，载中国法院网 2019 年 11 月 1 日，https://www.chinacourt.org/article/detail/2019/11/id/4602462.shtml。

起，鉴于被害人众多且分散全国各地，司法机关采用了区块链技术对电子数据存证，极大提升了侦查效率。积极探索区块链存证等新技术的运用，对电子数据应用优化具有积极意义。

（2）确立电子设备解锁取证企业协助规则

技术障碍，特别是手机解锁技术障碍问题制约着电子数据在打击违法犯罪活动中功效的发挥。解锁取证是指侦查机关通过技术性手段解除密码设置人对电子设备所进行的访问限制，对其存储的电子数据进行取证的活动。基于侦查的需要，确立手机等电子设备解锁取证中企业协助规则十分必要且可行。一是从法理角度看，这涉及打击犯罪与保障公民隐私权的平衡问题。但两者并非互斥关系，而是动态平衡问题。当国家安全、公共安全等重大利益受到威胁时，对该利益的保护将优先于公民的隐私权。科技企业对用户隐私的保护应当受制于司法程序，必要情形下，科技企业应当帮助侦查机关解锁特定电子设备，协助侦查。二是从现行电子数据规则看，在调取电子数据时，按照《刑事诉讼法》第 54 条和 2016 年《电子数据规定》等的相关规定，有关单位和个人应当如实提供证据。《数据安全法》第 35 条规定了为刑事犯罪侦查需要调取电子数据的正当性问题。以上都可作为建立手机等电子设备解锁取证企业协助规则的立法启发。三是应当意识到并非建立相关规则，就可以完全突破技术障碍。在圣贝纳迪诺枪击案中,[①] 美国政府曾要求苹果公司协助对犯罪嫌疑人的手机进行解锁，但基于技术负担重、成本大，且与重视用户隐私及系统安全的商业形象严重对立等原因，苹果公司予以拒绝。可见出于种种考量，科技企业对于电子设备解锁取证企业协助规则并不必然全盘接受，且面对经济全球化的大背景，考虑到海外市场的影响，该规则的建立亦困难重重。但探索建立电子设备解锁取证企业协助规则，加强电子数据取证技术支持，对打击违法犯罪具有积极意义。

---

① 参见高一飞、吴刚：《手机解锁搜查中强制企业协助行为的法律调整》，载《河北法学》2018 年第 11 期，第 49 页。

第三节　走私犯罪收益没收问题

当前贪利型犯罪[①]呈高发态势。从最高人民法院公布的司法数据来看，2021 年至 2023 年我国一审新收的侵犯财产罪案件数量虽呈下降趋势，但仍占全部刑事一审新收案件的 20% 左右，在刑事一审新收案件类型中案件数量位居第三。[②] 从各地发布走私犯罪白皮书来看，走私犯罪案件数量虽然不多，但涉案金额较大。“2013 年至 2022 年，青岛中院共审结走私刑事案件 234 件，对 253 家被告单位、600 名被告人判处刑罚，涉案金额 12.8 亿余元”[③]，浙江省宁波市人民检察院办理的走私犯罪案件“年度涉税额从 2015 年 3.2 亿元，上升到 2019 年 8.4 亿元”[④]。对犯罪行为人的走私违法所得和犯罪物进行彻底没收，宣示不得从走私犯罪中获得

---

① 贪利型犯罪指以犯罪方法追求不法经济利润的犯罪。

② 2021 年全国法院审理刑事一审案件收案 1277197 件，其中侵犯财产罪收案 271533 件，占总案件的 21.26%；2022 年全国法院审理刑事一审案件收案 1039612 件，其中侵犯财产罪收案 205494 件，占总案件的 19.77%；2023 年全国法院审理刑事一审案件收案 1229811 件，其中侵犯财产罪收案 249224 件，占总案件的 20.27%。参见：《2021 年全国法院司法统计公报》，载最高人民法院网站，http://gongbao.court.gov.cn/Details/a6c42e26948d3545aea5419fa2beaa.html；《2022 年全国法院司法统计公报》，载最高人民法院网站，http://gongbao.court.gov.cn/Details/20587eaef248beb61ed6596018865c.html；《2023 年全国法院司法统计公报》，载最高人民法院网站，http://gongbao.court.gov.cn/Details/a3e86176b272dc94a05d9cb012c2d5.html；最后访问时间：2024 年 7 月 23 日。

③ 《青岛走私刑事案件审判白皮书（2013—2022）》，载青岛市城阳区人民法院网站，http://qdcyqfy.sdcourt.gov.cn/qdzy/resource/cms/article/5768021/9361569/2023041416471173181.pdf，最后访问时间：2024 年 7 月 4 日。

④ 董小芳、蔡俊杰：《从严打击、审慎处理！宁波市检察院发布走私犯罪白皮书》，载中国宁波网站，http://news.cnnb.com.cn/system/2020/09/28/030192378.shtml，最后访问时间：2024 年 7 月 23 日。

收益（Crime doesn’t pay）[①]，无疑是打击和遏制走私犯罪等贪利型犯罪的一个有效手段。而我国现阶段刑事制裁体系较重视对犯罪行为人的定罪量刑，忽视了对刑事涉案财物的有效处置。本书认为，应从实体和程序方面建立健全走私犯罪收益没收的相关制度，准确界定走私犯罪收益没收的性质、明确走私犯罪收益的认定标准、建立走私犯罪收益没收体系和审查体系等，明确走私犯罪收益没收的证明责任和证明标准、明确走私犯罪收益没收中第三人参与程序，以实现彻底剥夺走私犯罪收益的目的。

一、走私犯罪收益没收的实践图景

（一）走私犯罪收益没收的规定

我国不仅通过《刑法》简要规定刑事定罪没收的方式及犯罪收益的范围，还通过《刑事诉讼法》及有关的司法解释和司法文件进一步对未定罪没收程序、犯罪收益的范围、第三人没收制度等进行细化。走私犯罪收益没收应适用上述法律、司法解释及司法文件。

1. 明确走私犯罪收益的范围及处置方式

我国《刑法》第64条明确规定犯罪收益的范围为违法所得、违禁品及供犯罪所用的本人财产，犯罪收益的处置方式为追缴、责令退赔、没收。

2002年最高人民法院、最高人民检察院、海关总署《关于办理走私刑事案件适用法律若干问题的意见》第23条[②]明确，走私犯罪收益的范围为走私货物、物品、走私违法所得以及走私犯罪工具；第24条[③]规定，

---

① “任何人都不得保有犯罪所得（Crime doesn’t pay）是长久存在的普世基本法律原则”，参见林钰雄：《利得没收新法之审查体系与解释适用》，载林钰雄主编：《没收新制（一）刑法的百年变革》，元照出版有限公司2016年版，第72页。

② 《关于办理走私刑事案件适用法律若干问题的意见》第23条规定，“在办理走私犯罪案件过程中，对发现的走私货物、物品、走私违法所得以及属于走私犯罪分子所有的犯罪工具，走私犯罪侦查机关应当及时追缴”。

③ 《关于办理走私刑事案件适用法律若干问题的意见》第24条规定，“在办理走私普通货物、物品犯罪案件中，对于走私货物、物品因流入国内市场或者投入使用，致使走私货物、物品无法扣押或者不便扣押的，应当按照走私货物、物品的进出口完税价格认定违法所得予以追缴；走私货物、物品实际销售价格高于进出口完税价格的，应当按照实际销售价格认定违法所得予以追缴”。

对于不便或无法扣押的走私货物、物品应比较该货物、物品的进出口完税价格与其实际销售价格谁更高，以价格高的作为认定违法所得的数额，并运用追缴方式加以剥夺该违法所得。

2014 年最高人民法院《关于刑事裁判涉财产部分执行的若干规定》第 10 条规定，犯罪收益的范围不仅包括赃款赃物及其收益、赃款赃物投资或者置业而形成的财产及其收益，还包括赃款赃物与其他合法财产共同投资或者置业而形成的财产中与赃款赃物对应的份额及其收益。

2017 年最高人民法院、最高人民检察院《关于适用犯罪嫌疑人、被告人逃匿、死亡案件违法所得没收程序若干问题的规定》第 6 条明确，走私犯罪的违法所得为通过实施走私犯罪直接或间接产生、获得的所有财物或其替代财产及其收益。

2019 年最高人民法院、最高人民检察院、海关总署《打击非设关地成品油走私专题研讨会会议纪要》第 5 条第 2 款[①]规定，在无法追缴、没收走私犯罪收益原物时应追缴、没收走私犯罪收益的等值财产，且明确第三人可善意取得走私犯罪收益。

2021 年最高人民法院《关于适用〈中华人民共和国刑事诉讼法〉的解释》第 443 条规定，追缴的范围包括用于投资或置业的应当追缴的财物所形成的财产及其收益、应当追缴的财物与合法财物共同用于投资或置业所形成的对应份额及其收益。

2. 明确走私犯罪收益第三人没收制度

2014 年最高人民法院《关于刑事裁判涉财产部分执行的若干规定》第 11 条规定了第三人可善意取得涉案财物，但第三人通过以下四种方式取得涉案财物的不能认定第三人善意取得犯罪收益，而应当加以追缴：明知是涉案财物而接受的；无偿或者以明显低于市场的价格取得涉案财物的；通过非法债务清偿或者违法犯罪活动取得涉案财物的；通过其他恶意方式取得涉案财物的。

2019 年最高人民法院、最高人民检察院、海关总署《打击非设关地

① 《打击非设关地成品油走私专题研讨会会议纪要》第 5 条第 2 款规定，“有证据证明依法应当追缴、没收的涉案财产被他人善意取得或者与其他合法财产混合且不可分割的，应当追缴、没收其他等值财产”。

成品油走私专题研讨会会议纪要》第5条第4款[①]规定明确没收明知他人实施走私犯罪而出租、出借给他人用于运输走私成品油的第三人所有的船舶、车辆。该纪要第5条第5款[②]规定船舶、车辆出租人、出借人明知他人实施违法犯罪的具体情形。2021年最高人民法院、最高人民检察院、海关总署、公安部、中国海警局《关于打击粤港澳海上跨境走私犯罪适用法律若干问题的指导意见》第4条[③]明确没收明知他人实施走私犯罪而

① 《打击非设关地成品油走私专题研讨会会议纪要》第5条第4款规定，“对用于运输走私成品油的船舶、车辆，按照以下原则处置：（一）对‘三无’船舶、无法提供有效证书的船舶、车辆，依法予以没收、收缴或者移交主管机关依法处置；（二）对走私犯罪分子自有的船舶、车辆或者假挂靠、长期不作登记、虚假登记等实为走私分子所有的船舶、车辆，作为犯罪工具依法没收；（三）对所有人明知他人实施走私犯罪而出租、出借的船舶、车辆，依法予以没收”。

② 《打击非设关地成品油走私专题研讨会会议纪要》第5条第5款规定，“具有下列情形之一的，可以认定船舶、车辆出租人、出借人明知他人实施违法犯罪，但有证据证明确属被蒙骗或者有其他相反证据的除外：（一）出租人、出借人未经有关部门批准，擅自将船舶、车辆改装为可装载油料用的船舶、车辆，或者进行伪装的；（二）出租人、出借人默许实际承租人将船舶、车辆改装为可装载油料用船舶、车辆，或者进行伪装的；（三）因出租、出借船舶、车辆用于走私受过行政处罚，又出租、出借给同一走私人或者同一走私团伙使用的；（四）出租人、出借人拒不提供真实的实际承运人信息，或者提供虚假的实际承运人信息的；（五）其他可以认定明知的情形”。

③ 《关于打击粤港澳海上跨境走私犯罪适用法律若干问题的指导意见》第4条第1、2款规定，“对用于运输走私冻品等货物的船舶、车辆，按照以下原则处置：（一）对‘三无’船舶，无法提供有效证书的船舶、车辆，依法予以没收、收缴或者移交主管机关依法处置；（二）对走私犯罪分子自有的船舶、车辆或者假挂靠、长期不作登记、虚假登记等实为走私分子所有的船舶、车辆，作为犯罪工具依法没收；（三）对所有人明知或者应当知道他人实施走私冻品等犯罪而出租、出借的船舶、车辆，依法予以没收。具有下列情形之一的，可以认定船舶、车辆出租人、出借人明知或者应当知道他人实施违法犯罪，但有证据证明确属被蒙骗或者有其他相反证据的除外：（一）出租人、出借人未经有关部门批准，擅自将船舶改装为可运载冻品等货物用的船舶，或者进行伪装的；（二）出租人、出借人默许实际承运人将船舶改装为可运载冻品等货物用船舶，或者进行伪装的；（三）因出租、出借船舶、车辆用于走私受过行政处罚，又出租、出借给同一走私人或者同一走私团伙使用的；（四）出租人、出借人拒不提供真实的实际承运人信息，或者提供虚假的实际承运人信息的；（五）其他可以认定明知或者应当知道的情形”。

出租、出借给他人用于运输走私冻品的第三人所有的船舶、车辆，还明确规定可以认定船舶、车辆出租人、出借人明知他人实施违法犯罪的具体情形。

可见，上述纪要和指导意见明确对于恶意第三人所有的供走私犯罪所用的工具应加以没收、第三人可善意取得犯罪收益、无法没收原走私犯罪收益时可以没收走私犯罪收益的替代资产。

3. 明确走私犯罪定罪没收及未定罪没收程序

2017 年最高人民法院、最高人民检察院《关于适用犯罪嫌疑人、被告人逃匿、死亡案件违法所得没收程序若干问题的规定》明确走私犯罪案件符合犯罪嫌疑人、被告人逃匿、死亡案件违法所得没收程序的适用前提条件。该规定还明确人民检察院应当以没收违法所得申请书的方式向人民法院提出没收违法所得的申请，并明确犯罪事实认定的证明标准为逮捕标准，违法所得的没收标准为高度可能性。

《人民检察院刑事诉讼规则》第 358 条规定，起诉书应当附有查封、扣押、冻结的财物及孳息的清单。该规则第 375 条规定，在决定不起诉案件中“需要没收违法所得的，经检察长批准，应当提出检察意见，移送有关主管机关处理，并要求有关主管机关及时通报处理情况”，第 429 条规定人民检察院将刑事涉案财物移送给法院的情形。

最高人民法院《关于适用〈中华人民共和国刑事诉讼法〉的解释》第 18 章对涉案财物处理作出规定，明确“法庭审理过程中，应当对查封、扣押、冻结财物及其孳息的权属、来源等情况，是否属于违法所得或者依法应当追缴的其他涉案财物进行调查，由公诉人说明情况、出示证据、提出处理建议，并听取被告人、辩护人等诉讼参与人的意见。案外人对查封、扣押、冻结的财物及其孳息提出权属异议的，人民法院应当听取案外人的意见；必要时，可以通知案外人出庭”①。

① 最高人民法院《关于适用〈中华人民共和国刑事诉讼法〉的解释》第 279 条、第 442 条。

（二）走私犯罪收益没收的实践

2024 年 5 月 20 日在中国裁判文书网以“案件类型：刑事案件”“全文：走私”“裁判年份：2024”“法院层级：中级法院”“文书类型：判决书”为关键词检索出 21 份判决书（详细情况见下表 2－3－1）。通过逐一阅读这 21 份判决书发现，罪名为走私普通货物、物品罪的判决书有 13 份，罪名为走私国家禁止进出口的货物罪的判决书有 6 份，罪名为走私废物罪和走私毒品罪的判决书各 1 份。判决书涉及罪名主要集中在走私普通货物、物品罪及走私国家禁止进出口的货物罪，其占全部判决书涉及罪名的 90.5%。

根据上述 21 份判决书，初步判断走私犯罪收益没收实践呈现以下特点：

1. 部分涉税走私判决认定被告人偷逃应缴税款数额不是走私犯罪的违法所得，且存在不认定违法所得的具体数额的情形。

2. 注重运用罚金刑来剥夺被告人的走私违法所得

我国《刑法》第 52 条规定，“判处罚金，应当根据犯罪情节决定罚金数额”。张明楷教授认为，“刑法分则对罚金数额的规定分为三种情况：（1）没有规定具体数额。……（2）规定了相对确定的数额。……（3）以违法所得或犯罪涉及的数额为基准，处以一定比例或者倍数的罚金，此即浮动刑”①。《刑法》第 153 条第 1 款规定，对走私普通货物、物品罪的被告人应判处偷逃应缴税款 1 倍以上 5 倍以下罚金。从上述 13 份走私普通货物、物品罪的判决书来看，1 份判决书判处的罚金与偷逃应缴税款的数额相同，1 份判决书判处的罚金略高于偷逃应缴税款的数额，2 份判决书判处的罚金略低于偷逃应缴税款的数额，其余 9 份判决判处的罚金均远低于偷逃应缴税款的数额。有学者认为，因环境污染犯罪构成要件事实较为复杂，且在实施犯罪过程中均可能获得不法利益，侦查机关往往难以全部收集认定该罪违法所得的证据体系，导致“实践中逐渐出现不追缴违法所得，直接对污染企业或直接责任人处以高额罚金的案件”。②

---

① 参见张明楷：《刑法学（上）》（第 6 版），法律出版社 2021 年版，第 706 页。

② 金燚：《污染环境罪中的违法所得没收：现实困境与路径指引》，载《苏州大学学报（法学版）》2022 年第 3 期，第 119 页。

走私违法所得的剥夺在一定程度上也存在难以认定违法所得的困境，运用罚金刑来剥夺违法所得是一种更为便利的剥夺手段。

3. 普遍没收作为犯罪工具的手机，仅有少数判决没收走私货物

在21份判决书中，有6份判决书明确没收作为犯罪工具的手机等供犯罪所用的本人财物；有4份判决书明确没收扣押在案的走私货物或违禁品，其中1份判决书没收作为违禁品的毒品，另外3份判决书明确没收走私的普通货物、物品；但6份走私国家禁止进口的货物罪的判决书中均未判处没收涉案船舶、涉案的禁止进口货物。在作出没收犯罪工具及（或）走私货物的判决中，有些判决仅明确没收扣押在案的走私货物或犯罪工具，未明确应没收的犯罪物的数量及特征。

4. 在认罪认罚具结书中未体现犯罪收益没收情况

《刑事诉讼法》第15条规定“犯罪嫌疑人、被告人自愿如实供述自己的罪行，承认指控的犯罪事实，愿意接受处罚的，可以依法从宽处理”。2019年最高人民法院、最高人民检察院、公安部、国家安全部、司法部发布的《关于适用认罪认罚从宽制度的指导意见》第7条规定，“认罪认罚从宽制度中的‘认罚’，是指犯罪嫌疑人、被告人真诚悔罪，愿意接受处罚”，但未明确将违法所得和犯罪物处置作为接受处罚的一部分，且认罚中的“罚”系指可能判处的刑罚，违法所得和犯罪物处置可能不是刑罚的种类，导致实践中认罪认罚具结书没有违法所得和犯罪物处置的相关内容。

表2-3-1　走私犯罪涉案财物处置情况统计表

序号	判决文号	罪名	涉案财物处置及罚金认定情况
1	（2024）粤20刑初30号	走私普通货物罪	认定与他人共同走私，偷逃应缴税款人民币20746076.87元，并处罚金人民币20万元；没收扣押在案的作案工具蓝色外壳苹果手机1台。

续表

序号	判决文号	罪名	涉案财物处置及罚金认定情况
2	(2024)浙02刑初14号	走私废物罪	认定：五名被告人为共同犯罪，被告人周某某走私固体废物共计9063.6051吨，徐某某走私固体废物共计4262.264吨，被告人杨某某走私固体废物共计1149.6242吨，被告人黄某某、朱某某走私固体废物共计582.9442吨；被告人徐某某的违法所得约32.5万元，被告人杨某某的违法所得约6万元。对各被告人判处罚金人民币160万元至25万元等，追缴被告人周某某的违法所得人民币2142万元，被告人徐某某的违法所得人民币325000元，被告人杨某某的违法所得人民币6万元，被告人黄某某的违法所得人民币45万元，被告人朱某某的违法所得人民币30万元；没收扣押在案的供犯罪所用的被告人周某某iPhone手机一部、被告人徐某某iPhone手机一部、被告人杨某某iPhone和华为手机各一部、被告人黄某某iPhone手机一部
3	(2024)粤19刑初32号	走私国家禁止进出口的货物罪	认定与他人共同犯罪，被告人认罪认罚，被告人走私进口冻品的数量合计52.7吨（但未认定其违法所得）。判处罚金人民币5万元，没收退缴的违法所得人民币12万元
4	(2024)新40刑初5号	走私普通货物罪	认定与他人共同犯罪，被告人认罪认罚，认定被告人将3804瓶酒走私入境，偷逃税款947117.51元，违法所得1万元，判处罚金人民币10000元

续表

序号	判决文号	罪名	涉案财物处置及罚金认定情况
5	（2024）新01刑初5号	走私普通货物罪	认定两被告人为共同犯罪，均认罪认罚。认定被告人一偷逃税款5104302.58元人民币，判处罚金人民币30万元；认定被告人二偷逃税款912411.64元人民币，判处罚金人民币3万元，没收缴纳的违法所得14950元
6	（2024）浙02刑初25号	走私普通货物罪	认定与他人共同犯罪，偷逃应缴税额288万余元人民币，认罪认罚。对被告人判处罚金人民币3万元，追缴被告人已退缴的违法所得人民币3000元
7	（2024）沪03刑初13号	走私普通货物罪	认定被告人偷逃应缴税额共计人民币316021.73元，认罪认罚。判处被告人罚金人民币30万元，违法所得予以追缴，扣押在案的供犯罪所用的手机予以没收
8	（2024）沪03刑初16号	走私普通货物、物品罪	认定被告人偷逃应缴税额25万余元，认罪认罚。对被告人判处罚金21万元，扣押在案的走私货物、物品予以没收
9	（2024）浙02刑初16号	走私国家禁止进出口的货物罪	认定被告人与他人共同犯罪，走私420吨肉类冻品入境，认罪认罚。判处被告人罚金人民币8万元，违法所得计人民币4万元予以追缴（但未见认定其违法所得，且被告人退缴人民币3万元）
10	（2024）沪03刑初10号	走私普通货物罪	认定被告人单独实施犯罪，偷逃应缴税额人民币193965.42元，认罪认罚。对被告人判处罚金20万元，没收扣押在案的走私货物、供犯罪所用的本人财物

续表

序号	判决文号	罪名	涉案财物处置及罚金认定情况
11	(2024) 沪 03 刑初 1 号	走私普通货物罪	认定被告人与他人共同犯罪，偷逃应缴税额人民币 633992.55 元，认罪认罚。对被告人判处罚金 13 万元，违法所得予以追缴，供犯罪所用的本人财物予以没收
12	(2024) 沪 03 刑初 7 号	走私普通货物罪	认定被告人与他人共同走私，偷逃应缴税额共计人民币 159773.56 元，认罪认罚。对被告人判处罚金 8 万元，扣押在案的走私货物予以没收（指的是电子烟弹、卷烟）
13	(2024) 沪 03 刑初 3 号	走私毒品罪	认定被告人走私含四氢大麻酚成分的大麻油，净重 0.92 克。对被告人判处罚金人民币 1000 元，没收扣押在案的大麻油及供犯罪所用的手机
14	(2023) 浙 02 刑初 148 号	走私国家禁止进出口的货物罪	认定四被告人参与走私冻品共计 202.78 吨，均认罪认罚，被告人二、三、四的违法所得分别为 13000 元、11000 元、11000 元。对被告人一、二、三、四分别判处罚金 6 万元、3 万元、3 万元、3 万元，对被告人二、三、四分别追缴违法所得 13000 元、11000 元、11000 元
15	(2023) 粤 19 刑初 288 号	走私普通货物罪	认定被告人与他人共同走私进口玉石毛料，偷逃应缴税额 1010947.89 元，主动退缴违法所得 51 万元，认罪认罚。对被告人判处罚金人民币 15 万元，被告人退缴的违法所得人民币 51 万元由扣押机关东莞海关缉私分局予以没收

续表

序号	判决文号	罪名	涉案财物处置及罚金认定情况
16	(2023) 浙 02 刑初 137 号	走私普通货物罪	认定被告人与朱某走私进口奶粉，偷逃应缴税额共计人民币 786526.85 元，被告人与朱某在本起走私犯罪中的共同违法所得为人民币 4089660.6 元。对被告人判处罚金人民币 470000 元，追缴被告人已退缴的违法所得人民币 390000 元，尚未退缴的违法所得人民币 1654830.3 元继续予以追缴
17	(2023) 浙 02 刑初 171 号	走私普通货物罪	认定三被告人为共同犯罪，认罪认罚，偷逃应缴税额共计人民币 488366384.69 元，被告人一、二非法获利 214147 元、被告人三非法获利 4000 元。对三被告人分别判处罚金人民币 200000 元、100000 元、100000 元，追缴被告人一、二已退缴的违法所得人民币 214147 元、被告人三已退缴的违法所得人民币 4000 元
18	(2023) 浙 09 刑初 30 号	走私国家禁止进出口的货物罪	认定二被告人为共同犯罪，走私国家禁止进口的肉类产品 212.08 吨，分别获利 7000 元、6500 元，认罪认罚。对二被告人分别判处罚金 2 万元、1 万元，二被告人未退出的违法所得人民币 7000 元、6500 元继续予以追缴
19	(2023) 浙 03 刑初 177 号	走私国家禁止进出口的货物罪	认定被告人与他人共同犯罪，走私猪肚 11315 公斤，认罪认罚。对被告人判处罚金人民币 2 万元，没收随案移送的作案工具黑色对讲机 1 部

续表

序号	判决文号	罪名	涉案财物处置及罚金认定情况
20	(2023) 浙 09 刑初 32 号	走私国家禁止进出口的货物罪	认定被告人与他人共同犯罪，走私禁止进口的牛百叶、牛肚 155.93 吨，认罪认罚。对被告人判处罚金人民币 3 万元
21	(2023) 浙 11 刑初 14 号	走私普通货物罪	认定被告人走私免税商品，偷逃应缴税额 405406.17 元，认罪认罚。对被告人判处罚金人民币 406000 元，追缴被告人的违法所得人民币 405406.17 元，没收扣押在案的手机一部

二、走私犯罪收益没收适用不统一的成因

通过上述分析可知，我国走私犯罪收益没收适用不统一。由于走私犯罪收益没收是一项系统性工程，既涉及实体法，又涉及程序法。走私犯罪收益没收适用不统一既有实体法方面的成因，也有程序法方面的成因。在实体法方面，没有明确将走私犯罪收益区分为违法所得和犯罪物，并建构相应认定标准及处置方式，也未能明确违法所得数额的计算方式，导致出现认定标准混乱等问题；在程序法方面，没有明确建构违法所得及犯罪物没收程序，在认罪认罚从宽制度中未明确违法所得及犯罪物的处置情况，在酌定不起诉案件中未能构建相应的程序对违法所得及犯罪物加以没收，第三人参与程序缺失等。以上两方面原因导致法院在审判时难以准确认定违法所得和犯罪物，进而或依赖罚金制度或运用罚金和没收违法所得等多种方式来实现剥夺犯罪收益的目的，容易导致罚金刑（或没收）难以有效执行等。

（一）实体法成因

我国《刑法》第 64 条仅规定依法应处置的犯罪收益为违法所得、违禁品及供犯罪所用的本人财物，却没有对上述犯罪收益的概念、范围、认定标准等作出明确的界定。且学界未对刑事涉案财物处置的体系进行深

入、系统研究，现有法律规定及理论研究无法为实务人士提供具有可操作性的刑事涉案财物处置体系。有学者认为，“在理论层面，我国学界对违法所得没收问题缺乏体系性的研究，……从而导致实务中对违法所得的内涵和外延认识不清”。[①] 还有学者认为，理论上未深入研究违法所得没收的性质，未能构建符合违法所得没收规范目的的没收体系，“导致在具体办案实践中，难以准确把握财物处置的基本立场、违法所得及其收益的认定标准以及第三人没收等相关问题”。[②] 在制度及理论供给不足的情况下，实务人士不仅难以面对复杂的犯罪收益没收实践，且《刑法》第 64 条“适用标准也很不统一，难以实现该条款所追求的立法目的，也与涉案财物的没收在刑事诉讼中的重要性极不相称”。[③] 在犯罪收益没收制度及理论供给不足的情况下，走私犯罪收益没收同样面临着上述犯罪收益没收的共性问题。

1. 走私犯罪收益没收体系缺乏

从我国目前犯罪收益没收的法律规定和实务来看，现有犯罪收益没收尚未建立有效的体系。虽然我国《刑法》第 64 条对犯罪收益的处置方式进行了明确规定，但我国不少单行刑法和司法解释中对追缴、没收等方式都有规定，使得司法人员难以从处置的对象来区分追缴和没收。[④] 如有的司法解释明确规定应没收赌博犯罪的违法所得。[⑤] 在司法实践中，我国犯罪收益的处置方式存在责令退赔、追缴和没收混淆使用的情况，有的没有区分追缴、责令退赔与没收的适用对象及条件。在定罪没收中，追缴、责令退赔、没收等刑事涉案财物处置方式概念不明，未能根据犯罪收益没收

① 金燚：《污染环境罪中的违法所得没收：现实困境与路径指引》，载《苏州大学学报（法学版）》2022 年第 3 期，第 120 页。

② 金燚：《违法所得没收的理论反思与价值重塑——以黑社会性质组织犯罪为中心展开》，载《东北大学学报（社会科学版）》2021 年第 3 期，第 89 页。

③ 刘鹏玮：《“特别没收”的司法失衡与规范重塑——以“供犯罪所用的本人财物”之没收为视角》，载《苏州大学学报（法学版）》2017 年第 3 期，第 93－94 页。

④ 参见李长坤：《刑事涉案财物处理制度研究》，上海交通大学出版社 2012 年版，第 55 页。

⑤ 最高人民法院、最高人民检察院《关于办理赌博刑事案件具体应用法律若干问题的解释》第 8 条第 2 款。

的对象建立简单、有效的没收体系，导致实务中犯罪收益处置方式适用不统一，更谈不上有完备的犯罪收益没收体系及审查体系。

因走私犯罪收益没收体系从属于犯罪收益没收体系，走私犯罪收益没收自然也没有建构有效的没收体系。虽然可适用未定罪程序没收走私违法所得，但该程序在我国只能在犯罪嫌疑人、被告人逃匿、死亡时才能适用，在犯罪嫌疑人、被告人不明时或对犯罪嫌疑人作出酌定不起诉时不能单独对涉案财物提起独立的对物之诉，在我国适用未定罪程序处置犯罪收益的范围非常有限。①

2. 走私犯罪收益认定标准缺失

（1）走私犯罪犯罪所得的认定标准缺失

因走私犯罪判决书不阐述违法所得的认定理由且绝大多数案件的争点并非特定涉案财物是否为违法所得，通常只对扣押在案的被告人退缴的违法所得判处追缴，无法在判决书中直接找到违法所得的认定标准。我国《刑法》第 64 条只规定“犯罪分子违法所得的一切财物”，并没有提及用什么标准来认定违法所得。在全国人大法工委刑法室主任王爱立主编的《中华人民共和国刑法释义》一书中对上述处置刑事涉案财物的方式作出明确界定：违法所得的一切财物“是指犯罪分子因实施犯罪活动而取得的全部财物”，责令退赔“是指犯罪分子已将违法所得使用、挥霍或者毁坏的，也要责令其按违法所得财物的价值退赔”。② 似乎是只要财产与犯罪之间存在因果关系就可认定为违法所得，不以其直接来自犯罪为必要。张明楷教授认为违法所得包括犯罪行为所得之物和作为犯罪行为的报酬而得到的财物，且只能采取纯益主义来计算犯罪所得。③ 但“这种形式解释显然无法解决”什么是违法所得及利用违法所得“开展合法生产、经营等活动所获取的利益”是否为违法所得等问题。④

有实务人士认为，走私违法所得包括直接所得、间接所得及两者的收

① 关于我国刑事诉讼涉案财物处置体系缺失的具体论述，参见何永福：《刑事诉讼涉案财物处置程序研究》，社会科学文献出版社 2020 年版，第 80 - 82 页。

② 王爱立主编：《中华人民共和国刑法释义》，法律出版社 2021 年版，第 100 页。

③ 参见张明楷：《刑法学（上）》（第六版），法律出版社 2021 年版，第 825 页。

④ 参见冯文杰：《论洗钱犯罪所得财物中“所得”的实质解释——以〈刑法修正案（十一）〉为视角的分析》，载《政法论坛》2021 年第 4 期，第 48、50 页。

益。走私货物、物品及其变现价款、走私劳务报酬等为走私犯罪的直接所得，其收益为直接所得的天然孳息和法定孳息；替代所得和混合所得等为走私犯罪的间接所得，其收益为间接所得的孳息。[①] 也有实务人士认为，目前认定涉税走私犯罪所得的争议较大，主要有以下三种观点：第一种观点为现金说，该说认为“走私犯罪所得是走私货物物品销售出去之后获得钱款”。第二种观点为折中说，该说认为非涉税走私犯罪“主要侵犯了海关监管秩序”，其犯罪所得为“走私的货物、物品”；涉税走私犯罪“侵犯的主要法益是国家税收利益”，其犯罪所得是“偷逃的税款或者实际获得的利润”。第三种观点为货物物品说，该说认为非涉税和涉税走私犯罪均主要侵犯了“海关监管秩序”，两者的犯罪所得均为“走私的货物、物品”。[②] 还有实务人士认为，低报价格出口的鳗鱼苗及其货款“均是陈某犯罪的工具与手段，属于供犯罪所用之物”，犯罪行为人在实施走私犯罪前已合法取得鳗鱼苗的所有权，其获利“直接来源于走私货物销售后的利润而非偷逃的税款”，故“‘低报通关型’走私犯罪所得应为走私所获取的非法利润”。[③] 还有实务人士认为，“走私犯罪分子实施走私犯罪的所得界定为走私获利或者减少的支出”。[④]

我国台湾地区对走私犯罪所得的认定也存在争议。在某甲、某乙从我国大陆走私一批香菇进入我国台湾地区一案中，对香菇应以何种犯罪收益加以没收，我国台湾地区法官有三种观点：第一种观点认为应认定该批香菇为犯罪工具，第二种观点认为应认定该批香菇为犯罪所得，第三种观点认为该批香菇为违禁品。经研讨，在我国台湾地区高等法院暨所属法院参与研讨的 74 人中，有 56 人同意第二种观点，有 8 人同意第三种观点。采用第二种观点的主要理由为犯罪行为人在我国台湾地区始取得该批走私香

---

① 参见杨义林：《论走私犯罪所得及其产生的收益》，载《中国检察官》2021 年第 22 期，第 10－11 页。

② 吕梅青、黄玲林：《论走私洗钱犯罪中的犯罪所得》，载《法律适用》2023 年第 6 期，第 141 页。

③ 陈剑峰：《“低报通关型”走私犯罪中自洗钱行为定性》，载《中国检察官》2024 年第 8 期，第 62－63 页。

④ 尹振国：《涉走私自洗钱行为的认定和处罚》，载《人民司法（案例）》2023 年第 20 期，第 16 页。

菇的支配处分权，“直接使其所有财产有所增值，是以该走私之香菇一批系其等‘产自犯罪的所得’（即犯罪所得），仅对有事实上支配及处分权能之某甲或某乙宣告没收即可”。①

可见，实践中走私违法所得认定不一，且不少观点将本属于犯罪物没收的走私的普通货物、物品等关联客体认定为违法所得。以直接关联性作为违法所得的认定标准“无法准确反映财产转移的违法性”，“现象上直接来自犯罪行为的”所得“并非绝对具有违法性”②，因而所有直接来自犯罪的所得并非当然就是违法所得，进而对之加以没收。

（2）走私犯罪物认定标准缺失

我国《刑法》第64条只规定没收供犯罪所用的本人财物，但没有界定何为供犯罪所用及其认定标准。在全国人大法工委刑法室主任王爱立主编的《中华人民共和国刑法释义》一书中指出，供犯罪所用的本人财物“是指供犯罪分子进行犯罪活动而使用的属于他本人所有的钱款和物品，如用于走私的运输工具等”。③ 张明楷教授认为，没收供犯罪所用的本人财物的性质为保安处分，且应将其限制解释为与违禁品相当的财物，为故意犯罪中使用的财物，犯罪工具和组成犯罪行为之物均为供犯罪所用之物。④ 有实务人士认为，“犯罪工具就是指罪犯在犯罪中为达成犯罪目的而使用的物品”，且“不宜以‘直接性’和‘专门性’标准限缩犯罪工具没收的范围，更不宜以‘与违禁品相当’标准来确定没收范围”。⑤ 有学者认为，“实务部门对作案工具的认定存在‘综合标准’‘关联性标准’‘直接专门标准’‘相当性标准’等判断规则”。⑥

---

① 我国台湾地区高等法院暨所属法院107年法律座谈会刑事类提案第2号。

② 金燚：《内幕交易之违法所得：行刑衔接视角下的实证考察与理论辨析》，载《湖北社会科学》2021年第2期，第139页。

③ 王爱立主编：《中华人民共和国刑法释义》，法律出版社2021年版，第101页。

④ 参见张明楷：《刑法学（上）》（第6版），法律出版社2021年版，第824－828页。

⑤ 张伟：《犯罪工具没收的范围》，载《法学杂志》2023年第2期，第154－155页。

⑥ 张伟：《犯罪工具没收的范围》，载《法学杂志》2023年第2期，第154－155页。

有学者认为，实践中界定供犯罪所用的本人财物范围的方法有两种：第一种是“直接将‘供犯罪所用的本人财物’等同于犯罪工具，例如杀人用的刀、放火用的汽油”；第二种是“将包含于犯罪构成要件之中的财物（如行贿所用的财物、走私的普通货物等）”认定为供犯罪所用的本人财物。① 有学者对2009年至2017年随机选取的“100份走私普通货物、物品的一审刑事判决书”进行分析，发现有些判决未对供犯罪所用之物作出具体处理，有些判决未说明认定的论证推理过程。②

有实务人士认为，在“我国海上走私违法犯罪呈多发、高发态势”的情况下，依法有效处置作为走私运输工具的船舶“成为困扰司法实践较为突出的问题”。③

可见，走私犯罪物没收的司法实践不仅存在供犯罪所用的本人财物的认定标准不一的问题，还在一定程度上存在将供犯罪所用的本人财物的认定标准与没收标准等同的问题，致使“无法明确区分供犯罪所用之物的认定与供犯罪所用之物的没收之间所存在的层次性差异”④，在认定犯罪物后无法适用比例原则决定是否没收犯罪物。

3. 走私犯罪收益没收审查体系缺失

我国《刑法》第64条只规定违法所得、违禁物及供犯罪所用之物等三种犯罪收益类型及相应的处置措施，未提及上述三种犯罪收益认定标准、性质等问题，更没有提及刑事处置三种犯罪收益的审查体系及是否适用同一审查体系。因走私犯罪收益同样需依据《刑法》第64条来处置，理论与立法层面均无法提供相应的走私犯罪收益审查体系供实务适用。在缺乏立法与理论指导的情况下，实务人员在处置走私犯罪收益时，不仅未

① 参见刘鹏玮：《“特别没收”的司法失衡与规范重塑——以“供犯罪所用的本人财物”之没收为视角》，载《苏州大学学报（法学版）》2017年第3期，第99页。

② 参见屈舒阳：《供犯罪所用之物没收的法理基础、模式转变及技术操作》，载江溯主编：《刑事法评论》第45卷，北京大学出版社2021年版，第290－291页。

③ 参见“海上走私治理中涉案船舶处置问题研究”课题组：《海上走私治理中涉案船舶处置问题研究——以近6年N市海上走私案件船舶处置为样本》，载《世界海运》2022年第326期，第42、44页。

④ 屈舒阳：《供犯罪所用之物没收的法理基础、模式转变及技术操作》，载江溯主编：《刑事法评论》第45卷，北京大学出版社2021年版，第303页。

能针对不同犯罪收益形成不同的走私犯罪收益没收审查体系，还试图运用单一的标准来解决不同层次的犯罪收益没收问题，难免造成走私犯罪收益的认定标准及没收标准的不统一。如在犯罪工具没收审查体系中，我国不少学界和实务界人士认为不能将被告人实施犯罪行为时偶尔使用的工具认定为犯罪工具，进而根据《刑法》第64条规定加以没收，否则会“导致不当没收，难以合理保护国民合法财产权”①。但这种观点似乎认为一旦走私犯罪物被认定为犯罪工具就符合没收标准，进而一定会被没收，将走私犯罪涉案财物认为犯罪工具的标准等同于没收标准，不需要再考虑犯罪工具没收的比例原则，不符合犯罪工具没收应通过犯罪工具认定标准、比例原则等两道程序检验的比较法经验，不当扩大犯罪工具认定标准的适用范围。

在违法所得没收中，不少实务人员试图一次完成走私违法所得具体数额的认定工作。有观点认为走私犯罪所得认定应采总额说，该说认为“走私犯罪所得应为实施走私犯罪直接或者间接产生、获得的任何财产，不扣除走私犯罪成本，包括走私货物本身（无论禁限类或普通类）、走私货物变现价款、走私劳务所得等，以及上述直接所得转变、转化的财产”。② 然而“依学理一般见解，计算犯罪利得时必须分为两个步骤：（一）首先依构成要件非难重心，判定不法行为与特定利益移转间有无直接性，以确认利得是否属于‘没收对象’……；（二）接着再进一步讨论‘没收范围’，此一问题涉及犯罪成本应否扣除”。③ 有学者认为“将与不法行为之间具有任何获利关联性的财物转移结果都认定为违法所得”，对违法所得计算的“总额原则的运用”，这种观点“存在一定的误解”④，因总额说或净额说均是在判断违法所得的具体范围，正常认定违法所得的

① 冯文杰：《比例原则视野下犯罪工具没收的实质解释》，载《法学家》2022年第2期，第151-152页。

② 周国良、须璐、田娟、王林生：《“走私洗钱犯罪法律适用问题研讨会”研讨观点综述》，载《中国检察官》2021年第22期，第4页。

③ 许恒达：《贿赂罪犯罪所得之没收》，载《月旦法学教室》2017年第9期，第23-24页。

④ 金燚：《污染环境罪中的违法所得没收：现实困境与路径指引》，载《苏州大学学报（法学版）》2022年第3期，第118页。

逻辑应在认定是否有违法所得的基础上认定违法所得的范围。因缺乏正确的违法所得认定体系，导致难以准确认定走私违法所得的具体数额。

（二）程序法成因

因受重定罪量刑轻涉案财物处置的影响，我国《刑事诉讼法》主要规定了对被告人进行定罪量刑的程序，缺乏定罪后专门处置犯罪收益的程序，至多只对定罪量刑后附带处理随案移送的刑事涉案财物、被告人主动退缴的违法所得、预交的罚金判处追缴、责令退赔或没收。这种在定罪量刑中附带处置涉案财物的程序因没有给予涉案财物有关的被告人、被害人及第三人充分程序参与权，容易带来一些问题。

1. 专门的犯罪收益没收程序缺失

我国《刑事诉讼法》第 2 编第 3 章仅明确应必须对定罪量刑的相关事实进行审查，但未规定应对犯罪收益进行审查。《人民检察院刑事诉讼规则》第 358 条规定起诉书应记载案件事实、起诉的根据和理由等，并附查扣在案的涉案财物及其孳息的清单，未明确起诉书应说明犯罪收益应没收的理由和根据。从实践来看，检察官在起诉书中主要阐述被告人定罪量刑的依据和理由，仅起诉书后面附带提请法院对扣押的财产依法处理，并将侦查机关随案移送赃证款物品清单移送给法院，而不会明确提及犯罪收益的性质、应否没收及没收的理由等。《刑事诉讼法》第 245 条第 3 款只规定法院在判决时应对查扣的财物及孳息做出处理，而未提及上述处理程序。最高人民法院发布的《关于适用〈中华人民共和国刑事诉讼法〉的解释》第 279 条规定，在法庭审理中通过“公诉人说明情况、出示证据、提出处理建议”及听取被告人、第三人的意见调查扣押在案的财物权属、来源及是否属于犯罪收益，没有规定专门处置刑事涉案财物的程序，且没有提及除扣押财物外被告人是否获得的其他犯罪收益进而应当加以没收的问题。

刑事没收程序不同定罪量刑程序，其主要解决本案被告人是否获得犯罪收益及是否应没收该收益的问题。证明被告人是否获得犯罪收益所需要的证据体系不同于定罪量刑的证据体系，虽然刑事没收（或定罪没收）中有部分定罪量刑证据可能与刑事没收证据相同，但现有以定罪量刑为中心构建的刑事诉讼理论与实务无法为刑事没收提供充分的证据体系，并为有关财物的利害关系人提供充分的程序保障，没收犯罪收益的程序正当性不足。

可见，我国刑事诉讼法律规定、理论与实务均是围绕被告人定罪量刑来构建运作的，“处置涉案财物的对物之诉依附于传统的定罪量刑程序”①，不仅“控方将追缴、没收涉案财物申请隐含于定罪量刑公诉请求”②，在公诉中鲜有提及涉案财物的认定和处理问题，且“有关涉案财物处置的事项沉潜于定罪量刑事实调查和辩论程序当中”③，“缺乏专门的法庭调查和辩论环节”④，致使刑事诉讼涉案财物处置存在“对物的审理程序不完整”“相关人员知情权保障不足”“处置意见不明确”⑤ 等问题，难以实现在保障被告人、被害人、第三人的合法财产权与运用刑事没收彻底剥夺犯罪收益之间的动态平衡。

此外，虽然可以运用未定罪没收程序来没收走私违法所得，但因该程序只能在被告人逃匿、死亡时才能适用，其适用范围有限，且实践中适用率较低。在走私犯罪中检察机关对犯罪嫌疑人作出酌定不起诉后，根据《刑事诉讼法》第 177 条第 3 款规定，检察机关只能提出没收违法所得的检察意见书移送有关行政机关通过没收违法所得的行政处罚加以处置，无法在现有刑事诉讼程序有效处置相对不诉后犯罪嫌疑人的犯罪收益没收问题，这导致犯罪收益没收存在程序倒流现象。

2. 犯罪收益没收证明责任和证明标准缺失

除我国《刑事诉讼法》第 51 条明确规定检察机关承担证明被告人有罪的举证责任外，现有《刑事诉讼法》未对犯罪收益没收的证明责任和证明标准作出明确规定。最高人民法院发布的《关于适用〈中华人民共

---

① 方柏兴：《论刑事诉讼中的“对物之诉”——一种以涉案财物处置为中心的裁判理论》，载《华东政法大学学报》2017 年第 5 期，第 125 页。

② 孔祥伟：《审判阶段涉案财物处置的程序优化》，载《汕头大学学报（人文社会科学版）》2021 年第 11 期，第 82 页。

③ 闵春雷、张伟：《论相对独立的刑事涉案财物处置程序之建构》，载《厦门大学学报（哲学社会科学版）》2022 年第 4 期，第 98 页。

④ 孔祥伟：《审判阶段涉案财物处置的程序优化》，载《汕头大学学报（人文社会科学版）》2021 年第 11 期，第 82 页。

⑤ 梁健：《刑事涉案财物处置的失范与规范》，载《中国刑事法杂志》2022 年第 5 期，第 82－83 页。

和国刑事诉讼法〉的解释》第279条规定，在法庭审理中公诉人可对扣押在案的财物权属、来源及是否属于犯罪收益进行说明情况、出示证据、提出处理建议，但也未明确由公诉人承担犯罪收益没收的证明责任。另外，我国《刑事诉讼法》及相关司法解释均未对犯罪收益没收标准作出明确规定。司法实践中，因审判机关通常不在判决书中说明犯罪收益没收的根据和理由，难以通过判决书来确定我国犯罪收益没收的证明责任如何分配及证明标准为何。而犯罪收益没收与否事关被告人、被害人、第三人的合法财产权，如何分配犯罪收益没收的证明责任及确定其没收的证明标准对于保障公民合法财产权与彻底剥夺犯罪收益均具有重大影响，因而明确犯罪收益没收的证明责任及其证明标准具有重大意义。

3. 第三人参与程序缺失

最高人民法院发布的《关于适用〈中华人民共和国刑事诉讼法〉的解释》第279条第2款明确规定了在案外人对查封、扣押、冻结的财物及其孳息提出权属异议时，人民法院应当听取该案外人的意见，仅在必要时通知案外人参加庭审，但无论是《刑事诉讼法》还是最高人民法院的司法解释都没有对案外人参与程序作出规定。因缺乏提出异议及对异议进行处理等程序，对刑事涉案财物享有合法权利的第三人无法通过法定的程序参与没收其享有合法权利的财产的刑事诉讼，无法有效“表达自己的诉讼主张”，更无法提供证据对其主张加以证实。

三、一体化完善走私犯罪收益没收制度

针对上述走私犯罪收益存在的问题，应从实体和程序两个方面一体化采取相关措施来完善走私犯罪收益没收制度，构建完善走私犯罪收益的没收体系、认定标准、审查体系，并构建完善相应的没收程序加以配合，让没收制度回归处置犯罪收益的本位，以实现彻底剥夺犯罪收益的目的。

（一）实体法措施

1. 构建统一的走私犯罪收益没收体系

从比较法的角度来看，美国联邦建构了民事没收（含行政没收）、刑事没收制度来处置犯罪收益，并建立相应认定标准和程序来具体实现彻底剥夺犯罪收益的目的。英格兰与威尔士则通过不断修改完善《2002年犯

罪收益追缴法》的相关条款来完善犯罪收益的没收制度，其不仅建立定罪没收制度、民事没收制度，还建立了扩大没收制度，没收体系较为完善。德国2017年通过“财产剥夺法之刑法财产剥夺改革法案”将旧刑法中的利得没收及犯罪物没收用语进行了统一，将犯罪收益没收分为利得没收、犯罪物没收，并建立定罪没收程序、未定罪没收程序及扩大没收程序来实现有效没收不同犯罪收益的目的。我国台湾地区在2015年对“刑法”和“刑事诉讼法”进行修订，对犯罪收益没收体系进行一体化完善。从上述比较法来看，有效的犯罪收益没收需要一套完备的体系来实现。

我国现行追缴、责令退赔及没收的区分，主要在于对象的不同，但在效果上都表现为对刑事涉案财物的剥夺，追缴、责令退赔与没收在本质上并没有区别，且都属于刑事没收的手段，因而在概念上对犯罪收益的处置方式进行统一具有必要性和可行性。为改变我国追缴、责令退赔及没收规定及适用不统一的状况，我国应将犯罪物及违法所得的剥夺方式统一规定为没收。在不能没收原犯罪所得或原犯罪物的情况下，采用没收替代价额的方式对犯罪行为人剥夺其与犯罪物或违法所得的等价财物。

2. 完善走私犯罪收益的认定标准

德国将犯罪收益没收分为利得没收和犯罪物没收，并认为利得没收的性质是一种准不当得利措施，犯罪物没收的性质则具有多元的性质。[①] 我国台湾地区将犯罪收益没收分为犯罪所得没收、违禁物没收和犯罪物没收，并将犯罪所得没收的性质界定为“准不当得利的衡平措施”，[②] 将违禁物没收的性质界定为保安处分，基于犯罪物没收的“下位类型众多，其没收性质及目的具多元性”而认为“其共通、上位之法理基础”为“预防目的”和“财产权滥用之制裁”可借鉴上述犯罪收益分类方法，针对不同性质的犯罪收益构建不同的认定、没收标准。[③]

---

① 参见陈建廷：《犯罪物没收》，我国台湾地区台湾大学法律学院法律学系2022年硕士学位论文，第11页。

② 王皇玉：《刑法总则》（修订二版），新学林出版股份有限公司2016年版，第631－646页。

③ 因违禁物的认定标准相对明确且无争议，故本书不再阐述。

(1) 完善走私违法所得认定标准

违法所得分为直接犯罪所得和间接犯罪所得。直接违法所得是“指因行为人（正犯或共犯）犯罪直接获取的所有财产增值”，依取得原因可分为“‘为了犯罪’而获取的报酬（对价）”和“‘产自犯罪’而获得的利润（利益）”；间接违法所得是“因介入其他法律或事实行为”而与犯罪行为“欠缺直接关联性”的违法所得，“包含利用及替代品两类”。①

走私违法所得认定应采取以下标准：第一个标准为不法利益与不法行为具有因果关联性。“行为人（正犯与共犯）或第三人实施违法行为而于犯罪流程任何阶段取得的整体财产利益，只要违法行为与不当利得之间有因果关联性者，皆属之。”② 第二个标准为行为人对不法利益取得事实上处分权，“非取得民事上所有权或其他权利”，也就是说该不法利益归属于行为人，这是“没收犯罪所得的充分条件”。③ 第三个标准为行为人犯罪后整体财产总值较犯罪前整体财产总值多。④ 第四个标准为违法所得“系指反映系争犯罪不法内涵的财产利益”⑤。“基于犯罪所得没收的独特犯罪预防功能，在行为人或第三人因犯罪所取得的全部财产利益之中，只有依据系争犯罪构成要件之规范保护目的禁止行为人或第三人取得者，始属于犯罪所得。”⑥ 因不在系争犯罪构成要件保护范围的其他利益本质上属于“日常生活中的获利机会的实现，并非不法的财产转移”。⑦ “在判断财产利益是否为系争犯罪所禁止取得者时，一个重要的判断方式是，如

① 林钰雄：《犯罪所得之差价追征及自动缴交之程序定性》，载《台湾法律人》2023 年第 23 期，第 143 页。

② 林钰雄：《没收新论》，元照出版有限公司 2020 年版，第 141 页。

③ 薛智仁：《刑事没收制度之现代化：2015 年没收实体法之立法疑义》，载《台大法学论丛》2018 年第 3 期，第 1081 页。

④ 参见林钰雄：《犯罪所得之差价追征及自动缴交之程序定性》，载《台湾法律人》2023 年第 23 期，第 143 页。

⑤ 薛智仁：《直接利得之认定标准——评“沾染不法说”》，载《当代法律》2023 年第 24 期，第 21 页。

⑥ 薛智仁：《再论内线交易罪之犯罪所得——评“最高法院”108 年度台上大字第 4349 号刑事裁定》，载《月旦实务选评》2021 年第 2 期，第 113 页。

⑦ 薛智仁：《再论内线交易罪之犯罪所得——评“最高法院”108 年度台上大字第 4349 号刑事裁定》，载《月旦实务选评》2021 年第 2 期，第 113 页。

果行为人不实施系争犯罪行为，就无法通过合法行为获得该财产利益”，否则“财产利益是行为人透过合法行为亦能取得者，将此种财产利益视为犯罪所得予以没收，并没稳固系争犯罪构成要件之行为规范的效果”。①“应予没收之犯罪所得是什么，取决于被没收人实际取得什么利益，该利益是否为系争犯罪构成要件的规范目的所禁止取得”。

根据上述违法所得认定标准，走私的普通货物、物品不是走私犯罪的违法所得。走私的普通货物、物品通常“由行为人先行花费购入，财产形态由金钱转为”走私的普通货物、物品，“但于转变前，其整体财产并未增值，不能仅因其占有”走私的普通货物、物品，“而论断其有产自走私犯罪之犯罪所得”。②“走私普通货物、物品罪中的普通货物、物品并不是行为人从犯罪行为中获取的利益，其获取的利益是偷逃的应纳税额”，③其相应的违法所得应认为其偷逃的应纳税额，这与走私普通货物、物品罪所保护的法益为“关税收益和货物、物品的进出口管理秩序”④ 相符合。

（2）完善走私犯罪物的认定标准

借鉴德国、我国台湾地区的有益经验，将犯罪物分为犯罪产物、犯罪工具和关联客体等三类。再根据犯罪产物、犯罪工具和关联客体的不同特点来构建完善相应的认定标准。

一是完善犯罪产物的认定标准。所谓犯罪产物是指“因应标的本身之种类与性质，透过特定犯罪行为的加工而产生，其与犯罪行为具有直接的因果关联性，系归因于犯罪行为而产生之物”。⑤ 犯罪产物的认定标准为归因于犯罪行为而产生。犯罪产物不同于违法所得，犯罪产物是通过犯罪行为而产生的，违法所得是“为了犯罪或产生犯罪而取得的对价与

---

① 薛智仁：《再论内线交易罪之犯罪所得——评“最高法院”108 年度台上大字第 4349 号刑事裁定》，载《月旦实务选评》2021 年第 2 期，第 113 页。

② 林钰雄：《合法混非法走私物之没收——评“最高法院”109 年度台上字第 726 号刑事判决》，载《月旦实务选评》2023 年第 5 期，第 115 页。

③ 何萍：《自洗钱入罪后的法律适用》，载《人民检察》2021 年第 16 期，第 16 页。

④ 张明楷：《刑法学（下）》（第 6 版），法律出版社 2021 年版，第 965 页。

⑤ 张建廷：《犯罪物没收》，我国台湾地区台湾大学法律学院法律学系 2022 年硕士学位论文，第 19 页。

利益”[1]。

二是完善犯罪工具的认定标准。我国学者对犯罪工具的界定及认定标准未形成一致意见。有学者认为，应将供犯罪所用之物限定为“专门供犯罪使用”且对“犯罪的实施起到了决定性或促进性的作用”的本人财物，判断标准为“使用次数、使用比例、财物获取难易程度、主观目的、财物数量、财物特殊性以及行为人的社会角色等”因素。[2] 有学者认为，供犯罪所用之物为“专门用以实行犯罪构成要件行为并与之具有直接关联的物品”，其认定标准为“直接关系”即对犯罪实施起到决定性作用、“专门”即行为人主观上将物品纳入犯罪行为的使用计划内。[3] 还有学者认为，犯罪工具的认定标准为主观上“行为人存在认识并且控制该物品作用于犯罪行为的意图”，客观上“该物具有造成犯罪危害的功能，并且已经被用于实施犯罪或者具有被用于实施犯罪的现实危险性”。[4]

从比较法上来看，美国联邦对在犯罪中使用或意图使用的财物（即犯罪工具）加以没收，同时还没收任何使犯罪实施更加容易或更难发现的财物（即便利财物）。便利财物的范围广于犯罪工具的范围。所有犯罪工具都使犯罪更加容易实施，但并非所有让犯罪行为更容易实施的财物均为犯罪工具。便利财物不仅包括实行犯罪必不可少的财物，还包括让禁止行为更加容易实施或有助于免受妨碍的财产。在民事没收中犯罪工具或便利财物的认定标准为该财物与犯罪行为具有实质联系，超过偶然程度。用来储存毒品的房子与犯罪行为具有实质联系，因而符合便利财物的认定标准应加以没收。在刑事没收案件中法院也认定便利财物的实质联系标准同

---

① 张建廷：《犯罪物没收》，我国台湾地区台湾大学法律学院法律学系 2022 年硕士学位论文，第 20 页。

② 参见冯文杰：《比例原则视野下犯罪工具没收的实质解释》，载《法学家》2022 年第 2 期，第 150 页。

③ 参见屈舒阳：《供犯罪所用之物没收的法理基础、模式转变及技术操作》，载江溯主编：《刑事法评论》第 45 卷，北京大学出版社 2021 年版，第 295 - 296 页。

④ 王莉、胡成胜：《犯罪工具认定和没收标准之辨析》，载《人民检察》2023 年第 9 期，第 70 页。

样适用于刑事没收。[1] 在德国，犯罪工具的认定不仅需要认定行为人意图将特定之物用于实施犯罪计划或预定用于犯罪计划，而且还必须“有益于‘促进’犯罪实行，包含物理与心理上的促进功能”。[2] 我国台湾地区有学者认为“‘供犯罪所用之物’指与行为人所犯之罪的实行行为相关，而被行为人用以促进或实现犯罪行为而使用的犯罪工具”，其认定标准为客观上“该物品对于犯罪实行而言，必须具有对犯罪促成、推进或减少阻碍的效果”、在主观上行为人“须将特定物品纳入犯罪行为使用的计划”。[3] 我国台湾地区 109 年度台上字第 1615 号判决明确“所谓‘供犯罪所用之物’，乃指用以促成、帮助行为人（正犯或共犯）实现犯罪构成要件之物，包括积极促进犯罪实现或消极排除犯罪实现之阻碍者而言，并不以‘专门’供该次犯罪者为限。凡于个案依经验法则判断，对于促进该次犯罪具关联性、贡献者，即属之；至关联性之高低，俱不影响其犯罪工具之性质，仅系供作为宣告没收与否之裁量事项”。[4]

从上面的分析来看，认定犯罪工具的一个共通点就是特定物对于犯罪具有促进作用，这也是认定犯罪工具的核心标准。犯罪工具仅需对犯罪实行起到促进作用，并不需要达到对犯罪实行起到决定性作用的程度。且也不需要用“专门”标准来界定犯罪工具，“犯罪工具就是实现犯罪的帮助‘物’”，在“概念上并未预设、经验上也不需要是‘不可或缺’或‘专供犯罪’者为限”，犯罪工具认定的关键在于特定物与犯罪之间的“关联性/贡献度的判断问题”，专供犯罪使用之物仅该物与犯罪的“关联性/贡献度特别高，其意义亦仅在于作为倾向没收的裁量基准而已”。[5] 在行为

---

① Stefan D. Cassella, Asset forfeiture law in the united states, third edition, Juris Publishing, 2022, pp. 1137 – 1154.

② 张建廷：《犯罪物没收》，我国台湾地区台湾大学法律学院法律学系 2022 年硕士学位论文，第 20 页。

③ 许恒达：《汽车与犯罪工具之没收》，载《月旦法学教室》2016 年第 12 期，第 26 – 27 页。

④ 转引自张建廷：《犯罪物没收》，我国台湾地区台湾大学法律学院法律学系 2022 年硕士学位论文，第 153 页。

⑤ 林钰雄：《初探犯罪物没收——“最高法院”相关裁判之综合评释》，载《法学丛刊》2020 年第 259 期，第 25 页。

人将合法货物与走私货物混同“以掩蔽海关之耳目，以遂其走私目的”情况下，该混入物具有促进走私犯罪的作用，应认定其为犯罪工具并加以没收。[①] 在走私犯罪中用于运输走私货物的汽车均应认定为犯罪工具，不管其使用该汽车的次数多少，使用次数的多少只是裁量没收时考量的因素。

三是构建关联客体的认定标准。“关联客体/犯罪客体指的是，行为人在犯罪过程中，犯罪行为必须接触或使用的财产标的，若未使用或将犯行作用于该财产标的上，行为人根本不可能成立犯罪，不法非难的核心即在犯行与财产标的之接触或使用关系，此种财产标的即犯罪客体。”[②] 关联客体的认定标准为犯罪“构成要件该当不可或缺的一部分”，是“犯罪成立所必须存在的物品”。[③] 对于关联客体，德国明确应依特别规定才能没收。因供犯罪所用之物、关联客体的规范目的、理由均不相同，供犯罪所用之用无法涵盖所有关联客体，[④] 我国应在立法明确关联客体的概念，并通过立法明确没收关联客体的情形，从而将我国实务争议较大的走私的普通货物、物品认定为关联客体，避免将该货物、物品认定为违法所得。

3. 构建走私犯罪收益没收的审查体系

（1）构建走私违法所得没收的审查体系

根据英国《2002 年犯罪收益追缴法》的相关规定，没收的审查体系分为以下四个阶段：第一个阶段是判断犯罪行为人是为一般犯罪行为人还是具有犯罪生活方式的犯罪行为人；第二个阶段是确定犯罪行为人是否从一般犯罪行为中获得收益或基于认定犯罪行为人具有犯罪生活方式而推定其犯罪收益；第三个阶段是确定对犯罪行为人可实现没收的数额；第四个

---

① 参见林钰雄：《合法混非法走私物之没收——评“最高法院”109 年度台上字第 726 号刑事判决》，载《月旦实务选评》2023 年第 5 期，第 117 页。

② 许恒达：《论犯罪客体之没收》，载《当代法律》2023 年第 24 期，第 35 页。

③ 陈建廷：《犯罪物没收——以关联客体之没收为中心》，载《军法专刊》2023 年第 5 期，第 161 页。

④ 具体参见许恒达：《论犯罪客体之没收》，载《当代法律》2023 年第 24 期，第 44 页。

阶段是作出没收令。[①] 我国台湾地区有学者认为德国和我国台湾地区的利得没收的审查体系分为以下六个阶段：第一个阶段审查是否存在刑事不法行为，只有具有违法性的犯罪行为即可，不需要犯罪行为人有责；第二个阶段审查是否因犯罪而直接获得利得，不限制利得的形态；第三个阶段审查何人获得利得，是犯罪行为人还是第三人获得利得；第四个阶段审查利得范围，包括直接利得、间接利得及替代价额的追征；第五个阶段进行排除审查，如违法利得属于被害人合法所有的则应优先发还被害人，从而将已实际发还的违法利得排除在没收的范围之内；第六个阶段则运用比例原则来审查没收是否过苛。[②] 为解决我国立法规定及适用不统一的局面，我国应借鉴上述国家和地区的没收审查体系的有益经验，结合我国实际情况来构建没收审查体系。具体来说：第一个阶段审查犯罪行为人是否实施具有违法性的犯罪行为；第二个阶段审查犯罪行为产生违法所得；第三个阶段审查何人获得违法所得，是犯罪行为人还是第三人；第四个阶段确定违法所得的范围；第五个阶段将已发还给第三人合法所有的违法所得排除在没收范围之内。[③]

（2）构建走私犯罪物没收审查体系

可借鉴我国台湾地区学者林钰雄提出的犯罪物没收审查体系[④]来构建我国走私犯罪物没收的审查体系：①前提审查：是否存在一个刑事不法行为，只有存在刑事不法行为才能开启犯罪物没收审查程序；②没收标的审查：审查刑事涉案财物是否为违禁物、犯罪产物、犯罪工具、犯罪客体或其替代价额，若刑事涉案财物不属于上述犯罪物种类则应终结没收审查程序；③没收主体审查：审查刑事涉案财物是否为被告人（或共犯）所有、在犯罪物为第三人所有时第三人是否善意取得该物，在刑事案件财物不属

---

① Edward Rees QC, Richard Fisher QC, and Richard Thomas, BLACKSTONE' S GUIDE TO The Proceeds of Crime Act 2002, second edition, Oxford University Press, 2015, pp. 23 - 60.

② 参见林钰雄：《利得没收之法律性质与审查体系》，载《月旦法学杂志》2015年第3期，第12 - 32页。

③ 参见何永福：《刑事诉讼涉案财物处置程序研究》，社会科学文献出版社2020年版，第91页。

④ 参见林钰雄：《没收新论》，元照出版有限公司2020年版，第60 - 61页。

于被告人（共犯）所有而属于第三人所有且被其善意取得时则应终结没收审查程序；④在认定犯罪物符合前面三个条件下，运用比例原则（或过苛条款）裁量是否没收该犯罪物。

（二）程序法措施

为解决上述我国刑事诉讼程序附带处置刑事涉案财物所带来的问题，应构建相对独立定罪没收程序、完善未定罪没收程序，并明确相应没收程序的证明责任和证明标准及第三人参与程序，以通过程序法配合实体法实现完全剥夺走私犯罪收益的目的。

1. 构建或完善没收程序

（1）构建相对独立的定罪没收程序

有学者认为，应“以利害关系人是否提出异议为标准”确立“独立性对物之诉模式”和“附带性对物之诉模式”等两种定罪没收程序，“在被告人、被害人或者其他利害关系人提出异议或者申请参与诉讼”时构建相对独立定罪没收程序，在被告人、被害人、第三人未对涉案财物没收提出异议时“在对定罪量刑问题的法庭审理结束后，对于定罪、量刑和涉案财物追缴问题一并作出司法裁判”。① 也有学者认为，“应构建建立相对独立的涉案财物法庭审理程序”，基于立法和实践现状，可行的方案为“定罪量刑程序结束之后，同一审判组织集中审理涉案财物问题”。② 构建相对独立的刑事没收程序更有利于全面处置犯罪收益，提升犯罪收益没收的正当性，理由如下：

一是构建相对独立的刑事没收程序有利于妥善处置认罪认罚后没收被告人犯罪收益的问题。从刑事诉讼运行态势来看，认罪认罚适用率达90%以上。根据我国相关司法解释，认罪认罚过程中通常不会听取犯罪嫌疑人对犯罪收益的处置意见，更不会在认罪认罚具结书中体现刑事涉案财物是否被认定为犯罪收益及是否应没收该犯罪收益等内容。从比较法来看，德国《刑事诉讼法》第257条c第2项规定：“协商之客体限于能成

---

① 陈瑞华：《刑事对物之诉的初步研究》，载《中国法学》2019年第1期，第214页。

② 艾明、桑志强：《涉案财物法庭审理程序研究》，载《兰州学刊》2023年第10期，第106页。

为判决及其相关裁定内容之法律效果，与侦查审判程序相关之处分以及程序参与者之诉讼行为。犯罪自白应成为协商之部分。罪责宣告及保安处分不得成为协商客体。”① 只有犯罪物品没收、免予没收犯罪所得及犯罪所得的估算才能成为协商客体。② 由此可见，即使犯罪嫌疑人、被告人认罪认罚，也不能对违法所得进行协商，需要由法院来决定被告人的违法所得的具体数额，且认罪认罚后庭审程序简化，构建相对独立的刑事没收程序来处置认罪认罚后的犯罪收益具有重要意义。

二是因定罪量刑程序与定罪没收程序审理的对象具有较大差异，构建相对独立的刑事没收程序更有利于保障被告人、被害人、第三人的合法财产权，准确认定涉案财物的性质和数额，确保刑事没收的正当性。定罪量刑程序主要认定被告人是否具有刑事责任能力、是否实施指控的犯罪行为、是否具有相关的从重从轻量刑情节等事实，但仅凭定罪量刑所依赖的证据难以认定被告人是否获得违法所得或特定物是否是犯罪物、被告人获得多少违法所得及是否应没收犯罪物，无法准确处置违法所得及犯罪物，即使作出没收决定其正当性也不足。构建相对独立的刑事没收程序，让与刑事涉案财物有关的利害关系人出席庭审提出自己的主张，在双方或多方的参与对抗下，解决被告人是否获得违法所得、特定的财物是否属于被告人的违法所得或犯罪物、第三人是否善意取得犯罪收益及没收是否符合比例原则等问题，切实提升没收犯罪收益的正当性、准确性。

（2）完善未定罪没收程序

由于我国现在违法所得没收程序适用范围有限，不符合完全剥夺走私犯罪收益的目的，因此需采取措施完善未定罪没收程序。我国台湾地区“刑事诉讼法”第 259 条之一规定“检察官依第二百五十三条或第二百五十三条之一为不起诉或缓起诉之处分者，对供犯罪所用、供犯罪预备或因犯罪所得之物，以属于被告者为限，得单独申请法院宣告没收”。可借鉴上述规定的有益经验，明确对走私犯罪嫌疑人作出酌定不起诉时对违法所得、属于犯罪嫌疑人所有的犯罪物应单独提请法院宣告没收，以完善我国走私犯罪未定罪没收程序，避免走私犯罪收益没收的程序倒流。

---

① 李进荣：《没收与协商程序》，载《检察新论》2021 年第 29 期，第 251 页。

② 参见李进荣：《没收与协商程序》，载《检察新论》2021 年第 29 期，第 255 页。

2. 构建定罪没收的证明责任和证明标准

有学者认为，“公诉机关对物强制处分措施的合法性、涉案财物的权属、财物与犯罪行为之间的关联性、被告人和第三人主观故意等承担举证责任”[①]。也有学者认为，“检察机关在审理程序中，应当对涉案财物的非法属性、权属情况，以及与被告人犯罪行为之间的实质联系等，承担完全的举证责任”，且还“始终承担说服责任”，若法庭完成后“涉案财物若仍处于模糊不清的状态”，则检察机关应承担不能没收涉案财物的不利后果。[②] 对拟申请没收的涉案财物应由检察机关承担证明责任，证明该财物属于应没收的违法所得或犯罪物。以违法所得为例，检察院应承担对被告人从犯罪行为获得违法所得及获得多少犯罪违法所得的证明责任，被告人不负有证明责任。被告人从犯罪行为获得犯罪收益的证明方式通常是要证明犯罪收益与犯罪行为具有联系或实质联系，如需要证明违法所得来源于犯罪行为或产自于犯罪行为，或犯罪物与犯罪行为具有实质联系，犯罪行为人通过实施犯罪后整体财产有所增加，且违法所得“系指反映系争犯罪不法内涵的财产利益”[③]。犯罪嫌疑人、被告人可反驳并提出相应的证据证实拟申请没收之财物不属于违法所得或犯罪物，其对该违法所得不具有事实支配权或对犯罪物没有所有权。第三人可举证证实拟申请没收之物是其所有的，且善意取得或不存在放任该物用于犯罪的过错。

对于刑事没收的证明标准，美国、英格兰与威尔士都采取了优势证据的标准，[④] 因为刑事没收本质上不是一种刑罚，只是剥夺犯罪收益的措施，不适用刑事定罪的证明标准。虽然我国刑事诉讼法规定了定罪的标准是案件事实清楚、证据确实充分，但没有对犯罪收益没收的标准作出规定。如前所述，对犯罪所得的刑事没收本质是一种类似于剥夺不当得利的

---

① 梁健：《刑事涉案财物处置的失范与规范》，载《中国刑事法杂志》2022年第5期，第95页。

② 参见艾明、桑志强：《涉案财物法庭审理程序研究》，载《兰州学刊》2023年第10期，第110页。

③ 薛智仁：《直接利得之认定标准——评“沾染不法说”》，载《当代法律》2023年第24期，第21页。

④ Stefan D. Cassella, Asset forfeiture law in the united states, second edition, Juris Publishing, 2013, p. 663; The Proceeds of Crime Act 2002 s6（7）.

措施，对犯罪物的没收也是一种滥用财产权的干预处分，均不是刑罚或保安处分，因而无须适用定罪的证明标准，可借鉴美国及英格兰与威尔士的经验，将刑事没收的证明标准定为优势证据标准，以充分发挥完全剥夺犯罪收益的目的。为确保有效履行没收犯罪收益的证明责任，检察机关应在审前阶段强化对犯罪收益的证据审查，要求侦查机关依法收集犯罪行为与犯罪所得之间具有联系或实质联系的证据。对于属于犯罪构成要件的犯罪收益及具体数额应以严格证明方式来进行证明。①

3. 构建第三人参与的程序

可借鉴我国台湾地区“刑事诉讼法”的相关规定②对刑事没收中没收第三人所有财产的程序进行规定。具体来说，首先应明确规定以下程序：一是财物可能被没收的第三人可在本案判决的法庭辩论终结前向有管辖权的法院申请参与刑事没收程序。第三人的申请书应包括参与刑事没收程序的理由及表明参与刑事没收程序的意思。二是检察官有相当理由认为应没收第三人财物的，在提起公诉前应通知该第三人，并给予陈述意见的机会。在提起公诉时认为应没收第三人财物的，应在起诉书写明，并将本案案由、管辖法院、被告人的身份信息、应没收财物的名称及数量等特定的事项、构成没收理由的事实及证据等通知第三人。检察官在审理中认为应没收第三人财物的，应向法院提出书面申请。三是法院认为申请不符合法律要求或无理由的，应裁定驳回；认为申请有理由则应作出准许的裁定。在裁定作出前，应听取本案当事人、第三人的意见。准许参与的裁定应指明诉讼进行程度、参与的理由及第三人不到庭的后果。四是参与刑事没收的第三人享有与本案的被告人相同的诉讼权利。五是法院应将审判期日通知第三人并送达关于没收其财物事项的文书。六是第三人可以委托代理人参与诉讼，但法院认为必要时，应命令第三人本人到场。七是审判长在审判期日应将构成没收理由的事实、诉讼进行程度、可委托代理人到场、可请求调查有利的证据等事项告知第三人。八是参与法庭调查和辩论的第三人仅就没收的财物事项进行辩论。九是经审理认为应没收第三人的财物的

① 参见何永福：《刑事诉讼涉案财物处置程序研究》，社会科学文献出版社2020年版，第211页。

② 我国台湾地区“刑事诉讼法”第455条之十二至三十三。

应对第三人宣告没收裁判。十是第三人不服法院没收裁判的有权提起上诉。十一是经法院没收财物的判决确定后，非因过失没有参与刑事没收程序的第三人可以在知悉没收确定判决之日起30天内向作出没收判决的法院申请撤销该判决，申请书应包括本案案由、申请撤销的理由及证据等。[①]

第四节　走私犯罪境外证据的适用

走私犯罪在我国历史上古已有之，该罪名伴随着国家概念的形成而产生，其核心的法益始终围绕着基于国家利益对货物跨境流通的有效控制与管理。随着世界经济发展，世界各国联系更加密切，由于跨境出行日益便利、国际物流运输迅猛发展，跨境的人与货物流动日益频繁，与之相伴随的跨境走私犯罪也呈现上升趋势，走私犯罪的手段与形式也出现了复杂多变的情形。针对现代走私犯罪的相关特性，我国在现代法治理念的引领下，对于走私犯罪的立法亦与时俱进地进行了多次的优化与完善，同时通过大量的司法解释与司法解释性文件来调整及明确相关的法律实施，整体而言，在走私犯罪的实体法立法层面已经完成较为全面的走私犯罪惩治体系构建。

通过纵观古今中外对走私犯罪立法的相关罪状描述不难发现，跨境始终是走私犯罪最为典型与突出的一个特征，而且走私对象的跨境不但是认定走私犯罪达成既未遂的重要标准，有时更是认定走私行为罪与非罪的重要界限。因此，走私犯罪跨境的特征必然使得在相关犯罪认定的过程中不可避免地涉及境外证据的审查与适用。在当前的司法实践中，常常会因为走私犯罪中境外证据的缺失或无法适用而导致犯罪嫌疑人主观故意认定难、涉案现货查扣难、客观证据查扣难、违法所得追缴难等情况，更有甚者因为境外证据的适用问题而无法认定犯罪，极大地影响了对走私犯罪的打击力度。

由于境外证据在走私犯罪中的特殊性，2005年海关总署缉私局与最

---

① 参见何永福：《刑事诉讼涉案财物处置程序研究》，社会科学文献出版社2020年版，第212页。

高人民检察院侦查监督厅和公诉厅、最高人民法院刑二庭联合出台了我国第二份有关境外证据的司法解释性文件《关于走私犯罪案件中境外证据的认定与使用有关问题的联席会议的纪要》(缉私〔2005〕349号)。① 随后,2012年最高人民法院发布的《关于适用〈中华人民共和国刑事诉讼法〉的解释》第405条在前述条文的基础上首次在司法解释中对境外证据的域内适用进行了较为全面的规定。②

现代刑事司法实践与古代刑罚的一个最为重大差异即在于惩治犯罪追求公平正义的同时要求充分地保障人权,要求实体正义与程序正义在个案中能够得以同时实现,这也是现代刑事诉讼法产生的基础与原因,只有程序正义的实现才能最大程度地保障实现实体正义时的客观性与公正性。刑事案件中的证据取证与适用是认定犯罪事实、论证犯罪构成的基础,同时也是对案件当事人正当权利的重要保障,是联结刑事实体法与程序法的关键环节。境外证据作为一种带有特定属性的证据在我国相关的立法规范起步较晚,但伴随我国对外交往的日渐频繁,该类证据在司法实践中,尤其是在走私犯罪案件办理中的适用却日益广泛。虽然我国也在相关的司法实践中不断地通过案例指导与颁布立法等方式碎片化地规范与优化境外证据的域内适用,但始终未能充分地发挥对相关问题立法的后发优势,同时我国特有的"一国两制三法系四法域"的基本国情导致境外证据的域内审查及适用成为办理涉外案件的难点。因此,充分、全面地结合我国的司法实践与基本国情,完整、体系地构建我国境外证据的域内审查及适用规则与框架已刻不容缓。

一、境外证据域内适用的现状分析

目前,境外证据在我国现有的司法解释及司法解释性文件中的统一表述均为"来自境外的证据"。根据《出境入境管理法》第89条中规定,"出境,是指由中国内地前往其他国家或者地区,由中国内地前往香港特

---

① 对于境外证据适用相关问题的首份司法解释性文件是2003年最高人民法院《关于信用证诈骗案件有关问题的复函》(法函〔2005〕349号)。

② 参见江必新主编:《最高人民法院刑事诉讼法司法解释理解与适用》(下),人民法院出版社2013年版,第1097-1099页。

别行政区、澳门特别行政区，由中国大陆前往台湾地区。入境，是指由其他国家或者地区进入中国内地，由香港特别行政区、澳门特别行政区进入中国内地，由台湾地区进入中国大陆”。据此，可以将“来自境外的证据”定义为来自于中国内地以外的证据，同时结合我国“一国两制三法系四法域”的基本国情，境外证据对于我国内地的具体适用可以明确细分为两大类，一是域外证据，是指来自港澳台地区的证据，二是国外证据，是指来自于中国以外，其他国家与地区的证据。

（一）刑事判决中境外证据适用情况

基于上述定义，以“域外证据”“域外取证”“境外证据”“境外取证”“公证机关”“使馆”等作为关键词，在2017年至2021年的范围内对中国裁判文书网进行检索，剔除重复案例以及不相关案例，共检索出案件67件。同时由于某市作为与港澳陆路相连的唯一内地城市的特殊性，在前述关键词的基础上增加“澳门警方”“司法警察”“香港商业登记署”“国际刑警”等作为关键词，对某市2017年至2021年的生效判决进行检索，共检索出案件21件。上述两个检索共计得出涉及境外证据生效判决案件88件，其中走私类犯罪案件33件，约占比37.50%；诈骗类犯罪23件，约占比26.14%；伪劣产品类犯罪6件，约占比6.81%；职务犯罪类案件5件，约占比5.68%；偷越国边境类犯罪、卖淫类犯罪均为3件，各约占比3.41%；其他各类案件15件，占比17.05%。虽然前述数据样本与现有学术研究成果中筛选的时间段、关键字的选取、取样的对象等方面必然存在一定程度的差异，但本书的数据样本分析结果与其他学者已作的实证分析研究结果是基本一致的，① 即走私类犯罪是司法实践中适用境外证据最为普遍与常见的犯罪类型。

---

① 参见沈亚岚：《刑事诉讼境外证据司法审查的异化、纠偏与规则完善——基于76个案件83份证据的实证分析》，载《司法体制综合配套改革与刑事审判问题研究——全国法院第30届学术讨论会获奖论文集》（下）2019年，第1789－1790页，其统计境外证据适用的罪名中走私类犯罪占比39%。

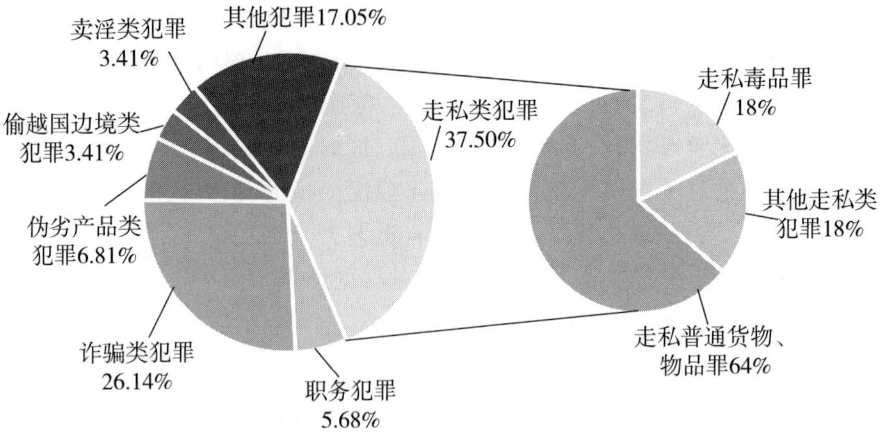

图 2-4-1　境外证据域内案件适用占比情况

在前述 33 件走私犯罪案件中，境外证据的具体适用情况可做如下细分统计：一是境外证据在具体走私犯罪罪名认定中的适用主要集中于两个罪名，其中走私普通货物罪案件 21 件，占比约为 64%；走私毒品罪案件 6 件，占比约为 18%，两罪名合计占比 82%。二是境外证据的具体来源分类相对均衡，除 1 件无法判断来源外，涉及来源于港澳台地区域外证据的案件 15 件，占比约为 46%；涉及来源于其他国家及地区国外证据的案件 17 件，占比约为 52%。三是境外证据的具体证据种类主要为书证，相关案件共有 27 件，占比约为 82%，大致可分为由司法机关或行政机关出具的公文书证及形成于犯罪过程中记录了案件关联信息的其他书证两大类。① 四是境外证据的提供主体及相关证据最终被判决认定的情况，其中司法机关提供境外证据案件为 24 件，占案件总数约为 73%，相关证据最终被判决认定为 22 件，认定比例约为 92%；辩护人及案件当事人自行提供境外证据案件为 9 件，占案件总数约为 27%，相关证据最终被判决认定为 3 件，认定比例约为 33%。

综合上述样本分析情况，虽然各类犯罪在司法实践中均有涉及境外证据适用的情形，但由于走私类犯罪跨境因素的天然属性决定了其仍是境外

---

① 参见张建伟：《证据法要义》（第二版），北京大学出版社 2016 年版，第 191－192 页。

证据适用的主要犯罪类型，同时由于走私普通货物在走私类犯罪的绝对数量中占比远高于其他类型走私犯罪，因此走私普通货物罪也成为单个罪名中适用境外证据比例最高的罪名。① 同时，虽然在证据来源的比例上国外证据仍略高于域外证据，但考虑到港澳台地区在人口、经济与面积等方面均远远低于国外总和的前提下，境外证据的来源几近相等，则该情况更突出地反映了内地与港澳台地区的紧密联系。此外，目前内地刑事司法实践中，境外证据的主要证据形式仍为传统的书证等客观证据，其他言词类主观证据的占比较低，而境外证据的提供者仍主要为司法机关，虽然司法机关所提供的境外证据在审判过程中被认定的比例远高于辩护人或案件当事人所提供的境外证据，但是两类主体提供的境外证据均存在着在审判中未被认定与适用的情形，就此亦说明了目前内地司法实践在对境外证据的适用中会依据相关法律规定的指引来进行形式与实质的审查与评判，并在此基础上最终确定境外证据的适用与否。

（二）关联刑事立法与案例颁布情况

自 2001 年 12 月中国加入世贸组织以来，我国改革开放的力度以及与外国的交往的紧密度开始不断呈现加速度的发展，与之相伴随的是我国各个种类涉外立法的配套建立与完善，刑事境外证据适用的相关立法亦在紧跟时代浪潮同步发展，就其发展过程可以细分为两个阶段，首先是起步发展期，从 2003 年最高人民法院出台第一份境外证据司法解释性文件《关于信用证诈骗案件有关问题的复函》至 2012 年境外证据首次被纳入《关于适用〈中华人民共和国刑事诉讼法〉的解释》，在此阶段相关的概念开始出现并逐渐明确，但相关的司法实践仍然缺乏相关详细及明确的指引。其次是快速成长期，其是从 2012 年《关于适用〈中华人民共和国刑事诉讼法〉的解释》颁布后至今，在此阶段颁布了大量涉刑事境外证据的法律、司法解释、司法解释性文件及各类具有一定参考意义的典型案例，而这一阶段颁布的相关法律法规也是目前指引我国内地司法实践中境外证据适用的主要法律依据。

---

① 走私普通货物罪在 88 个有效样本中占比约为 23.86%，样本统计数据中第二大类的诈骗类犯罪包含了诈骗罪 16 件，合同诈骗罪 4 件，集资诈骗罪 3 件。

1. 境外证据相关法律的立法

2018 年我国颁布了《刑事司法协助法》，该法从刑事司法协助的程序、证据的取证协助形式、涉案人员的移交等多个方面全方位地规范了我国内地与外国刑事司法协助的相关内容。同时因为该法第 3 条明确规定“中华人民共和国和外国之间开展刑事司法协助，依照本法进行”，所以该法并不适用于我国内部不同法域之间的相关司法合作。

2. 境外证据相关司法解释的制定

2018 年我国对刑事诉讼法进行重新修订后，最高人民法院也于 2021 年公布经修改后配套适用的《关于适用〈中华人民共和国刑事诉讼法〉的解释》，该份司法解释是在 2012 年解释的基础上第二次以司法解释的形式明确境外证据的具体适用。对比 2021 年的解释与 2012 年的解释在文字表述上差异不大，但增加了两项内容，一是明确了检察机关应当随案移送关于境外证据来源与取证情况的说明；二是明确了当事人、辩护人等提供的境外证据应当进行“双认证”的除外情况。同时也针对境外证据特定的证据属性，将相关的条款从原来涉外案件审理与司法协助一章的第 405 条调整为证据一章的第 77 条。①

3. 境外证据相关司法解释性文件的制定

目前，我国仍未制定专门针对境外证据适用的相关司法解释或司法解释性文件，但在多个涉外犯罪的司法解释性文件中均对境外证据的相关问题有所提及，这些司法解释性文件均肯定了境外证据可以在内地适用，也从多个角度对境外证据的适用作出了规定。一是强调对境外证据来源的说明，如 2016 年最高人民法院、最高人民检察院与公安部印发的《关于办理电信网络诈骗等刑事案件适用法律若干问题的意见》与 2022 年最高人民法院、最高人民检察院、公安部与国家移民管理局印发的《关于依法惩治妨害国（边）境管理违法犯罪的意见》，两份文件中均要求提供境外证据的国内侦查机关对证据的取证情况进行详细说明，且相关说明的内容应作为境外证据适用的审查重点。二是强调了境外证据的移交形式，如

① 参见刑事诉讼法解释起草小组：《〈最高人民法院关于适用《中华人民共和国刑事诉讼法》的解释〉理解与适用》，载《刑事审判参考》总第 126 辑，人民法院出版社 2021 年版，第 132 页。

2021 年最高人民检察院印发的《人民检察院办理网络犯罪案件规定》，该文件对境外证据移交的详细流程首次作出了明确的规定，并明确了境外证据移交的规范应作为该证据合法性审查的内容。三是强调了对境外证据审查的内容，如 2018 年最高人民检察院印发的《检察机关办理电信网络诈骗案件指引》，2020 年最高人民法院、最高人民检察院、公安部印发的《办理跨境赌博犯罪案件若干问题的意见》，以及 2022 年最高人民检察院印发的《关于办理涉外刑事案件若干问题的指导意见》，第一份文件明确了在境外证据的适用审查中应当对证据来源的合法性与转换的规范性进行审查；第二份文件明确了当事人、辩护人等提供的来自境外证据材料，如未经证明、认证的不得作为证据使用；第三份文件则是目前对于境外证据审查内容规定最为全面的司法解释性文件。

4. 境外证据相关案例的发布

截至 2024 年，最高人民法院、最高人民检察院共已发布涉及境外证据适用问题的相关案例 14 个，其中最高人民法院发布的 3 个案例均刊登在其主编的《刑事审判参考》中，分别是 2009 年的第 578 号案例、2010 年的第 640 号案例以及 2012 年的第 748 号案例，3 个案例均对境外证据的审查与认定问题进行了说明，但由于 3 个案例的发布时间均在 2012 年《关于适用〈中华人民共和国刑事诉讼法〉的解释》颁布之前，所以对于境外证据“三性”的审查与认定多依据刑事证据审查的基本原则，并结合当时国内司法协助程序的相关规定以及民事诉讼中境外证据的取得与适用情况来进行经验的总结。最高人民检察院发布的相关案例共有 11 个，均发布于 2020 年以后，其中指导性案例 2 个，分别是 2020 年关于境外证据审查的检例第 67 号，2021 年关于境外证据获取与司法协助的检例第 128 号，9 个典型案例分别于 2020 年、2021 年分两批发布。最高人民检察院发布的 11 个案例均从不同的角度根据 2012 年以后我国对境外证据审查与认定的相关立法进行了法律适用的阐述，其中尤为重要的是“李向南故意杀人案”与“周雷等五人抢劫，偷越边境，掩饰、隐瞒犯罪所得案”两个典型案例，前者明确了应当按照国内刑事诉讼标准审查境外取得的证据，后者则明确了境外证据因取证地与证据适用地刑事证据收集规则存在差异时，可以通过合理的说明与补正使得境外证据得以在域内适用。

二、境外证据域内适用面临的困境

自2012年《关于适用〈中华人民共和国刑事诉讼法〉的解释》颁布以来，我国对于境外证据相关的司法实践、配套立法与案例指导等方面均取得了长足的发展，但是随着境外证据在域内适用的日益增多，尤其是随着粤港澳大湾区建设的推进，我国不同法域间的交往联系也越来越紧密，境外证据域内适用的一些深层次问题亦开始逐渐凸显，当下国内法律自身的完善与进化滞后于司法实践的需要。因此，提出切实可行的解决方案，构建新时代中国特色的境外证据适用体系已是迫在眉睫，而准确地判断、识别境外证据的适用问题则是解决上述难题的基础。

（一）境外证据取证获得难

境外证据的取证主体通常分为两类，一类是司法机关，另一类是案件当事人、辩护人及诉讼代理人。第一类主体的取证依据主要是我国与国家或地区间签署的国际刑事司法协助条约或执法合作、警务合作协议，在实践中通常由于前者的效率较低而导致利用率不高，后者则在司法实践中更为广受青睐。[①] 第二类主体取证通常是由当事人或其委托的辩护人直接前往境外调取案件相关证据。这种途径当事人方面临的困境基本与在国内调取刑事证据相同，私权利受到诸多限制，证据必须依证据所在地申请调取，同时因为境外证据也必须在公证机构公证后再经由两个相关部门双重认证后才能在域内适用，所以进一步加剧了相关境外证据取证的难度。

取证的具体形式则包括委托取证、境外直接参与取证以及近些年发展出的新型取证方式。委托取证是指在已经签订的司法协助条约或者在互惠原则的基础上，国家或地区间通过司法协助请求书委托证据所在地代为取证，但由于请求书需要通过本地区以及证据所在地区的层层审查，因此委托取证效率较低、所需时间较长，而且证据所在地的调查取证没有法院地的办案人员参与，因此调取的证据难免会出现缺漏或多余的情况，取证缺乏针对性，造成司法资源的浪费。境外直接取证是指根据双方签订的条约

① 参见黄风：《建立境外追赃追逃长效机制的几个法律问题》，载《法学》2015年第3期，第5-6页。

或互惠原则，在证据所在地主管部门同意的前提下，由法院所在地派出办案人员直接前往证据所在地进行调查取证或者协助调查取证，[①] 直接取证规避了委托取证所调取的证据缺乏针对性的弊端，但仍然存在效率低下且程序复杂的缺点。

近年来，由于科技进步使得联合侦查取证成为可能，新型取证方式因而发展出来，2000 年《联合国打击跨国有组织犯罪公约》专门对联合侦查进行了规定。《联合国打击跨国有组织犯罪公约》第 18 条、《反腐败公约》第 46 条规定，在符合证据所在地国家法律基本原则的情况下，允许以电视会议方式进行询问，这些国际性文件均将远程视频调查列为域外取证的重要方式之一。2016 年《关于办理电信网络诈骗等刑事案件适用法律若干问题的意见》第 6 条也规定了，“通过国际警务合作机制、国际刑警组织启动合作取证程序收集的境外证据材料，经查证属实，可以作为定案的依据”。这种新型取证方式是较为高效的司法协助取证方式，在提升域外证据质量的同时降低了获取域外证据的司法成本及缩短了调取域外证据的时间。

但上述取证方式在实践中均难以广泛地开展，其主要原因是各个国家和地区拥有独立的司法权，而这种司法独立权可以排除其他国家或者地区的法律在本国或本地区内适用，虽然境外证据是在请求国内适用，但其取得必须遵守被请求国的法律规定，证据规定适用断层问题由此产生。

（二）境外证据取证合作少

尽管我国已针对域外证据收集设立了国际组织、双边合作机制等渠道，但利用程度低，相关协议、法律规定处于虚置的状态。近年来，我国与许多国家签订了政府间双边、多边协议，期望通过开展国际合作来打击跨境犯罪，侦查机关本可以按照协议相关规定调查取证，但在司法实务中，由于没有具体实施细则，侦查机关的调查取证工作难度加大，导致可能会出现由于缺乏域外证据而难以全面打击犯罪的情况。在中国裁判文书

---

① 譬如《中华人民共和国和加拿大关于刑事司法协助的条约》第 12 条规定，在被请求方法律不予禁止的范围内，被请求方应准许请求方与调查取证或诉讼有关的司法人员或其他人员在被请求方的主管机关根据一项请求进行调查取证或提供其他协助时到场，并按照被请求方同意的方式提问和进行逐字记录。

网检索，涉及域外证据的案件仅有 67 件，虽然我国与数十个国家或地区签订互助协议，也加入了许多打击跨境犯罪的国际公约，但出于现实程序复杂等各种原因，现有的国际合作程度仍然较低。

目前，四法域间除内地与台湾地区曾于 2009 年签订《海峡两岸共同打击犯罪及司法互助协议》外，其他不同法域间均未签订相互间的刑事司法协助（互助）协议，使得我国不同法域间的司法协助（互助）缺乏明确的法律指引，导致我国内部的刑事司法协助（互助）滞后于与外国之间的刑事司法协助，前述司法实践中境外证据的来源的分析与比较即印证了这一现状。因此，目前我国不同法域间开展司法协助（互助）受到极大的制约，不利于对跨境犯罪的打击与治理。

（三）境外证据适用难度大

由于走私犯罪其本身必然涉及跨越边境的因素，走私违法行为涉及不同国家或地区，部分证据的收集必须通过跨境取证来实现，司法机关对于境外证据的审查认定与适用也有着更为复杂的程序与要求。境外证据最为典型与核心的一个特征是取证地的刑事诉讼程序规定与证据适用地的刑事诉讼程序规定存在着差异，即证据获取与采纳的法律依据相分离，这也导致对境外证据进行评价与适用时必然会存在相应的法律冲突。虽然目前我国相关的法律规定及发布的案例对境外证据的审查与适用已初步作出了较为笼统的规范与指引，但在司法实践中境外证据的适用始终是控辩双方争议的焦点，而统计的样本亦显示已有多个案件中的境外证据在法庭审理中被排除适用，而相关判决的释法说理却多囿于基础理论的模糊而没有详细展开，多为形式上的比对适用。

同时，境外证据的域内审查与适用等相关问题亦是目前学界争议的焦点。如有学者基于多重价值的考量，提出了"取证国准据法""双重准据法""证据使用国准据法"分类适用的审查模式；[①] 有学者基于平等保护等原则，提出借鉴"同意可采标准"和"最低限度标准"中的合理元素

① 参见曹艳琼：《我国境外证据审查的准据法模式选择与规则重构》，载《法商研究》2023 年第 3 期，第 187－200 页。

构建相对的本国法审查规则；[①] 有学者基于国际刑事司法合作的有效开展，提出以证据性权利作为阐释框架来化解境外证据中法律跨境适用的争议，进而提升各国提供司法协助的意愿。[②] 上述列举仅为目前相关问题学界观点意见的部分选取，但足以反映境外证据的域内审查与适用等相关问题的争议之大与标准的不一，而这一现状亦进一步地加剧了境外证据在司法实践中认定与适用的难度。

（四）境外证据相关规定散乱

对于境外证据的刑事法律规定远远少于民事法律规定，且对境外取证、境外证据的具体适用均没有系统规定，这些规定散见于办理电信网络诈骗、网络赌博案件的司法解释中，条文立法层级不高、立场不一，缺乏对境外证据取证及适用的系统化规定。2018 年修订后的《刑事诉讼法》第 18 条规定了刑事司法协助原则，我国司法机关和外国司法机关可以根据国际条约或者按照互惠原则，相互请求刑事司法协助。同年颁布的《刑事司法协助法》则规定了司法协助的具体实施程序和内容。最高人民法院于 2021 年发布的《关于适用〈中华人民共和国刑事诉讼法〉的解释》则规定了境外证据审查与适用的方式与内容，同时我国也与许多国家签订刑事司法协助条约，但这些法律规范、双边条约仅对审查域外证据作了总括性规定，没有对司法机关如何审查认定域外证据作出具体规定，以上就是我国目前在刑事诉讼相关法律规定中与境外证据相关的全部内容。

为了及时回应司法实践对相关问题解决的迫切需求，同时又为了避免因为仓促的全面立法而导致境外证据的取证与适用僵化，因此目前国内关于境外证据的立法呈现出了一个独有的特点，即境外证据的审查与适用作为一个刑事诉讼程序核心的证据问题，却零散地规定于办理跨境赌博、电信诈骗、网络犯罪等实体法具体罪名的司法解释性文件当中，加剧了国内司法机关在审查与适用境外证据时的困难。

---

① 参见吴国章：《刑事境外证据“绝对本国法”审查规则的反思与重塑》，载《法学》2023 年第 10 期，第 125－142 页。

② 参见陈苏豪：《证据性权利：跨境刑事证据的一个阐释框架》，载《证据科学》2023 年第 2 期，第 189－201 页。

综上，由于各国或地区司法管辖权相互独立，包括证据制度在内的法律制度存在较大的差异，境外相关证据取得受到很大程度的制约。一方面，境外证据获取难。囿于内地与境外取证合作程度低、合作取证途径有限、取证程序复杂等诸多因素，实践中境外取证的复杂性和不确定性进一步增加。另一方面，境外证据适用难。境外证据的域内适用本身争议大、标准不统一，而当下境外证据适用的法律供给存在很多不足，关于适用境外证据的相关法律规定比较散乱，司法实践中也缺乏一个较为全面、系统的关于适用境外证据的指引。在刑事案件中，对证据的审查适用与案件的诉讼阶段紧密相连，如果轻易否定境外取得的证据，不仅可能会影响案件实体问题的认定，同时还可能会影响到司法程序的及时性和公正性，对当事人的合法权益造成损害，并增加了再次取得相应证据的难度，造成司法资源的极大浪费。针对以上情况，为进一步及时、有效、合法取得并适用境外证据，亟须明确境外证据适用的分类判断的标准，同时立足我国特殊的国情与实际，对域外证据和境外证据作出区别对待并制定对应的适用机制，不断增强法律的协同性，助推案件办理质效的进一步提升。

三、境外证据域内适用的分类判断

在现代刑事司法中，各国均未对用以证明刑事案件事实的证据在概念中做出过多的限制，如我国虽然在《刑事诉讼法》中将证据细分为八类，但却明确规定“可以用于证明案件事实的材料，都是证据”。此外，作为英美法系代表的美国，在《联邦证据规则》第402条规定“相关证据具有可采性”，即具有相关性是作为证据并被采信的最低要求；[①] 作为大陆法系代表的德国，则在《刑事诉讼法》中对证据的种类与形式进行了穷尽的列举。[②] 虽然目前世界主要国家均对证据的种类或形式采取开放性态度并尽可能地进行广泛的定义，但同时基于现代司法理念与人权保障的要求，也均对证据的准入与适用提出了前所未有的严格要求。如我国与主要

① 参见王进喜：《美国〈联邦证据规则〉条解》（第二版），中国法制出版社2023年版，第69－70页。

② 参见［德］维尔纳·薄逸克、［德］萨比娜·斯沃博达：《德国刑事诉讼法教科书》（第15版），程捷译，北京大学出版社2024年版，第198－199页。

大陆法系国家基本均以证据能力为基础，对非法证据与无法补强的瑕疵证据作出排除适用的规定，英美法系国家则以可采信的概念对不具备可采性的证据进行准入禁止。但无论是证据能力的概念还是可采性的概念，其核心都是属于对证据准入控制的法律资格与条件的规定，也是证据规则的基础概念，其根本的作用是评判相关的证据能否在刑事诉讼中作为证据使用，并以其作为认定相关事实的依据。①

境外证据的适用问题其实在严格意义上分为两个层面，一是境外证据的准入问题，二是境外证据的采信问题，前者是后者的基础与前提，在学术界定中一般将前者归结为证据法上的程序问题，后者为证据法上的实体问题。② 在当前司法实践中，境外证据的域内适用问题则主要集中在对境外证据的准入判断，境外证据的适用应当符合我国《刑事诉讼法》及有关司法规定是基本的共识。目前，学界对境外证据适用问题的研究与分析均立足于境外证据的准入审查与判断，然后基本是在对境外证据不做区分的前提下，基于不同价值取舍与判断提供境外证据适用的整体解决方案。但相关研究却几乎均忽略了一个重要问题，即虽然同为境外证据，却由于境外证据获取依据的差异，以及境外证据收集、提供主体的差异而导致不同种类境外证据在证据准入判断中会存在着实质区别，尤其是在当前境外证据取得的多元化已经取代了传统单一的司法协助境外取证的情形下，此种差异与区别则显得更为突出与显著。因此，应当以域内刑事诉讼及相关法律法规对境外证据的适用为基础，基于境外证据的取得方式与来源的差异，对境外证据的域内适用进行分类的系统重构。

（一）协助型获得境外证据的域内适用

司法协助是刑事司法实践中获取境外证据最为传统的方式，其以与国家或地区间签订的刑事司法协助条约、互惠原则或外交途径联系为基础。根据我国《国际刑事司法协助法》第二章第一节的规定，具体程序由需要司法协助的办案机关制作刑事司法协助请求书并附相关材料，经所属主

① 参见陈瑞华：《比较刑事诉讼法》（第二版），北京大学出版社 2023 年版，第 214 - 216 页。

② 参见冯俊伟：《域外取得的刑事证据之可采性》，载《中国法学》2015 年第 4 期，第 251 - 252 页。

管机关审核同意后，由对外联系机关及时向外国提出请求。被请求的国家或地区在收到并审查同意后，被请求国的办案机关便可根据相关请求提供相应的司法协助。目前我国已与全球近 70 个国家与地区签订了刑事司法协助条约，根据前述刑事司法协助条约与我国关于刑事司法协助的规定可以发现，境外证据的协助取证仅是国际刑事司法协助的部分内容，国际刑事司法协助还包含查封、扣押、冻结涉案财物，没收、返还违法所得及移管被判刑人等相关协助事项，但刑事司法协助的各种事项都存在着一个共性特征，即刑事司法协助的开展对于请求国与被请求国而言均非一般意义上的国内司法行为，而是一种国家的主权行为，所以在传统国际法上，鉴于各主权国家一律平等，所以请求国对于被请求国协助取证的行为并无权复查，通过刑事司法协助取得的境外证据一般当然具有证据准入资格。① 即请求国应当承认通过司法协助方式获得的境外证据都可以在本国的诉讼中适用，否则不仅会妨碍刑事正义的实现，也直接违反了刑事司法协助的目的。②

同时，根据我国参加的《维也纳条约法公约》第 26 条规定，“凡有效之条约对于其各当事国有拘束力，必须由各国善意履行之”。因此根据国际法当中的条约优先原则，当一个国家缔结或参加了某一国条约后，该国际条约优先于国内法适用，我国《国际刑事司法协助法》第 10 条、第 13 条的规定也体现了条约优先原则，因此，相关立法实践表明我国在条约与国内法关系的问题上采取的是“优先适用条约规定”的一般立场。③ 此外，就境外证据的取证与适用，我国与其他国家或地区签订的刑事司法协助条约一般均有以下内容：④ 一是特别程序需求的提出，如约定请求书在必要或可能的范围内应当就关于执行请求时希望遵循的特别程序及理由进行说明。二是司法协助的准据法适用，如明确请求应当按照被请求方的

① 参见何家弘主编：《证据的审查认定规则：示例与释义》，人民法院出版社 2009 年版，第 295 - 297 页。

② 参见杨云骅：《境外取得刑事证据之证据能力判断》，载《台湾大学法学论丛》2014 年第 6 期，第 14 - 16 页。

③ 参见万鄂湘等：《国际条约法》，武汉大学出版社 1998 年版，第 191 - 193 页。

④ 具体参见我国与美利坚合众国政府、日本国、法兰西共和国政府、大不列颠及北爱尔兰联合王国、意大利共和国政府等签订的刑事司法协助条约。

法律执行，如被请求方法律未予以禁止，则应在可能的范围内按照请求中提出的要求予以执行。三是获取证据的适用，如规定司法协助、协定的任何条款均不妨碍请求方在其宪法或法律基本原则下的义务范围内，在刑事诉讼中使用或披露资料。

综上，通过司法协助获取境外证据，是基于两国间刑事司法协助条约的一种国家主权行为，此种国际合作是主权让渡，是为了实现共同打击跨国犯罪和深化国际合作的一种礼让与共享。① 因此，在域内适用此类境外证据时，不应再对此类证据在其取证过程中被请求国国内法适用的情况进行审查，② 而应将司法协助获取境外证据的程序及司法协助请求的约定内容作为证据准入的审查重点，当其具备我国《关于适用〈中华人民共和国刑事诉讼法〉的解释》第 77 条第 1 款规定的要件，该司法协助所获得的境外证据能说明证据的来源、提供人、提取人、提取时间等证据获取情况，且不在双边条约及司法协助请求对该证据提出明确适用限制的范围内，即应当认可该境外证据具备域内适用的证据能力，可以在我国的刑事诉讼中作为证明案件事实的证据适用。

（二）合作型获得境外证据的域内适用

虽然传统刑事司法协助获取境外证据因其属于国家主权行为而赋予了所获取证据更高的合法性公信力，但由于其取证效率低、联通渠道单一、取证请求要求高及适用国家与区域少等因素的影响，目前各类便捷、高效的司法合作、区域合作、警务合作等合作型境外取证已成为我国获取境外证据的主要途径。同时，由于我国一国四法域的特殊国情，四法域之间均不存在司法协作的证据取证模式，通过各方的相关合作则是目前获取域外证据的唯一方式。因此，目前的状况进一步大幅增加了我国内地适用合作型获得境外证据的情形。但是由于合作型获得的境外证据不具备国家主权对证据合法性的肯定，且合作的模式、途径、方法等存在着多样性，所以

① 参见段存广：《从绝对主权到实效主权：对国家主权原则的再认识》，载《河南师范大学学报（哲学社会科学版）》2003 年第 1 期，第 55－56 页。

② 国际通行的惯例亦是如此，如《国际刑事法院罗马规约》第 69 条第 8 款规定“本法院在裁判一国所收集的证据的相关性或可采性时，不得裁断该国国内法的适用情况”。

此类境外证据在域内适用时应当区分不同的取证方式进行更为全面的证据准入审查。

首先，境外执法机关取证移交的境外证据。境外执法机关应请求代为取证时通常会有两种取证方式，由于两种取证方式所依据的准据法不同，因此相关境外证据在域内适用时亦应当进行区别对待。一是根据请求国要求的取证程序或方式进行境外取证，请求国所提出的取证程序性要求一般是根据其国内取证程序规定，也是为了在相关境外证据取得后在域内的适用没有争议，所以此类证据的证据准入应当直接以证据使用地的程序法来进行证据的适用判断。二是按照境外执法机关所在国的国内取证程序法进行取证，此类证据取得的合法性由取证国的程序法所赋予，根据最高人民检察院 2022 年印发的《关于办理涉外刑事案件若干问题的指导意见》规定，如相关境外证据符合取证地法律规定的取证程序，可以作为证据使用，此时境外证据的域外取证合法性判断等同于域内证据适用时的合法性判断。

其次，国内执法人员境外直接取证的境外证据。在传统的国际法观点中，境内执法人员是没有境外执法权的，但为了打击危害性极大的跨国犯罪，国际合作也在不断地加强与深入。当前国内执法人员通常会以联合调查的方式参与境外取证，具体的取证方式则有两种：一是联合调查的各方单独取证，二是联合调查的各方共同取证。因此，上述联合调查的境外取证通常就会在取证的过程中出现境外取证程序法与域内取证程序法的混同。此时，基于前文提及的合法性等同判断，在域内适用此类联合调查取得的境外证据时，应当以证据取得地与证据适用地的法律规定同时对相关境外证据进行评判，但并不要求同时符合两地的法律规定，相关境外证据只要符合其中一地的法律规定即应当肯定其已达到证据的准入标准，具备相应的证据能力。

最后，境外证据存在瑕疵的补强适用。在我国的刑事司法实践中，瑕疵证据与非法证据之间存在着严格的界限，两者并不是相同概念，在我国刑事诉讼的相关法律法规中亦规定了多个种类的证据在存在瑕疵时并不是必然地排除适用，此时仅是相关证据的证据能力待定，只有在相关瑕疵证据不能补正、补强时，其才真正地丧失证据能力不得予以适用。同样，境外证据也必然会有存在瑕疵的可能性，根据我国关于境外证据适用的现有规定，外国机关未提供境外证据的发现、收集、保管、移交情况等材料，境外证据存在瑕疵时，检察机关可以要求公安机关对相关境外证据的来源、移交过程等情况作出说明，由两名以上侦查人员签名并加盖公安机关印章，经审查能够证明案件事实的，可以作为证据适用。因此，我国瑕疵证据补强适用的相关规定与原理在境外证据当中亦同样适用，存在瑕疵的境外证据只有在无法补正、补强的情况下才予以排除适用。

（三）境外证据域内适用的衡平判断

根据我国刑事诉讼相关法律法规及司法解释性文件规定，我国对诉讼证据审查的基本逻辑是以关联性、客观性与合法性的“三性”审查为基础。其中，合法性是决定相关证据是否具备证据能力，判断证据准入与否的关键因素。[①] 同时，我国非法证据的判断标准严格，要求严格遵循相关法律规定，瑕疵证据则属于证据能力待定，其能否适用需要视相关证据补全或补强的程度进行判断，因而现有的司法实践当中更多的是基于证据的具体形式来进行证据能力的判断，而上述两类证据均界定为侦查机关取证过程中所形成的存在证据能力缺陷的证据。[②] 由于当前境外证据的适用应当符合我国《刑事诉讼法》及有关司法规定是境外证据域内适用的基本共识，因此，前述证据能力为基础的证据准入判断亦必然地映射并移植至境外证据的司法实践当中。可是此种套用却存在着一个明显的弊端，因为境内的瑕疵证据取证是由国内的执法机关取证于境内，其证据补全与补强的空间更大、效率更高，具有更为实质的现实可能性。但是由于境外证据通常是由境外执法机关代为取证这一特殊因素，所以当相关模式套用于境外证据时，则极大地降低了相关证据补全或补强的可行性，必然会使得相关的瑕疵境外证据因瑕疵的无法补全或补强而丧失证据能力，致使无法在域内作为证据适用。针对上述问题我国目前的司法实践并无切实可行的解决方案，而此种情形的证据排除适用并不能彰显涉外刑事案件中应有的打击跨境犯罪与保障人权的双重价值平衡。

目前，境外其他国家在司法实践中对证据能力存在缺陷的境外证据并

① 参见龙宗智：《论我国诉讼证据审查要素及审查方法的调整改革》，载《法学研究》2023 年第 4 期，第 169 – 171 页。

② 参见陈瑞华：《刑事证据法学》，北京大学出版社 2013 年版，第 306 – 310 页。

不必然排除适用，而是将对相关证据准入的判断由取证程序的合法性评价转移至取证程序瑕疵及不法对证据的真实性、本国的国家安全、主权、个人权利、司法公正等的实质性影响来进行综合的衡平评价，在证据真实性得以保障且其他要素对本国不产生实质性的重大侵害及负面影响时，应当对相关境外证据予以适用。如在英国的司法实践中，其通常不会以自由裁量权来排除那些在本国以外以不符合规范方法所获得的可靠证据，只有在相关非法取得的境外证据适用会使得本国司法公正受到严重影响时，相关的证据才会被予以排除。① 在德国的司法实践中，其判断境外证据是否可以适用，主要通过判断境外取证的法律依据或实践是否触及“不可弃守之普遍法治原则”，如果违反则相关境外证据不可适用。② 在日本的司法实践中，其法院通过对境外证据的适用，以判例形成了“对照日本宪法或刑事诉讼法上之价值标准”的证据排除标准，其仅在有难以采信的违法性时，才否定其证据能力。③ 在美国的司法实践中，其基于“国际银盘理论”形成了境外证据属于非法证据排除的例外，不适用非法证据规则的传统，并在此传统的基础上以判例的形式确定了境外证据“震撼良知”的适用排除标准。④

综合上述当前世界各国对境外证据排除适用的主要实践模式，我国未来在进一步构建与完善境外证据的适用与评判体系时，应对现有境外证据相关法律规定中“符合我国《刑事诉讼法》及有关司法解释规定”的理解作出广义解释，界定为是否在实质层面符合我国的法律规范，足以保障所获取证据的真实性，⑤ 通过对境外证据的实质性审查，以综合的价值判

---

① 参见王世洲主编：《现代国际刑法学原理》，中国人民公安大学出版社 2009 年版，第 212－214 页。

② 参见李佳玟：《境外或跨境刑事案件中的境外证人供述证据：“最高法院”近十年来相关判决之评释》，载《台湾大学法学论丛》2014 年第 2 期，第 520－523 页。

③ 参见邱鼎文：《论经由司法互助取得证据之证据能力：以传闻法则与排除法则为中心》，台湾东海大学法律学院法律研究所 2012 年硕士学位论文，第 65－66 页。

④ 参见杨宇冠：《非法证据排除规则的例外》，载《比较法研究》2003 年第 3 期，第 59－60 页。

⑤ 参见陈苏豪：《跨境刑事证据审查判断的要素检视》，载《现代法学》2023 年第 6 期，第 195－197 页。

断来最终衡平地决定境外证据的适用与否。

（四）当事人等提供境外证据的域内适用

在各国的刑事诉讼制度中，制定证据取得相关规定目的在于抑制相关的违法侦查，而排除违法侦查所非法收集的证据则是最佳的方法。[①] 所以对于证据取得的规定，以及由其所延伸出来的非法证据、瑕疵证据概念及相关的证据适用规则均仅适用于刑事追究机关，而不包括私人的相关取证。[②] 所以在司法实践中对于案件当事人、辩护人、诉讼代理人所提供证据的审查重点则在于证据的真实性，而此种真实性的一个重要体现则为相关证据取得的来源清晰且有相关证明。据此，由于案件当事人、辩护人、诉讼代理人提供的相关境外证据不是通过官方合作渠道获得，亦非由境外执法机关提供，所以国内法对此类境外证据提出了更为严格的准入标准，要求对于此类境外证据应当依据我国刑事诉讼的相关法律规定，对其合法性与真实性坚持更为严格的证据准入审查。如最高人民法院于2021年颁布的《关于适用〈中华人民共和国刑事诉讼法〉的解释》第77条第2款规定，“当事人及其辩护人、诉讼代理人提供来自境外的证据材料的，该证据材料应当经所在国公证机关证明，所在国中央外交主管机关或者其授权机关认证，并经中华人民共和国驻该国使领馆认证，或者履行中华人民共和国与该所在国订立的有关条约中规定的证明手续，但我国与该国之间有互免认证协定的除外。”即属于外国证据的境外证据一般应当遵循“证明+双认证”的程序才能在司法实践中得到适用。[③] 而类似来自于我国香港特别行政区等地属于域外证据的境外证据则应根据司法部的相关规定，遵循指定公证转递的程序才能获得证据准入资格。

此外，由于目前我国与境外国家或地区所签订的刑事司法协助条约中并无对跨境被追诉人权利保障的任何制度安排，跨境被追诉人无权通过司

① 参见［日］田口守一：《刑事诉讼法》（第七版），张凌、于秀峰译，法律出版社2019年版，第476－477页。

② 参见［德］维尔纳·薄逸克、［德］萨比娜·斯沃博达：《德国刑事诉讼法教科书》（第15版），程捷译，北京大学出版社2024年版，第501－502页。

③ 参见李少平主编：《〈最高人民法院关于适用《中华人民共和国刑事诉讼法》的解释〉理解与适用》，人民法院出版社2021年版，第201－202页。

法协助条约途径获得境外刑事证据，也无权直接要求请求国排除通过司法协助途径所获得的证据，所以在现实当中的确可能会对案件当事人产生一定程度的不利影响。① 但是排除案件当事人、辩护人与诉讼代理人作为直接通过司法协助或者跨境警务合作等方式申请境外证据的主体，并不代表其不能通过前述方式获得境外证据，其仍然可以依据国内《刑事诉讼法》的相关规定，通过向国内的侦查机关、检察机关及审判机关提出境外证据的调取申请，由国内相关的司法机关作为适格主体通过司法协助、司法合作等方式获取境外证据，此时司法机关的积极作为是实现打击犯罪与权利保障的双重价值的体现。

四、我国域外证据适用机制的构建

我国特有的“一国两制三法系四法域”的格局在确立后已稳定地延续多年，而可以预见的是此种格局仍将在今后较长的时间内继续维持。但就我国现有的司法实践情况而言，我国内部的区际刑事司法协助构建无论是在实践操作层面，还是法律规范层面都明显地落后于涉外刑事司法协助的构建，此种区际刑事司法协助的现状不仅会制约我国区际经济与社会深度发展融合，而且其与现实需求脱节会更进一步地演变为加剧矛盾与冲突的深层次问题，其中的域外证据取得与适用即为当中的核心问题。澳门与内地虽然在法律体系中存在不同，但两者所能提取的共性却远远大于差异，而且相较于其他区际法域，澳门与内地在社会、经济等层面的联系与融合度亦最高。因此，我国的区际刑事司法协助应当以内地与澳门的刑事司法协助及证据适用构建为突破点与基点，在结合两地刑法、刑事诉讼程序法共性及司法协助传统的基础上，构建我国域外证据适用的新机制，随着此类新机制的成熟与有效运作，也将为后续国内不同法域间刑事司法协助的深入开展奠定坚实的实践基础。

（一）域外证据移交前的本地法域合法性审查

在内地与澳门现有的司法实践中，对涉外刑事司法协助所接受的域外

① 参见冯俊伟：《论跨境追诉中的辩护权保障——主要以域外取证为例的分析》，载《中国刑事法杂志》2019 年第 4 期，第 131 – 132 页。

证据，均需要在刑事诉讼过程中进行合法性审查及评判方能采纳，而此种审查与评判主要是基于域外证据提供方证据取得的合法性为基础。因此，在粤澳两地刑事司法协作的证据互换部分，应当由证据提供方在证据移交前完成对该证据的本地法域合法性审查，且仅在相关证据均符合本地法域证据合法性要求，具备本地的证据能力后才能将证据移送另一法域，这样不仅有利于证据接收方法域的证据采信，也有利于维护移送证据方本法域的司法权威，而基于两地检察院在刑事诉讼中的定位与立场，此项职能应当由检察院负责更为适宜。

一是合法性的监督定位。内地检察院的宪法定位是法律监督机关，法律监督的职能覆盖了刑事诉讼的全流程，① 随着在刑事诉讼中主导责任的不断实质化，内地检察院在刑事诉讼中对证据合法性的审查作用越来越为之凸显，不仅承担了起诉前非法证据的排除责任，亦承担了庭审中证据合法性的举证责任。同时，澳门检察院的一项重要职责即是监督法律的实施，② 澳门《司法组织纲要法》第56条第2款第5项规定“监察刑事警察机关在程序上的行为”，结合澳门《刑事诉讼法典》上相关的规定，澳门检察院同样要求其在行使检控权时监督侦查活动的合法性，同时排除非法证据的适用，并监督法院审判职能是否依法履行。

二是刑事诉讼中秉持的立场。客观公正是行使检察权的根本原则，也是现代检察制度确立和不断发展的基础性原则。③ 粤澳两地法域的渊源均为大陆法系，秉持客观公正立场对客观性义务的遵循是粤澳两地检察院作为司法机关最大的共性所在，两地检察院在刑事诉讼过程中虽然同样负有对犯罪提起公诉的职责，但其却并非与刑事案件的当事人决然对立，检察院作为社会公平正义的代表，其除了追诉犯罪外仍要保障人权，同时在刑事诉讼中不但要收集、审查有罪及罪重的证据，同样要求收集、审查无罪及罪轻的证据，也只有在全面收集、审查证据的基础上，检察院才能客观

---

① 参见张建伟：《刑事诉讼法通义》（第二版），北京大学出版社2016年版，第159－160页。

② 参见邱庭彪：《澳门刑事诉法法分论》（修订版），社会科学文献出版社2014年版，第20页。

③ 参见童建明、孙谦、万春主编：《中国特色社会主义检察制度》，中国检察出版社2022年版，第195－203页。

公正地还原案件事实，通过刑事诉讼中的司法公正进而实现社会公平正义。

（二）域外客观性证据的分层适用

书证、视听资料与电子数据均为典型的客观性证据，均是以特定载体所记载、表现出来的内容来证明案件事实的证据，[①] 粤澳两地对于此类证据所定义的内涵基本一致，但在刑事诉讼体系中所表现出来的形式会存在差异。围绕相应的差异，粤澳两地在刑事司法协作中亦应当分为三个不同的层次来开展。

一是公文书书证的移交采纳。在澳门诉讼法中，公文书的概念为“公共当局在其权限范围内、或公证员或被授予公信力之官员在其所获授权之行事范围内依法定手续缮立之文书”。[②] 澳门《刑事诉讼法典》第154条规定，“如并无对公文书或认证文书之真确性或其内容之真实性提出有依据之质疑，则该文书所载之实质事实视作获证明”。因此，在澳门的刑事诉讼中，公文书因其出具主体具有公权力的特性，故其证明力较一般证据更高，除非提出实质性、有效的质疑，其所证内容应当被采信。

我国内地对公文书的定义与澳门基本一致，其范围为“国家公职人员依职权制作的文书。我国机关、企业事业单位、社会团体在其职权范围内制作的文书均属公文书”，该类证据在刑事诉讼中的实践适用也与澳门基本一致。同时，此类证据在粤澳两地的刑事司法实践中不仅采用的数量多，证明力强，且在各类案件中均具有必须性及普遍性，因此该类证据的互换应为两地刑事司法协作的重点，且该类互换证据在诉讼中应该得到直接的采纳。

二是其他书证、物证、视听资料、电子数据的审查采纳。其他书证、视听资料及电子数据因其出具、产生、形成或持有的原始主体为非公权

---

① 参见张建伟：《证据法要义》（第二版），北京大学出版社2016年版，第190页、第301页。

② ［葡］Manuel Leal - Henriques《澳门刑事诉讼法教程》（上册），卢映霞、梁凤明译，法律及司法培训中心出版2011年版，第155 - 156页。虽然澳门《刑事诉讼法典》为对该文书种类作出定义，但其在司法实践中适用该法域《民法典》第356条的相关定义。

力，所以其不具备因公权力而附随的公信力，但此种公信力的不足不代表证明力的强弱，更不能直接否定其证据能力，① 粤澳两地在刑事诉讼中亦未对域外相关证据作出排除适用的规定。最高人民法院《关于适用〈中华人民共和国刑事诉讼法〉的解释》第77条明确规定了在刑事审判中境外证据的采纳标准："……经人民法院审查，相关证据材料能够证明案件事实且符合刑事诉讼法规定的，可以作为证据使用……"澳门《刑事诉讼法典》第112条与第114条也规定了澳门法域具体的刑事诉讼证据采信标准。这就意味着，两地在相关证据采纳与否上，决定于对相关证据遵循各自域内刑事诉讼的法律规定进行证据能力的审查结果，在确认境外相关证据具备证据能力后，其当然地纳入刑事案件的证明体系中作为证据适用于证明案件的相关事实，且在粤澳两地的司法实践中均有生效的刑事判决予以支持。②

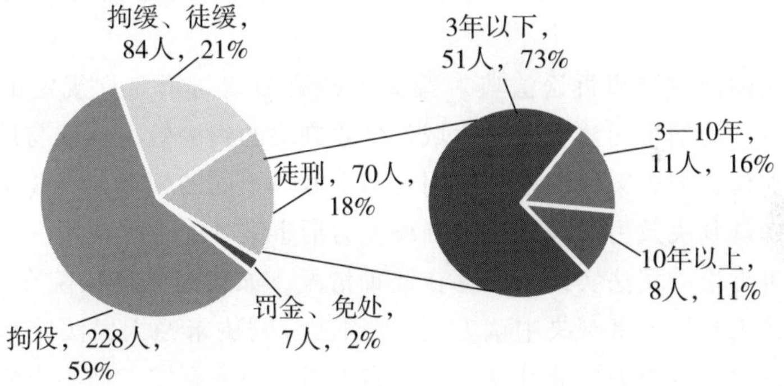

图2-4-2 2017年1月1日—2022年4月12日Z市已判决澳门籍人员刑事案件

如图2-4-2所示，2017年1月1日至2022年4月12日，Z市已判决澳门籍人员刑事案件389人，其中，粤澳两地刑事司法协作所涉及的被判处3年以上有期徒刑共19人，其中犯诈骗类犯罪6人，走私类犯罪9

① 参见陈瑞华：《刑事证据法学》，北京大学出版社2013年版，第77-79页。

② 如澳门特别行政区中级法院第778/2012号司法上诉裁判书，其在判决中采纳了内地公安机关提取的电子数据作为证据。又如广东省珠海市中级人民法院（2018）粤04刑终8号刑事判决书，该判决中采纳了澳门司法警察在搜查中扣押物证及调取的书证作为认定案件事实的证据。

人，两类罪名占比约为79%，判处3年以上有期徒刑的重刑案件有接近80%为经济类犯罪，该类刑事案件证据组成的一个重要特点即为一般书证及电子数据类客观性证据繁多，所以两地刑事司法协作中必须要面对与解决上述证据间的司法协作，而全面移交、审查采纳的模式不仅能满足相关刑事案件证明体系的构建，同时不违背粤澳两地各自原有的证据采信标准与原则。

三是域外生效判决的本地证据化适用。域外判决的承认涉及本法域内司法主权的重大问题，所以无论是内地或澳门都对本法域内对域外判决的承认与执行作出了详细规定，都需要本地法院以审判程序对域外判决作出确认后才能在本地进行刑罚的执行。因此，粤澳两地判决互认此类深层次问题，在两地刑事司法协作构建的初期应当予以回避，但两地域外生效判决的本地证据化适用则仅为一个证据互换的协作问题，其不但有利于两地相关刑事案件办理中定罪、量刑的公正合理，同时亦具有现实的可操作性。

根据澳门《刑事诉讼法典》第218条第1款与第3款规定的差异表明，在澳门的刑事司法实践中，域外生效判决的判决效力承认与域外生效判决单独作为刑事案件的证据适用是两个截然不同的领域，其并不排除在澳门未确认判决效力的域外生效判决作为刑事案件的证据使用。同时，在我国民事诉讼的司法实践中亦存在此种情况，如最高人民法院在（2015）民提字第150号民事判决中认为，“外国法院判决未经人民法院承认，在我国不发生法律效力，故其认定的事实不属于免证事实，但不影响人民法院将该判决作为证据之一，而应结合本案其他证据予以认定”。同样，澳门生效判决在内地的证据化适用并不违反我国《刑事诉讼法》的相关规定，仅其判决所认定的事实不属于免证事实，但在其他证据的印证下其所认定的事实可以且应当在法庭审理中予以认定。

（三）域外刑事司法鉴定的限缩与补强适用

虽然司法鉴定的意见或结论带有一定的主观性，但因其鉴定对象及所使用的鉴定规则和标准具有客观性，且此种客观性具有基础性及决定性意义，所以该类证据的互换也应纳入粤澳两地刑事司法协作的构建中。同时，司法鉴定的有效性及证据能力的确定，取决于鉴定的发起、鉴定对象来源、鉴定主体、鉴定程序、鉴定依据等方面。就总体而言，两地的共通性远远大于差异，因此在对存在争议的鉴定范围作出一定的限缩及完善相应的鉴定补强方式的基础上，两地的刑事司法鉴定意见在进行证据互换后，应当能被采纳进入各自的刑事案件证明体系。

一是刑事司法协作中司法鉴定内容及种类的限缩。刑事司法鉴定在现代刑事司法实践中的应用越来越广泛，传统的狭义刑事司法鉴定如法医学类及物证类等鉴定，因其所依据的技术标准、规则或科学规律更为稳定与客观，因此其所得出的鉴定意见分歧更少，但新型的广义刑事司法鉴定如价值鉴定及价格认定等，则因为鉴定的参照标准多变、鉴定体系主观性因素较多，得出的鉴定意见往往分歧较大。澳门《刑事诉讼法典》第 149 条规定，“鉴定证据固有之技术、科学或艺术上之判断推定为不属审判者自由评价之范围”。因此，粤澳两地刑事司法协作中所涉及的司法鉴定的内容及类型，应为传统的客观性更强的狭义刑事司法鉴定。

二是刑事司法协作中司法鉴定主体的限缩。澳门《刑事诉讼法典》第 139 条第 2 款对三种不同鉴定主体资格作出了一个优先适用的规定，只有在前一鉴定主体无法或不适宜作出鉴定后方采用后一鉴定主体作鉴定，而首选的则是“适当之场所、实验室或官方部门”，其代表则为澳门司法警察局的刑事技术厅。与之相较，内地的刑事司法鉴定主体所强调的必要且充分条件是，鉴定机构及鉴定人员具有相应的法定司法鉴定资质，而具有相应的资质的机构或人，其鉴定资质必然是官方授予的，但却并不必然都属于官方机构，现实的情况是官方有鉴定资质的机构与社会有鉴定资质的机构并存。综合两地的现行法律规定与司法实践，粤澳两地刑事司法协作在刑事司法鉴定中对鉴定主体应当作出一定程度的限制，如将其限缩在刑事司法鉴定的鉴定主体为官方机构时，则其鉴定的主体资格的有效性应能为两地所共同接受。

三是完善刑事司法鉴定的补强方式。澳门与内地都作出了鉴定人出庭作证的规定，但是在司法实践中并不是所有刑事案件的鉴定人都会出庭作证，而依申请或依职权确定的鉴定人出庭应为极个别案例，但如将司法鉴定作为证据纳入粤澳两地的刑事司法协作构建框架中来，就必须对此种可能出现的情况以证据补强的方式予以完善。此种补强的方式亦可以采用优先顺序的设置方式，据此，首先，根据澳门《刑事诉讼法典》第 144 条的规定，在听证前鉴定人以书面的形式对鉴定中各方所异议的问题作出书面补充解释。其次，可以在听证过程中以远程视频的方式出庭作证。上述两种可能补强方式可以同样适用于内地的司法实践，即两地结合本法域内的相关规定各自进行本地化的证据补强。

随着国际、区际交流越来越紧密，跨境走私犯罪方式也会愈加复杂，走私犯罪必然会将大量境外证据带入刑事诉讼程序中，如何审查适用境外证据并不仅仅是个案问题，而已经成为类案需要解决的紧迫性障碍。“如果收集的证据不可采纳，在审判中不能实现任何真正的目的，那么刑事取证的全部问题都变得多余了”①，对境外证据的适用问题会影响走私案件事实的呈现，如何审查认定证据已然成为法律必须要回答的问题。在当前境外证据取得方式多元化的情形下，应当以域内刑事诉讼法及相关法律法规对境外证据的适用为基础，基于境外证据的取得方式与来源的差异，来对境外证据的域内适用进行分类的系统重构。在我国特有的“一国两制三法系四法域”的背景下，我国的区际刑事司法协助应当以内地与澳门的刑事司法协助构建作为基础，在结合两地刑法、刑事诉讼程序法共性及司法协作传统的基础上构建我国域外证据适用的新机制，并以此为基础，最终整体构建具有中国特色的现代化区际刑事司法协助新模式。

---

① 冯俊伟：《域外取得的刑事证据之可采性》，载《中国法学》2015年第4期，第265页。

第三章　内地与港澳打击走私犯罪刑事司法协助问题

第一节　跨境走私与区际刑事司法协助概述

一、内地与港澳的跨境走私犯罪

（一）走私犯罪的跨境性

随着“一国两制”的实现，我国单一制结构形式下的行政区域发生了变化，在一般行政区域和民族自治地方之外，增设了特别行政区。内地、香港、澳门是在主权国家内部具有相对独立法律制度的行政区划范围，是一种新型的基于社会制度的不同而设立的特殊地方建置。香港、澳门实行高度自治，享有独立的立法权，沿用不同的法律渊源，内地与港澳对于法律结构、体例、术语以及法律事实和行为的定性也往往不同，从而造成了刑事法律基本原则和基本制度的差别。

根据海关合作理事会通过的《关于防止、调查和惩处违犯海关法行为的行政互助国际公约》（即《内罗毕公约》）的规定，“走私”是指以隐秘方法偷运货物越过海关边境的瞒骗偷漏罪。我国国境线长达4万公里，目前在内地、香港、澳门、台湾有四个不同的关境区，① 适用不同的海关法律制度。内地与港澳三地的关税政策、贸易管制法律、进出口管理法律不尽相同。在内地，关税是政府的财政来源之一，大部分进口商品均涉及税收监管，依据我国《进出口关税条例》的规定，国家发布并定期

① 因研究需要，本章暂不讨论台湾关境区的问题。

调整进出口税则和进境物品进口税率表。内地刑法将走私犯罪作为类罪规定，针对不同走私具体对象和行为设立了不同的走私罪名。走私的对象包含全部的涉税商品和国家禁止、限制进出境的货物、物品（如武器弹药、贵重金属、珍稀植物及其制品）等。根据香港和澳门基本法的规定，香港特别行政区和澳门特别行政区均为自由贸易区，实行自由贸易政策。香港除贸易管制类商品有碳氢油类、酒类、甲醇、烟草四种商品在进出口环节征税外，其他货物入境均实行免税政策。香港关于走私犯罪的规定散见于《进出口条例》（第60章）、《应课税品条例》（第109章）、《危险药物条例》（第134章）、《化学品管制条例》（第145章）、《有组织及严重罪行条例》（第455章）等。澳门刑法中没有走私罪的罪名，类似内地刑法中有关走私武器、弹药，珍贵动物、珍稀植物和淫秽物品的行为，由澳门的《刑法典》《对外贸易法》《文化遗产保护法》等相关法规对其进行规范。此外，我国已经签订了数十个打击犯罪的国际刑事公约，其中许多内容与打击走私有关，如《联合国禁止非法贩运麻醉药品和精神药物公约》（以下简称《联合国禁毒公约》）、《联合国打击跨国有组织犯罪公约》，这些公约在港澳回归之后仍然适用港澳。

随着港澳回归，内地与港澳的交流合作日益拓宽深化，互涉法律和司法问题日渐增多。走私犯罪往往是利用内地的消费需求和关税税制，以及港澳特殊地理位置或者法制差异进行犯罪活动，并隐匿于内地与港澳之间的贸易往来及资本流动当中，甚至利用港澳作为贸易自由港、国际金融中心和具有发达的博彩业的特殊区位特点进行跨境逃跑、跨境销赃和跨境洗钱。早期的厦门远华走私案，赖昌星犯罪集团在厦门关区采取进口货物不报关、伪报贸易性质、伪报货物品名等手法，走私货物的价值高达530亿元，偷逃税款300亿元。① 目前我国走私犯罪形势仍然非常严峻，特别是广东省毗邻香港和澳门，地缘位置特殊，边境线复杂，又拥有我国首批三个经济特区，“泛珠三角区域合作”“粤港澳大湾区”和“横琴粤澳深度合作区”的战略规划支持以及港珠澳大桥的开通，陆地海上交通方便，

---

① 《厦门特大走私案首批案件一审公开审判》，载光明网，https：//www.gmw.cn/01gmrb/2000－11/09/GB/11%5E18599%5E0%5EGMA1－020.htm，最后访问日期：2024年7月14日。

粤港澳之间的经贸联系更为紧密。犯罪嫌疑人频繁利用粤港贸易体制和跨境执法与监管的漏洞，从海上、水上、旅检、货运、跨境电商渠道进行有组织走私活动，走私呈现多头并进态势。据2023年海关总署广东分署发布的数据，广东省内海关缉私部门共立案侦办走私犯罪案件2186起，案值458.8亿元，偷逃税款达57.2亿元。①

（二）区际刑事管辖权冲突

“区际”是从法域的概念引申，主要是指一个复合法域国家内，各法域之间在法律的属地性与属法性问题上的相互关系。② 法域是一个法制与地域相结合的概念，在一定地域范围内立法体制、法律体系、司法制度自成一体并具独立性的涵义。香港、澳门的回归和将来海峡两岸的统一，中国形成“一国两制三法系四法域”的局面，四个法域在统一的主权国家内部，是独立的、平等的、非主权性的，一国之内多个法域并未改变我国单一制国家结构性质，各法域就是作为一个国家共同体的组成个体，共同体各方相互包容，同舟共济，都有维护国家统一与主权的共同义务。

内地和港澳跨境走私犯罪意味着走私行为必须跨越两个或两个以上的法域，境内外人员互相联络、接应、配合，常常表现为共同犯罪形式。运送走私货物的方式包括海上、空中、陆地等各种交通工具，空间跨度大，借助互联网和大数据等科技，向着智能化和现代化的方向发展。当跨境走私犯罪因犯罪主体、犯罪行为或犯罪结果涉及两个以上的法域时，必然受到两种以上法律制度的约束，不同法域的刑罚差异巨大，如内地走私毒品犯罪的最高法定刑为死刑，而澳门《毒品犯罪法》规定的不法贩卖毒品罪的最高法定刑为16年徒刑，不同的管辖使同一行为可能受到截然不同的刑罚处罚。

一个主权国家多法域的存在使得刑事管辖权在不同法域的确定和划分变得格外复杂，各法域刑事管辖权独立而自成体系，均在各自的刑事法律中明确了自身刑事管辖权的行使原则。从法律适用而言，每个法域的法律

---

① 《粤海关2023年立案侦办走私犯罪案件2186起》，载中国新闻网，https://baijiahao.baidu.com/s?id=1791684474539783859&wfr=spider&for=pc，最后访问日期：2024年7月14日。

② 参见马进保：《中国区际侦查合作》，群众出版社2003年版，第9页。

对各自辖区内的人和事都具有充分的效力，完全可以运用其独特刑法体系、刑事司法机构和刑事司法程序进行妥善处理受该法域管辖的行为，而排斥对方刑法在自己实际控制区域内的适用。任何一个法域的管辖权也都会表现出域外的刑事管辖权特征，当不同法域均基于自身的刑事管辖原则对同一犯罪主张管辖权时会产生刑事管辖权冲突。单纯主张一方的刑事管辖权而完全否认另一方，都有违刑事管辖权确立的基本原则。如果一个法域固守自身的刑事管辖权，而置国家利益于不顾，犯罪分子就有可乘之机。为解决司法权的域外效力之间的矛盾，保证各法域刑事诉讼活动的顺利进行，理论学者致力于寻求协调冲突，提出各法域司法机关解决管辖冲突的参考建议。在刑事管辖权的行使方面，可以由最有利于审判、最有利于打击犯罪的一方管辖，不行使管辖权的法域对对方的司法活动予以尊重，并产生协助的义务，共同实现主权国家刑事司法目的。

二、我国开展走私犯罪区际刑事司法协助的实践

（一）我国区际刑事司法协助的现状

根据《中华人民共和国香港特别行政区基本法》第 95 条和《中华人民共和国澳门特别行政区基本法》第 93 条的规定，香港特别行政区和澳门特别行政区可与全国其他地区的司法机关通过协商依法进行司法方面的联系和相互提供协助。这是国家在处理不同法域司法协助关系上的基本态度，为我国区际司法协助设立了基本框架。自 1998 年起，最高人民法院与香港特别行政区律政司以及澳门特别行政区律政司，经过多次协商一致在相互委托送达司法文书、调查取证、相互执行民商事判决等方面签订了具有约束力的区际民商事司法协助安排，基本实现了内地与港澳民商事司法协助的全面覆盖。三地遵从本法域的司法体系并通过一定的法律程序将这些安排转化为各自法域的法律制度，然后贯彻执行，这是我国区际司法协助取得的重大突破。

关于区际刑事司法协助的探讨未曾间断。海峡两岸也在民间机构的推动下，签署了《海峡两岸红十字组织有关海上遣返协议》（1990 年）作为双方遣返刑事犯及嫌疑犯的依据；以及《海峡两岸共同打击犯罪及司法互助协议》（2009 年），确立了两岸共同打击犯罪的原则与模式，明确

了刑事司法互助的范围，包括文书送达、调查取证、罪赃移交、裁判认可、人道探视以及罪犯移管等，并且把走私犯罪和跨境有组织犯罪纳入其中作为重点打击的犯罪类型，使两岸刑事司法互助从个案合作转向制度化合作。

但内地与港澳的区际刑事司法协助基本限于警务合作与个案协查，存在“警热法冷”的现状。① 从20世纪80年代开始，内地检察机关与港澳廉政公署就联手办理涉港澳公职人员犯罪案件实施“个案协查”的合作模式，形成了“各自立案，共同调查”“以当地法律为基础搜集和提供证据”的工作原则，② 个案协查的内容也在实践中从单一的调查取证发展到查询银行资料、追缴赃款赃物、联合行动等方面，并被广泛运用于职务犯罪、电信诈骗、走私以及毒品犯罪案件中。但个案审查内容上基本还是框架性条款，在协查取证过程中存在审批程序烦琐、查询犯罪信息难、调取证人证言客观阻力大的问题。港澳特别是澳门比较满足于与外界长期合作形成的“个案合作”机制，倾向于通过非规范化的惯例方式解决遇到的具体问题。③ 个案协查机制虽然为内地检察机关与港澳廉政公署办理相关案件提供了重要的渠道，是一种行之有效的区际刑事司法协助实践，但终未形成规范的司法流程与明确的法律制度。随着职务犯罪侦查部门转隶和机构改革，由国家监察委负责反腐败刑事司法协助工作和国际合作，与港澳之间已建立起来的交流合作并未能有效地持续发展，涉港澳协查案件量也明显下降。2022年度，澳门廉政公署共跟进29宗协查个案，其中12宗的请求方为内地机关请求廉政公署协查的案件，4宗为廉政公署向内地机关提出请求协查的案件。④ 2022年澳门廉政公署工作报告前言中明确提

---

① 参见宋锡祥、王富世：《内地与澳门刑事司法协助问题新探》，载《学术交流》2019年第10期，第90页。

② 参见陈雷：《我国区际刑事司法合作的实践与发展》，载《国家检察官学院学报》2013年第5期，第140页。

③ 杜磊：《内地与港澳区际刑事司法协助问题初探》，载《江汉大学学报（社会科学版）》2017年第3期，第20页。

④ 《2022年澳门廉政公署工作报告》，载澳门特别行政区廉政公署网站，https://www.ccac.org.mo/tc/annual_report_details/article/livl4g8n.html，最后访问日期：2024年2月2日。

出，期望澳门与内地能够建立刑事司法协助安排，让区际方面的刑事合作能有法可依。

（二）走私犯罪区际刑事司法协助以警务合作为主

警务合作是警察机关在警察事务领域内为完成特定的警务活动而相互提供支持、协助、配合，也有称侦查合作，[①] 或者侦查协助。警务与狭义的刑事司法协助有高度交叉，内容基本重合。港澳回归之前，内地与港澳在打击跨境犯罪的区际警务合作起步较早，主要在国际刑警组织框架下，通过国际刑警组织中国国家中心局广东联络处与港澳地区警务、保安部门合作打击跨境犯罪。港澳回归后，内地与港澳警务通过广东省公安厅外事办公室和广东省公安厅港澳警务联络科两个渠道继续开展刑事警务合作。内地以公安部的名义与港澳警察部门签订了一系列关于打击犯罪的合作协议、合作谅解备忘录等，规定双方在打击犯罪、开展案件协查、交流犯罪情报经验以及人员培训等内容。

港澳海关也充分利用毗邻优势，进行统一部署和协调行动，开展情报信息的线索交换和情报互通以及定期与不定期的会晤，联合开展专项行动打击跨境走私和有组织犯罪，在合作中也以协议、备忘录等形式确立了警务合作的一些具体事项，但区际警务合作过程中受到法律文化、法律制度以及司法机构设置的影响，双方合作更多停留在行政框架协议层面，大部分案件仍然采用"一案一协商""一事一合作"的模式。内地与港澳在警务合作中也尝试了一些制度化的安排设计，2000 年和 2001 年，公安部港澳台事务办公室分别与香港、澳门签订了《内地公安机关与香港警方关于建立互相通报机制的安排》《内地公安机关与澳门特区政府保安司关于建立互相通报机制的安排》。在此基础上，2017 年，内地与香港签署了《关于就采取刑事强制措施或刑事检控等情况相互通报机制的安排》，公安部赋予海关总署缉私局、广东省公安厅直接向香港通报的权力，香港海关、香港警务处、入境事务处作为香港的通报单位，双方可以针对一些包括走私案件在内的动态情报进行对口通报与交流。内地与港澳海关和警务的合作也逐步从框架协议到个案的协助，由概括性原则到具体的措施与步

① 马进保：《中国区际侦查合作若干问题研究》，载《福建公安高等专科学校学报》2003 年第 1 期，第 36 页。

骤，取得较好的打击跨境走私的效果。

第二节　跨境走私犯罪的调查取证刑事司法协助

调查取证是刑事司法协助中最重要也是最基础的组成部分，直接关系到对刑事犯罪的追诉、诉讼的顺利进行和法院对案件事实的判断，被学者们称之为“小司法协助”。① 在民商事领域，内地与香港、澳门均签署了关于相互委托调查取证的安排，值得我国区际刑事司法协助借鉴。

一、走私犯罪调查取证刑事司法协助的职能机关

（一）三法域的职能机关

我国区际刑事司法协助是在“一国两制”之下的平等法域之间开展的司法协助活动，由国家授权专门的职权机关来履行，依法在刑事诉讼活动中享有相应侦查职权的机关可以成为区际刑事司法协助调查取证活动的职能机关。

在内地，公安部是公安机关进行刑事司法协助和警务合作的中央主管机关，地方各级公安机关依照职责分工办理刑事司法协助事务和警务合作事务。自1998年开始，我国实行“联合缉私，综合治理，统一处理”的缉私体制。内地打击走私违法犯罪最主要的职能单位是海关总署、公安部门和海警部门，1998年成立的海关缉私局是国家在海关总署设立专门侦查走私犯罪的公安机构，同时也是公安部下属第24序列局，配备专职缉私警察，受海关总署和公安部的双重领导，管辖海关关境内发生的涉税走私犯罪案件和海关监管区内的非涉税走私犯罪案件。2018年我国组建海警局，履行海上维权执法职责，对海上发生的走私刑事案件行使侦查权。地方公安机关管辖非海关监管区的非涉税走私犯罪案件。

香港海关是香港负责查截走私活动最主要的职能机关，2003年5月

① 参见王铮：《国际刑事司法协助中的调查取证》，载《政法论坛（中国政法大学学报）》1998年第1期，第14页。

成立税收及一般调查科，辖下打击私烟活动的私烟调查组和专门打击非法燃油活动的私油及一般调查组。香港海关还设立版权及商标调查科专责打击侵犯知识产权活动。自2013年1月起，香港海关成立有组织罪案调查科，负责对各种海关范畴内有组织罪案进行调查，并联合香港警方建立了一支海上联合特遣队查缉走私。此外，香港警务处下设行动处的香港水警，也负责防止海上走私及非法入境活动。

根据《澳门司法组织纲要法》（第9/1999号法律）和《澳门刑事诉讼法典》的规定，刑事侦查是由检察院领导，澳门警察总局履行刑事案件侦查职责，澳门海关享有刑事侦查和协助司法警察局开展走私侦查和调查工作。海关关长具有刑事警察当局的身份，海关关员在行使监察、巡逻和刑事侦查职能时，被视为刑事警察机关。澳门保安司也履行刑事侦查、治安管理和出入境控制等职责。

（二）职能机关的归口联络与直接联系

在国际刑事司法协助中，还有一个中央机关或“对外联络机关”的概念，是在国际刑事司法协助中“提出、接收和转递”刑事司法协助请求，处理其他与国际刑事司法协助有关事务的机关，以维护国家的统一形象，体现了国家对外代表的一致性，有利于国际刑事司法协助工作的统一管理。但区际刑事司法协助是一国之内不同法域之间开展的司法协助活动，不属于国防和外交事项，与港澳开展的协助活动不应设立由中央机关转交的联络渠道，以免影响取证效率。内地与港澳民商事安排中，均没有设立相应的中央机构，实现了司法机关之间的直接合作，在实践中证明是可行的。在区际刑事司法协助中，各法域参与调查取证刑事司法协助的职能机关多元化，就可能会出现数个机关同时具有处理权限而无法协调的情况，甚至造成多个机关之间互相推诿。因此，内地与港澳调查取证的刑事司法协助中，职能机关的归口联络和对口协作机制是必要的。

归口联络机制是指粤港澳三地警方分别自行设立独立的一个部门，专门负责管理有关刑事警务合作的日常工作机制。如在国际刑警组织框架下，国际警务合作就可以通过国际刑警组织的渠道落实并完成，更加便捷快速。在检察机关的“个案协查”机制中，也形成了最高人民检察院统揽全局、指导个案协查具体开展的高层协调机制。最高人民检察院个案协查办公室（后更名司法协助处）设在广东省检察院，内地各级检察机关在办理需要请求港澳协查取证业务和协同出境调查任务的案件时，均需通过该专门窗口进行。

最高人民法院、最高人民检察院、公安部、司法部、海关总署《关于走私犯罪侦查机关办理走私犯罪案件适用刑事诉讼程序若干问题的通知》（署侦〔1998〕742号）规定了在全国范围通缉、边控走私犯罪嫌疑人，可以由公安部进行联络请求国际刑警组织或者境外警方协助。2000年公安部发布《关于加强对内地公安机关赴港澳调查取证工作管理的通知》（公刑〔2000〕1047号），再一次明确了内地公安机关赴港澳调查取证须经得公安部批准，由公安部驻港澳警务合作联络官通报香港警务处或澳门司法警察局。因此，公安部国际合作局和港澳台事务办公室是统管全国公安机关与香港警方刑事警务合作事宜的归口联络单位。通过归口联络有利于双方对案件的集中管理与协同作战，有助于把握案件整体情况。

我国区际刑事司法协助，刑事案件诉讼一般发生在基层，若将司法协助内容逐级审批至公安部，环节复杂，费时费力，有违诉讼高效与经济的原则，也可能导致刑事案件在法定的诉讼时效期间内无法办结，不利于及时打击犯罪。考虑到广东特殊的地理位置，三地产生刑事司法协助的几率相当高，广东地区的检察机关依托地理优势和政策照顾，在珠海和深圳设立个案协查办事处，与港澳廉政公署、检察院就个案直接进行协查合作，承担本地及协助全国检察机关涉港澳协查取证业务和协同出境调查任务，有效地提高内地与港澳的协查效率。根据公安部《公安机关与港澳纪律部队交流合作管理办法》和广东省公安厅《关于印发〈广东省公安机关与港澳纪律部交流合作工作规范〉的通知》规定，广东省公安厅增设“国际合作与港澳联络办公室”，简称“国合办”，广东省公安机关与港澳警方之间的执法合作通过“国合办”进行直接联络。广东省公安厅与港澳警务部门逐渐建立了对口部门直接联络机制，并授权深圳、珠海市公安局港澳警务联络科与港澳直接联络。广东省公安厅刑侦局缉毒戒毒处分别与香港毒品调查科以及商业罪案调查科的直接联络，内地与港澳在禁毒领域建立的24小时情况通报和“缉毒联络官”制度,[①] 深圳、珠海公安边防支队与香港警方建立的反走私联络员制度以及珠澳陆路口岸警务联络机制等，都是直接联络的有效形式，有助于双方在警务合作事项方面保持密切合作。

同样，海关总署也加强与香港海关和澳门的密切合作，签署《海关总署与香港海关合作互助安排》(2000年)、《海关总署与澳门海关合作互助安排》(2004年)、《海关总署与澳门特别行政区政府关于在澳门特别行政区管理水域和陆上边界预防及打击走私犯罪的合作安排》(2016年)、《海关总署与香港海关深化风险管理合作安排》(2023年)，促进双方建立更紧密的联系，在海关整体合作框架下，粤港澳三方也积极探索直接联络，开展高层会晤、工作会议、定期拜访、建立热线等措施，形成打击跨境走私犯罪的合力。

在“互联网+”时代，内地与港澳的联络更加快捷。2001年，粤港澳三地建立了“粤港澳三地警方网上合作平台”，利用现有的加密电邮专线系统推动双方在犯罪动态及线索协查等方面深化合作。2009年，粤港澳三地警方签署了“网上合作平台建设谅解备忘录”，并开通“网上合作平台”，通过平台实现重要警务信息的及时共享。在民商事领域，内地人民法院与澳门特别行政区法院共建了区际司法协助的网络平台，通过以电子方式促进两地司法协助的高效性。在区际刑事司法协助的实践中，也可以进一步扩大这些网络平台的功能，通过平台直接向对方提出协助请求和协助事项，开展常态化的联系和情报信息交换，通过案件的在线转递、在线办理与在线追踪为区际刑事司法协助的开展提供更加快捷的协调和联络渠道。

二、走私案件境外调查取证刑事司法协助的范围

由于走私行为本身的性质，必然涉及境外环节，收集的境外资料常常成为证明走私行为的重要证据。区际刑事司法协助中的调查取证对控方诉讼职能的履行以及辩方诉讼权利的保护都有着积极意义。结合检察机关个

---

① 参见张秋波：《打击跨境有组织犯罪区际警务合作制度研究》，载《山东警察学院学报》2015年第3期，第103页。

案协查机制中关于协查事项的内容规定，从我国开展区际刑事司法协助的实践来看，针对跨境走私案件调查取证协助主要包括以下范围：

（一）查找、辨认有关人员

查找、辨认有关人员是指一方请求另一方采取必要的调查和监测手段，确定请求方所列举人员的行踪和停留处所，或者甄别请求方所列举人员的身份。《海峡两岸共同打击犯罪及司法互助协议》中使用的是“确定关系人所在或确认其身份”的表述，两者的意思一致，即确定有关人员的“行踪”和“身份”，包括确定一个人的身份所必需的特征或者其他有关信息。查找或辨认有关人员是境外追捕和移交犯罪嫌疑人的前期侦查行为，它为追踪犯罪嫌疑人的下落，锁定其行踪提供协助。经查找、辨认之后，被请求方可以将其查找到的有关信息提供给请求方，包括上述人员在被请求方出入境记录、住宿记录、居留处所记录，就业或其他活动信息，特别是辨别隐匿或者变换了原有身份或个人特征的上述人员。

（二）获取并提供有关人员的证言或者陈述

获取并提供有关人员的证言或者陈述，属于言词证据，有关人员包括证人、鉴定人、犯罪嫌疑人等。委托询问获取有关人员的证言或陈述的情况下，通常一方会向被请求一方提交书面的询问提纲，由被请求方按照请求方的要求代为询问，并制作好询问笔录。请求方对于证据形式或取证程序有特殊要求的，在不违背被请求方法律规定的情况下，被请求方会尽可能满足其要求。如香港法域如果希望证人或鉴定人在宣誓后提供证言，内地法律虽不明确要求证人必须进行宣誓，但也不禁止此类取证方式的，可以按照香港法域的要求进行。在海关总署与香港海关的合作互助安排中均有协助一方到另一方约见指定的知情人或相关人员的规定。但是，在从事上述约见行为时，必须表明其身份并征得知情人或相关人员的同意，因此，近年通过合作渠道约见在香港知情人及相关人员的成功率极低。

（三）获取并提供有关物品、文件、记录和电子数据

文件、记录、物品属于书证和物证的范畴，均属于实物证据，包括走私货物、物品、海关出境报关材料、单证、合同、银行资金转移记录等。电子数据是我国2012年《刑事诉讼法》的一种新的证据种类，是案件发生过程中形成的，以数字化形式存储、处理、传输的，能够证明案件事实

的数据。[①] 电子数据一般存在于计算机、网络、手机、存储卡等电子设备所构成的虚拟空间中，具有存储内容的海量性、形态的易变性、变动的可察觉性以及内容的难以直接感知性的特征。[②] 目前跨境走私案件的电子数据大多可能表现为电子合同、电子账册、单位内部的电子信息资料、电子邮件等。在内地，这些电子数据存在于海关的电子审单中心、海关现场查验地的自动对账系统以及海关总署的电子数据库；在香港特别行政区、澳门特别行政区，则存在香港工业贸易署、澳门经济局的电子数据库以及香港、澳门海关的电子数据库等。相较于传统的实物证据，电子数据在取证方式、取证难度和证据的证明力方面均有所不同，而且比传统实物证据更容易被隐藏、转移和毁损。

（四）查询、核实涉案财物、金融账户信息

“涉案财物”主要是指与追诉刑事犯罪有关的物品、财产，早期又称为“涉案的赃款赃物”,[③] 是行为人通过法律禁止的手段所获取的财产、孳息及其收益，包括实施犯罪所使用的财物、犯罪工具，犯罪所取得的非法财产、物品或因犯罪所得到的酬劳，以及用违法所得进行交换所得到的物品等。如海关在现场查验通关货物时发现有走私嫌疑的通关货物和运输工具，这些赃款赃物同时也是证明犯罪事实的重要证据，对于赃款赃物扣押或移交也属于调查取证的一种方式，但是，将赃款赃物作为刑事案件的证据移交给请求方后，一般情况下须在使用完毕后将该等证据归还被请求方，除非被请求方放弃归还要求。在内地检察机关与澳门开展个案协查的实践中就有应内地请求就调查、追缴和移交赃款赃物提供协助的成功个案。

由于银行等金融机构奉行为客户资料保密的业内准则，对金融账户资

---

① 2016 年 10 月，最高人民法院、最高人民检察院、公安部联合发布的《关于办理刑事案件收集提取和审查判断电子数据若干问题的规定》（法发〔2016〕22 号）第 1 条。

② 参见陈永生：《电子数据搜查、扣押的法律规制》，载《现代法学》2014 年第 5 期，第 112－114 页。

③ 2006 年 4 月，最高人民法院《关于严格执行有关走私案件涉案财物处理规定的通知》中，明确指出涉案财物就是涉案的赃款赃物。

料的调取会涉及金融机构对客户资产安全和隐私的保护限制，体现了一定强制性。如果内地公安机关向香港申请查询金融资料，香港警方须首先向高等法院申请调查令，内地在澳门调取银行账户资料和其他资产时，银行以及一些房产管理局等部门以保护客户隐私为由拒绝执行，造成司法协助的障碍。目前，联合国的一些国际公约明确要求缔约国不得以保守银行秘密为由拒绝提供相关调查的协助，各国也在努力对传统的国内银行保密法进行改革，促使在一定条件下协助提供或者扣押银行记录、财务记录等。

（五）勘验、检查或搜查有关场所、物品、人身

勘验、检查和搜查行为是侦查中常用的方法，可以发现和搜集犯罪活动所遗留下来的各种痕迹和物品，是发现和取得第一手证据的重要途径。勘验、检查或者搜查的侦查行为可能是带有强制性的，甚至涉及有关人员的人身权利或财产权利。各法域对上述行为都有明确的程序规范，包括搜查的对象、搜查的理由、搜查的权限和搜查的程序等。香港《刑事事宜相互法律协助条例》规定，内地如果向香港提出搜查身体、物品和场所时需要向律政司提出，并由律政司司长指定海关、香港警务处等向裁判官申请搜查令。搜查之后也没有要形成笔录的要求，在内地法庭出示这些搜到的物品时，往往会存在认定的困难。

三、调查取证刑事司法协助取证的模式

调查取证刑事司法协助的核心是选择适当的取证模式，确保迅速有效地获取刑事证据。我国海关缉私享有行政执法与刑事司法两大职能，对走私犯罪的境外取证主要是通过双方警务合作或刑事司法协助渠道，也可以通过行政合作互助的方式进行，在境外调查取证的过程中涉及行政程序与刑事司法程序的相互转换，达到法域间调查取证的目的。一些国际刑事公约，如《联合国禁毒公约》《联合国打击跨国有组织犯罪公约》中关于刑事司法协助的规定为各法域开展司法协助也提供了统一原则和合作平台，区际刑事司法协助在一定程度上可以借鉴公约关于司法协助的具体方式和程序内容，提高通过司法协助获取走私犯罪境外证据的效率。

（一）委托取证

委托取证是指一法域委托证据所在法域的执法机关代为收集证据，再

将证据材料移交给请求方的取证方式。委托取证方式无需派员前往证据所在地，是在充分相信对方取证效力的前提下开展的，这种取证方式成本较低且效率高。委托取证也是司法协助取证制度发展的起点，最高人民检察院个案协查机制中规定了这一取证方式，[①] 海峡两岸的刑事司法互助也认可这一取证模式。

然而，委托调查取证方式也受到双方法律制度差异等因素的影响，使调查取证工作较为笼统，各法域对于委托取证缺乏积极性，配合意愿不高。特别是在调查技术落后、取证程序不规范的情况下，委托取证所获得的证据材料不能满足请求方所需要的证据形式或要求，可能会在请求的法域丧失证据资格或者证明力减弱，导致证据链不完整，使得证据的整体效力大打折扣。

（二）派员取证

派员取证是一法域允许请求方派员直接到被请求方境内，按照请求方的取证要求、取证技术和手段，与被请求方一起参与调查取证的协助活动，是一种直接调查取证方式。派员取证需要请求方执法人员在一定程度上介入了调查活动，可以更好地进行说明、解释和沟通工作，有助于帮助境外执法机关更详细地了解案件，提高调查取证工作的针对性，使收集到的证据会尽可能地符合请求一方的刑事诉讼的需要和程序性要求。个案协查机制中，派员调查取证的案件一般属于重特大案件，或者案件的主要证人或重要证据在香港特别行政区、澳门特别行政区，案件协查需要办案人员在场提供补充信息的情形。早在 2012 年，香港海关就有通过内地取证成功的案例，在一起检控跨境走私集团犯罪，香港海关需要 4 名内地证人的证言，于是根据《证据条例》请求内地法院为案件提供取证协助。经内地海关部门协调安排，香港海关连同区域法院法官以及控辩双方律师代表分三阶段到深圳市中级人民法院进行取证聆讯，最终获取的证供在香港

① 最高人民检察院《关于进一步规范涉港澳个案协查工作的通知》（高检发外字〔2000〕24 号）。

区域法院审讯中得到接纳。[1] 这是香港和内地海关派员取证合作的实践。

派员取证看似理想，但却容易对其他法域的执法权造成一定的冲击，取证行为有时得不到对方法域的理解和支持，如请求派员赴港开展调查取证，最快需要半个月左右时间才能得到答复，时限上难以满足内地公安机关取证要求，[2] 导致实际操作空间并不大。在《海峡两岸共同打击犯罪及司法互助协议》中便没有规定可以“派员调查取证”模式。内地为规范派员取证程序，出台一系列规定，如公安部《关于加强公安机关涉香港工作集中统一领导的通知》（公通字〔1998〕47 号）、公安部《关于地方公安机关与香港警方等纪律部队交往问题的通知》（公通字〔1999〕89 号），其中《关于加强对内地公安机关赴港澳调查取证工作管理的通知》（公刑〔2000〕1047 号）中明确规定凡港澳警方可代为调查取证的，各地不派赴港澳调查小组。可见，直接派员跨区域调查取证并不是首选做法。从程序上来说，根据对口联络的相关规定，广东省公安机关赴港澳调查取证工作由广东省公安厅审批，并报公安部备案。同意赴港澳取证的，在港澳停留的时间不超过 5 天，极大地影响了取证效率。

（三）联合取证

联合取证是由双方法域的执法机关都联合参与到案件的取证过程，共同开展调查取证活动。联合取证意味着双方有高度的互信，愿意为对方的调查取证活动提供尽可能的便利，这种方式的取证程序符合各自的刑事诉讼程序要求，突破了传统取证协助形式的单一性限制，具有综合性的特点。欧盟地区为打击区域内共同犯罪组建的联合调查组，以及我国与东南亚国家为打击跨国贩毒组建的联合专案组等都属于联合取证的形式。2011 年震惊中外的“10·5 湄公河案”就是我国与老挝、缅甸、泰国开展国际间联合调查最为成功的典型案例。

目前内地与港澳开展联合打击走私活动的执法就属于联合取证的一

① 《香港海关首次通过内地取证成功检控跨境走私集团》，载中华人民共和国中央人民政府网站，https：//www.gov.cn/jrzg/2013 －02/08/content＿ 2330261.htm，最后访问日期：2024 年 7 月26 日。

② 参见叶氢：《粤港澳大湾区警务深度合作的困境与进路》，载《中国人民公安大学学报（社会科学版）》2022 年第 6 期，第 133 页。

种。参与取证的双方均享有独立的调查取证权利，符合双方各自的刑事诉讼程序要求，充分利用彼此的司法资源和力量，通过合作执法以及执法互助的方式联合开展调查活动。联合取证突破了调查形式的单向性，体现了合作双方在调查中的互动性，成为对付跨境犯罪最有效的合作形式，有效克服了犯罪嫌疑人利用不同的司法管辖区的地域局限逃避法律追究。联合调查的方式也比较灵活，既可以由各方根据事先共同协商确定的计划或分工在各自的领域内分别进行，也可以由各方派遣办案人员组成联合调查机构。联合调查的方式在区际警务合作也日益受到重视，以内地与郑某某犯罪集团成品油走私“0202”专案为例，该犯罪集团拥有各类走私船只近80艘，形成了供、运、储、销“一条龙”的组织严密的家族式集团走私网络，采用“蚂蚁搬家式”的方式在粤港两地进行成品油走私，涉嫌走私14亿元。[①] 粤港双方海关与警方积极探索执法互助，根据交换信息制定联合调查方案，从走私的货物的香港源头展开逆向调查，通过源头证据查清了犯罪团伙走私总量的事实。联合调查有效避免在不同法域内的重复工作，提升联合行动的效率。

（四）执法合作

执法合作是基于行政基础而提出，主要是针对某些犯罪的调查事项，涉及不同法域的法律制度和行政管理制度，要求法域之间有更为密切、更为经常性的合作。我国海关缉私部门兼具“警务”和“海关”两者特征，海关缉私部门在公安部的大力支持下，通过刑事司法协助渠道、海关合作以及行政互助渠道开展了大量区际警务执法合作。在内地，公安部门、海关、海警部门都属于执法机关，与港澳有关机关在打击跨境走私方面建立了执法合作关系，开展合作调查、信息资料和证据材料的交换等。相较于刑事司法协助的执行须遵循严格的法定程序，执法合作可在保持合法、有效且快捷的原则下遵循比较宽泛的程序规则，甚至可以不受“双重犯罪”标准的约束，控制下交付、化装侦查等特殊的侦查措施只要不违反法律的基本原则也可以采用。

---

① 广州市打私办、广州海关缉私局：《打击和预防“蚂蚁搬家”成品油走私活动的对策——关于郑某某集团走私案件的剖析》，载新浪网，https：//ent. sina. com. cn/2003 - 08 - 04/1028180840. html，最后访问日期：2024 年 7 月 17 日。

内地公安、海关、检察机关等已经与港澳有关机关建立了执法合作关系，构建了联络机制及合作机制，体现了双方有意愿在特定领域达成共识，加强执法行动的有效性。不同法域的执法机关之间签署合作协议，经合作各方的行政主管机关审议批准后立即生效。其中，海关总署与香港、澳门海关签署的合作互助安排最为典型，其中涵盖简化海关手续、情报交换、打击麻醉品和非法贩运、海关会晤制度、联络渠道等条款。区际海关在深圳湾口岸、广深港高铁口岸、港珠澳大桥口岸等也有系列规范性的执法文件，除了开展跨境执法也设置“联合执法区”等。广东省人民政府与港澳特别行政区依据基本法签署了《粤港合作框架协议》《粤澳合作框架协议》，明确了在内地公安机关与港澳警方完善打击跨境犯罪交流合作机制框架。《海关总署与澳门特别行政区政府关于在澳门特别行政区管理水域和陆上边界预防及打击走私犯罪的合作安排》（2016 年）以及《海关总署与香港海关深化风险管理合作安排》（2023 年），都是进一步促进双方加强打击走私犯罪的联动与协同行动。执法合作可以在特定的领域开展，如粤港澳海关知识产权执法合作、粤港跨境缉毒合作等；也可以在特定的区域开展，如《泛珠三角区域反走私合作协议》《珠江口西岸反走私合作协定》《开展港珠澳大桥口岸合作互助备忘录》，内地与港澳逐步形成多个区域性缉私合作模式。当然，内地与港澳之间打击跨境走私犯罪仅靠行政协议的框架性规定是远远不够的，必须形成从侦查到追赃全阶段的制度化的合作机制，才能更有利于提高司法效率，更有效地打击跨境走私犯罪。

总之，无论是哪一种取证模式，都会因涉及不同法域的司法制度与取证规则的不同而影响证据的完整性和有效性，造成被请求方采集的证据与请求方所需的证据形式存在差异，甚至导致域外收集的证据因不符合本法域程序法规定而不被采纳，这也成为区际刑事司法协助中调查取证所面临的最大障碍。在对外沟通交流日益方便的情况下，司法实践中对被追诉方境外取证的做法是认同的，① 因此，私人赴境外调查取证的现象也逐渐增多。

---

① 参见温克志：《涉外刑事证据规则研究》，中国政法大学出版社 2016 年版，第 193 页。

四、跨境走私调查刑事司法协助中证据的移交、审查与转换

在调查取证的区际刑事司法协助中，涉及证据收集的程序、证据移交的过程与证据使用的采纳问题，由于各法域在证据取得的主体、方式、程序、证据种类及其表现形式以及权利保障方面相关法律规则存在差异，会使得证据取得、证据能力和证据使用方面出现冲突，甚至可能导致证据能力被否定，无法在法庭上使用。因此，如何确保跨境获取的证据具有可采性或证据能力，可以在本法域使用，也是区际刑事司法协助调查取证的核心问题。

（一）关于境外取得证据的移交

境外证据移交，是指开展区际刑事司法协助的双方按照管辖的规定，由取得证据的一方移交证据材料给请求方的活动。证据移交是证据收集和证据审查之间的程序衔接点，有着承上启下的作用。一般而言，证据从收集到保管到移交需要经过较长时间，且整个移交过程需要开展司法协助的双方参与。早在2014年2月，在“513”走私冰毒案中，我国根据与澳大利亚的刑事司法协助条约，由广州海关缉私局向澳方移交了涉案毒品样品40克及涉案藏毒邮包、外包装等一批证据资料。该案是国内第一例通过国际司法合作渠道交换毒品证据的案件。[①] 因此，需要对移交程序加以规范，确保移交的程序性事项的顺利衔接，避免双方就证据移交产生争议。

区际刑事司法协助中对于证据移交过程涉及证据的固定、保管与移交三个环节。证据固定主要包括对走私的人物链、物流链和资金链等证据的固定，被请求方通过调查活动取得的证据材料，都应当尽快采用法定的形式将证据进行固定；证据保管需要由证据的制作者、提取者、保管者制作调查说明，以证明某一证据的提取、保管过程，确保证据在整个制作到固定的过程中证据转接环节的同一性，以防证据被调换、伪造。对于不同的证据种类，证据保管的要求不同，言词证据重点在于询问或讯问过程中的

---

① 《中澳联手打击跨国贩毒 转换毒品证据创国内首例》，载 https：//www.163.com/money/article/9N7CFB8D00253B0H.html，最后访问日期：2024年7月17日。

合法性。尤其是毒品案件中，对于境外获取的犯罪嫌疑人的供述等言词证据材料，应当慎重对待，公检法机关不能将外国移交的证据直接认定为案件证据。[①] 物证和书证等实物类证据往往不因取证主体和程序的不同而改变其与案件事实的客观关联性，只要收集、保管和依法移交，各个程序环节都不违背法定的诉讼程序，就能保障该类证据的真实性。对于电子数据，则要建立数据载体在不同主体之间流转的完整记录，保障境外电子数据内容的同一性和完整性，否则也会影响到移交证据的证据能力。

证据移交应确保整个过程连续、手续齐全、交接物品完整，与双方的交接清单记载的物品信息与交接物品一致。通过警务合作收集或者境外警方移交的境外证据材料，如果确因客观条件限制，未能提供相关证据的发现、收集、保管、移交情况等材料的，公安机关应当对上述证据材料的来源、移交过程以及种类、数量、特征等作出书面说明，由两名以上侦查人员签名并加盖公安机关印章。经审核能够证明案件事实的，可以作为证据使用。[②] 内地与港澳在实践中也逐渐对移交证据的程序和格式进行标准化统一，最高人民检察院通过司法解释对境外证据的移交程序予以明确，要求人民检察院参加现场移交境外证据的检察人员不少于二人。移交、开箱、封存、登记的情况应当制作笔录，由承办案件的检察院代表、外方移交人员签名或者盖章，一般应当全程录音录像。有其他见证人的，在笔录中注明。[③] 该规定符合我国刑事诉讼法对证据的要求，也能满足双方对于证据的原始状态和转移过程进行固定的要求。将刑事案件的证据移交给请求方后，一般情况下须在使用完毕后将该等证据归还被请求方，除非被请求方放弃归还要求。

（二）对境外取得证据的审查与适用

从国际司法协助的实践来看，出于对他国司法主权的尊重以及国际礼让原则，请求国在判断其可采性时，均体现出适度的退让，一般均会采纳

---

① 2005 年云南省高级人民法院等制定的《关于毒品案件证据使用若干问题的意见（试行）》第 4 项。

② 最高人民法院、最高人民检察院、公安部《关于办理电信网络诈骗等刑事案件适用法律若干问题的意见（二）》（法发〔2021〕22 号）。

③ 《人民检察院办理网络犯罪案件规定》（2021 年）。

境外证据，遵循“普遍采纳”模式，甚至还有不对证据的使用设置任何审查标准的“直接采纳”模式。① 跨境走私犯罪证据部分来自于境外，没有这些证据的审查认定就无法在本法域法庭使用由法官采纳，形成对涉案人员定罪量刑的证据链。内地与港澳均规定对于境外取得证据的审查要求，我国刑事诉讼法规定，来自境外的证据，只要能够证明案件的真实情况且符合法定要求的，履行了必要的证明手续，应当作为证据在刑事诉讼活动中使用。香港法律规定了通过刑事司法互助从其他司法管辖区内取得证据材料，都应当依据香港法律由控辩双方进行严格的质证，以保证在刑事法律程序公平的前提下采纳这些证据。澳门立法没有明确境外证据的审查方式，但并未禁止采纳在澳门特别行政区以外形成的公文书或私文书作为证据，澳门法院大多会结合个案的具体情况来评价域外取得的证据。

对于境外证据的审查，早在 2005 年海关总署缉私局、最高人民检察院侦查监督厅、最高人民检察院公诉厅、最高人民法院刑二庭联合发布的《关于走私刑事案件中境外证据的评定与使用有关问题的联席会议纪要》（缉私〔2005〕349 号）规定，海关缉私部门所获取的境外证据，只要反映形式客观、取得途径合法、与案情相关联并能与其他境内证据相互印证，就应当作为有效证据予以认定。该会议纪要确认了对境外证据的审查主要是针对证据的合法性、关联性和客观性进行审查。最高人民法院刑二庭《关于对海关总署缉私局缉私函字〔2006〕875 号函的复函》也确认了这一审查要求。显然，海关通过行政执法合作互助获得的境外证据的审查只是笼统地规定了需满足证据的“三性”要求。对任何境外取证程序未作任何审查规定。司法实践中，针对常见的跨境犯罪案件，如电信网络诈骗、网络犯罪以及跨境赌博犯罪案件等，相关的司法解释都对这些案件中境外证据的真实性和合法性审查方面提出要求，② 并且强调了对境外证据收集的合法性审查还应当包括对证据来源、取证手续以及证据的移交、

① 参见唐彬彬：《我国区际刑事司法协助中境外证据的采纳：现状与完善》，载《公安学研究》2020 年第 5 期，第 60 页。

② 最高人民法院、最高人民检察院、公安部《关于办理电信网络诈骗等刑事案件适用法律若干问题的意见（二）》（法发〔2021〕22 号）；《人民检察院办理网络犯罪案件规定》（2021 年）；最高人民法院、最高人民检察院、公安部《办理跨境赌博犯罪案件若干问题的意见》（公通字〔2020〕14 号）。

保管、转换等程序的审查。[①] 最高人民法院《关于适用〈中华人民共和国刑事诉讼法〉的解释》(2021 年) 第 77 条第 1 款对境外证据审查基本上沿袭了上述规定。[②]

一般而言,境外证据与国内证据在关联性和客观性审查方面基本是一致的,但在合法性审查方面有较大差异。区际刑事司法协助中的调查取证模式不同,合法性审查的要求也不同:联合调查模式下,双方执法机关都参与到案件的调查取证过程中,调查取证程序符合各自的刑事诉讼程序要求,取得的证据只要不违背各自的证据法规则,就是合法有效的;派员调查是由请求方派员到被请求方收集证据,按照请求方的取证要求、取证技术和手段进行取证,证据的取得本来具有合法性。刑事司法协助中的证据审查的重点发生在委托取证的情况下,因为证据是委托被请求一方的执法机关所取得,所以需要通过一定的程序予以审查和认定。

境外委托取证一般包括委托和取证两个重要环节:其中委托环节主要审查其委托手续的合法性,对于启动了请求方与被请求方刑事司法协助或警务合作的取证程序,只需对境外证据材料和证据移交过程进行真实性审查即可。[③] 该规定实际上是默认了通过刑事司法协助等手段获取的境外证

---

① 《人民检察院办理网络犯罪案件规定》(2021 年) 第 59 条规定:人民检察院对境外收集的证据,应当审查证据来源是否合法、手续是否齐备以及证据的移交、保管、转换等程序是否连续、规范。

② 最高人民法院《关于适用〈中华人民共和国刑事诉讼法〉的解释》(2021 年) 第 77 条第 1 款规定,"对来自境外的证据材料,人民检察院应当随案移送有关材料来源、提供人、提取人、提取时间等情况的说明。经人民法院审查,相关证据材料能够证明案件事实且符合刑事诉讼法规定的,可以作为证据使用,但提供人或者我国与有关国家签订的双边条约对材料的使用范围有明确限制的除外;材料来源不明或者真实性无法确认的,不得作为定案的根据"。

③ 最高人民法院、最高人民检察院、公安部:《关于办理电信网络诈骗等刑事案件适用法律若干问题的意见》第 6 条之(三):依照国际条约、刑事司法协助、互助协议或平等互助原则,请求证据材料所在地司法机关收集,或通过国际警务合作机制、国际刑警组织启动合作取证程序收集的境外证据材料,经查证属实,可以作为定案的依据。公安机关应对其来源、提取人、提取时间或者提供人、提供时间以及保管移交的过程等作出说明。对其他来自境外的证据材料,应当对其来源、提供人、提供时间以及提取人、提取时间进行审查。能够证明案件事实且符合刑事诉讼法规定的,可以作为证据使用。

据具有天然的合法性，可以在诉讼过程中使用，体现了人民法院基于公权信赖的逻辑，以及对提供刑事司法协助的双方相互尊重的态度，从而能够有效地赋予证据相应的证据能力，将其作为定案依据，实现刑事追诉的目的。

对于取证环节，不同的取证模式都会根据取证程序以及参与司法协助的双方法域的关系来判断不同取证主体取得证据的证据能力。一般而言，取证程序要符合证据所在地的法律规定，取证环节还要强调审查材料来源、提供人、提取人、提取时间等，① 以排除非法证据的出现，这体现了对于境外收集证据从委托到协助执行到保管移交的闭环式过程的延续性的重视，以加强对证据真实性的要求。

境外取得的证据的合法性在于符合证据所在地的法律以及审判所在地法律的双重考量，而不在于对取得的证据的事后予以公证认证来保障其客观性和合法性，应适当减轻当事人一方对境外搜集取证的难度与各项成本，保障辩方能够通过有效途径获得有利于被告人的证据，而且这种证据应该与控方所获得的证据适用同样的标准进行审查评价，以真正体现诉讼中的控辩平等原则。

（三）区际刑事司法协助中的证据转换

证据的转换是指通过司法协助获得的境外证据，由于受到境外主管机构与附加的相应的限制使用条件，司法机关通过证据转换的方式，变更其证据形式等形式要件，从而使该境外证据达到作为诉讼证据使用的标准和条件并据以认定案件事实的模式。② 证据转换为国内法律认可和采信的机制，在刑事司法协助的过程中尤为重要。依照香港和澳门的法律规定，香港警方或澳门警方对内地警方提供的证据材料不得直接用作证据，必须另

① 最高人民法院《关于适用〈中华人民共和国刑事诉讼法〉的解释》（2021年）第77条第1款规定，“对来自境外的证据材料，人民检察院应当随案移送有关材料来源、提供人、提取人、提取时间等情况的说明。经人民法院审查，相关证据材料能够证明案件事实且符合刑事诉讼法规定的，可以作为证据使用，但提供人或者我国与有关国家签订的双边条约对材料的使用范围有明确限制的除外；材料来源不明或者真实性无法确认的，不得作为定案的根据”。

② 参见温克志：《涉外刑事证据规则研究》，中国政法大学出版社2016年版，第99页。

行加以转化。①

1. 境外取证的特定性原则与境外证据的限制使用

通过刑事司法协助获得案件相关的证据资料，具有合目的性要求，使用时要遵循特定性原则，即证据材料只能在该协助允许的有关程序限度内使用，如用于证明特定案件、特定事项中，如果确实需要在此限度范围以外披露和使用全部或部分证据材料时，则须获得被请求方的同意，这是各法域为了防止证据被滥用而限制其用途的做法。如国际刑警组织章程也明确规定通过国际刑警组织调查移交一些资料或调查结论，只能作为情报信息资料使用，而不能直接作为诉讼证据。我国《国际刑事司法协助法》和《海峡两岸共同打击犯罪及司法互助协议》均明确了刑事司法协助（互助）取得证据的特定性原则。在内地与港澳的民商事调查取证安排中，也有关于委托取得的证据材料限制用于委托书提及的相关诉讼的规定。

走私案件通常需要收集走私集团在境外海关等部门留存和备案的出境报关资料，这些出境资料可以与我国海关在入境报关的申请资料相比对，以确定其走私犯罪的基本事实。一般而言，报关资料一经提交海关审核通过并留存备案，即被视为公共信息资料。如果资料不涉及国家利益和公共利益，一方提出调查收集此类文件资料时，被请求方通常都会同意并提供。但是为了免除自身出庭作证的程序性负担以及其他不可预知的法律风险，这些资料的提供者通常会事先对该类文件资料提出使用限制，并将限制使用的要求明确标注于文件资料之中。如香港海关常常在材料上标明“内部资料，仅供参考”或者“只作情报用途，不得向第三者透露或作法庭证供之用”。在海关总署与港澳海关合作互助安排中的“特别协助”也明确规定，经一方请求，另一方将安排请求方在本地约见请求方指定的知情人或相关人员，被约见的人员所提供的情况和材料将不得作为法庭证据使用。

诸如此类的规定均限制了该证据材料的使用，办案机关无法将此类文件资料直接作为证据用于认定案件事实。当内地执法机关要求香港执法部

① 参见张郁、王文松：《粤港澳大湾区刑事司法互助之调查取证研究》，载《南海法学》2023 年第 4 期，第 77－78 页。

门根据内地法庭审查的要求，办理证据转换时，常常也会遭遇到香港海关的拒绝，对方主张其提交的证据材料均严格依照香港当地的审判程序办理，在内容及形式上无法按照其他要求办理。总之，需要通过证据转换才能使境外这些资料具有证据能力和证明力，特别在当前迫切需要打击跨境犯罪的根本价值考量下，转换使用该证据具有符合特定历史时期国家和社会发展需求的现实正当性。①

2. 证据转换标准的分析

在区际刑事司法协助中，对于港澳警方提供的证据材料，如何跨越司法制度差异，转换成能为所用的司法证据，是法域间应当共同促进解决的一个问题。在“10·5 湄公河案”中，我国和泰国、老挝也交换了从不同渠道收集的大量证据，我国公安机关在证据移交接收后进行翻译并核对，对外方移交证据作出充分说明，参与了案发现场勘验和抓获犯罪嫌疑人的警务人员、痕迹物证的鉴定人等亲自出庭作证，参与庭审质证，转化为符合我国法律规定的合法证据，进入庭审，并在法庭上由控辩双方进行质证，并由法官进行审查认证，最终用于证明案件事实。② 本案对于证据转换过程的要求，关键在于翻译与核对的准确性以及充分说明，严防证据失真的风险。

我国目前并没有涉外证据的转换及认定标准，国内法律规范大多仅规定转换证据的途径。海关总署与香港海关、澳门海关的合作互助安排中明确双方建立在相互尊重两地法律制度的基础上进行合作，合作的主要内容是情报的共享和交流，而不是相互调查取证，也明确规定了证据转换的要求。《关于走私刑事案件中境外证据的评定与使用有关问题的联席会议纪要》（缉私〔2005〕349 号）规定境外证据调取过程和证据主要内容作为证据审查的重点，须由侦查机关转换为具体的说明书和工作报告，作为庭审材料使用时，还应该加盖相关侦查机关的公章。而对于境外证据材料的

① 参见温克志：《涉外刑事证据规则研究》，中国政法大学出版社 2016 年版，第 198 页。

② 参见云南省昆明市中级人民法院课题组：《涉外刑事案件证据调查探析——以湄公河“10·5”中国船员遇害案的审判为基础展开》，载《人民司法》2013 年第 7 期，第 37 页。

出处、提取主体、日期也需要侦查机关作相关说明，且以书面材料呈现出来。广东省高级人民法院、广东省人民检察院、海关总署广东分署《加强查办走私犯罪案件工作第八次联席会议纪要》（粤检会字〔2009〕12号）明确规定如果境外提供者对所提供的证据的使用形式有所限定（如不得公开、不得作为庭审证据使用等）的，应由侦查机关将境外原始证据的取证过程和具体内容转换为工作说明，在加盖侦查机关公章后供庭审使用。显然，转换为“工作说明”的方法极其方便，又有最高司法机关业务部门的司法意见确认，因此，在实践中已经成为证据转换的司法常态。

有学者认为，这种涉外证据的转换使用，体现了我国维护国家刑事司法主权的指导思想，被请求方协助进行证据收集具有诉讼法律规则的完备性，因而其提供的境外证据的客观真实性不容置疑，即便提供证据一方限制或禁止使用，该类证据仍得以运用于认定案件事实。[①] 但也有学者认为，对域外刑事证据转换使用的做法直接违反了证据特定性原则，并不利于刑事司法协助的有效开展。[②] 2017 年 2 月最高人民法院发布的《关于全面推进以审判为中心的刑事诉讼制度改革的实施意见》第 25 条第 1 款规定了“现有证据材料不能证明证据收集合法性的，人民法院可以通知有关侦查人员出庭说明情况。不得以侦查人员签名并加盖公章的说明材料替代侦查人员出庭”。虽然该司法解释主要是强调侦查人员出庭，从司法解释的本意来看，也体现了对“材料说明”规范性要求。

显然，这种“工作说明”实际是对境外证据资料的一种陈述、概括与归纳的书面文件，存在证据失真的风险。法治化的刑事司法需要设定一定的程序规则和证据规则以保障其最低限度的公正，既不可过于扩张涉外刑事证据的采证空间，也绝不可以有损当事人正当诉讼权益。因此，对于境外证据资料转换使用要进一步将其法定化，将其转换使用的有关规定上升为刑事诉讼的法律规范，为此类证据的使用提供制度性保障，以确保刑

① 参见温克志：《涉外刑事证据规则研究》，中国政法大学出版社 2016 年版，第114 页。

② 参见冯俊伟：《域外取得的刑事证据的可采性解决思路》，载《中国法学》2015 年第 4 期，第 261 页。

事诉讼程序的公正性。

第三节　我国区际刑事司法协助的发展

一、优化我国走私犯罪跨境取证路径

（一）加强跨境走私调查中控制下交付的运用

1. 跨境走私毒品适用控制下交付的法律基础

控制下交付是在惩治国际犯罪过程中创造性应用的一种特殊侦查手段，具有复杂性和隐秘性等特点。《联合国禁毒公约》首次为打击跨国毒品犯罪提供了一种跨境控制下交付联合打击技术，规定了控制下交付的一般模式和基本原则。《联合国打击跨国有组织犯罪公约》《联合国反腐败公约》将控制下交付的适用范围进一步扩展到跨国有组织犯罪和腐败犯罪。联合国在有关国际会议和文件中积极鼓励和大力推广在国际刑事司法合作中使用这一手段，国际警务执法合作惩治跨国犯罪方面逐渐成为常态化操作且卓有成效。我国与一些在禁毒合作、海关合作等领域签订的双边、多边或区域性协议中，也包含了采用控制下交付手段的内容，明确双方海关当局应依各自的国内法并在其权限和能力范围内尽可能就控制下交付行动的实施进行合作。我国 2012 年修订的《刑事诉讼法》将控制下交付作为技术侦查措施予以规定，公安机关在侦查给付毒品等违禁品或者财物的犯罪活动时，可以依照规定实施。香港的《危险药物条例》（第 134 号）以及澳门的《禁止不法生产、贩卖和吸食麻醉药品及精神药物》（第 17/2009 号法律）为香港和澳门实施控制下交付提供了合法性依据。各法域对控制下交付的程序和条件均作了严格的规定，在适用对象范围、适用程序以及证据采纳等方面存在不同程度差异。

控制下交付被认为是一种“放长线钓大鱼”的侦查手段，[①] 能有效针

---

① 参见陈泽宪主编：《〈联合国反腐败公约〉与中国刑事法制》，中国检察出版社 2010 年版，第 182 页。

对跨境走私犯罪案件的隐蔽性、流转环节的多地域性特点，对毒品的来源、流向和目的地进行跟踪，在技术手段的辅助下，获取毒品交易的过程、方式和内容等证据，有助于对跨境走私犯罪实施全链条打击，也成为警务合作的重要方式之一。我国积极开展与相关国家和地区在刑事司法协助与警务合作框架下的控制下交付联合行动以打击跨境毒品犯罪。海关总署与香港、澳门海关签署的合作互助安排中明确将控制下交付作为联合打击精神类违禁品及药物的犯罪的措施，规定各方依照各自适用的法律在其权力和能力范围内尽可能就控制下交付行动的实施进行合作，为内地与港澳打击跨境走私犯罪采取控制下交付提供了重要依据。1989 年，内地与香港海关就曾在“红星行动”中运用了控制下交付措施，破获一起在广州黄埔海关发现途经香港目的地为加拿大的跨国贩卖毒品案件。[①] 粤港澳海关在打击跨境毒品走私“云战—断流 2023”的专项行动中，多次成功在香港开展控制下交付与专项查缉行动，取得良好的打击效果。[②]

2. 控制下交付体现了区际刑事司法协助的协商原则

控制下交付毕竟是一种特定的侦查手段，内地与港澳海关之间实施控制下交付，涉及两个不同的法域，且都是具有独立权力的执法主体，相互间法律地位平等，彼此间的法律规范存在很大的差别。对于适用控制下交付的范围、合作方式、协调途径、联络渠道等内容尚缺乏规范的运作机制，难以达成共识或采取一致的行动，不能通过行政命令或司法指令的方式强行要求各法域无条件地进行刑事司法协助，而以“相互尊重”为口号，要求对方牺牲自己的利益来满足本法域的需要，也是不切实际的，因此，平等协商才是解决控制下交付适用双方分歧的最有效办法。

控制下交付作为一种联合取证模式，在开展联合行动之前，法域之间应当事先达成完全自愿的合作意向，对有关犯罪情报进行研判和风险评估，在符合必要性和有可能性的情况下才允许启动控制下交付机制。其

---

① 《改革风云四十年丨保香港回归，两地警方联手破大案》，载澎湃新闻，https：//www. thepaper. cn/newsDetail_ forward_ 2755892，最后访问日期：2024 年 7 月 28 日。

② 《粤港海关开展跨境缉毒合作 查获各类毒品达 561. 3 公斤》，载闽南网，http：//www. mnw. cn/news/shehui/2799411. html，最后访问日期：2024 年 7 月 28 日。

次，须就控制下交付行动的具体内容进行全面细致磋商，充分考虑各法域对控制下交付的程序步骤、证据能力认定要求，双方共同协商与研究拟订针对个案控制下交付的具体而详细的合作方案或协议，明确双方在控制下交付的过程中所应承担的职责、义务，开展协助的具体时间、合作方式、协助途径和联络渠道等详细情况，确定走私物品的运出地、过境地和最终运入地等，使各法域在实施这一侦查手段时能有共同的标准可供遵守。当然，在个案的协商过程中，双方尽管可以保持在许多问题上的不同认识，但必须有共同解决问题的意识，实行“一案一议”或“一案一决”的原则，① 以务实的态度，相互妥协以消解对立谋取共识，确保控制下交付技术适用的最佳效果，实现控制犯罪的法律目标。

3. 控制下交付获取证据的合法性问题

控制下交付既体现了侦查措施的秘密性和控制性，又糅合了一定的技术性，虽然表面上看是在一定时间内放纵了对违禁品的扣押，让违禁品继续运行，并对此后的流转及交付过程进行监控，但这种做法恰恰是为了促使犯罪嫌疑人充分暴露从而将其一网打尽。由于各法域对于控制下交付所取得的证据材料的使用并不统一，会面临域外取得的刑事证据材料在请求方法庭上使用并进行合法性审查判断的问题，如跨境控制下交付的监听、搜查的合法性、线人、证人的罪行豁免，以及非法证据的排除等问题。

目前，内地与港澳的法律均未就控制下交付获取证据的互认作出明确规定。对于控制下交付形成获得的物证、书证和言词证据等材料的审查应该适用于我国境外证据审查的一般规则。但是，由于各法域对于控制下交付中使用监控类技术侦查措施的规定各不相同，取证程序是否合法会涉及对于准据法的选择。《联合国禁毒公约》和《联合国打击跨国有组织犯罪公约》中对于控制下交付所取得的证据能力、证据形式以及适用限制等问题的规定都是交由各国国内法进行立法确认。我国有关司法解释明确执法人员在实施控制下交付过程中所收集到的证据，应当予以认定。② 控制

① 参见易志华：《跨境侦查合作中的控制下交付》，载《江苏警官学院学报》2004 年第 3 期，第 44 页。

② 最高人民法院《关于审理毒品犯罪案件适用法律若干问题的解释》（法释〔2016〕8 号）第 13 条。

下交付作为一种专门的行动技术在联合国国际刑事公约中是通过“相互法律协助”进行规定的，在跨法域的控制下交付行动实践中采用的是联合取证模式，法域执法人员互相协商协作，在侦查过程中共同采用跨境追捕、通讯监听、视频监控、网络跟踪甚至化装侦查等特殊侦查手段，实现对毒品及相关人员的监控并共同收集相关证据，只要遵循基本的刑事司法原则，就应该对参与控制下交付行动的法域司法权予以尊重，充分信任其域外取证程序的合法性，不再需要经过专门的转换程序。

控制下交付的合作方式在打击跨境犯罪中，可以扩大运用于查缉一切运送、储存、代为保管违禁品的走私犯罪案件，以便能在我国区际刑事司法协助中更有效地对走私犯罪进行侦查、监控以及冻结、查获和没收走私收益，保证整个侦查过程的措施落到实处。各法域可以在区际实践经验的基础上，协商制定包括控制下交付在内的区际司法协助的规范性文件，甚至在控制下交付的安排中还可以考虑犯罪嫌疑人的跨区域管辖和移交的需要，尽量避免出现管辖冲突问题，更利于破案的原则。

（二）加强证人出庭和视频音频取证的刑事司法协助

1. 证人跨境作证与视频音频作证

在刑事案件中，证人出庭作证，接受控辩双方的质询，贯彻直接、言词原则，避免受传闻证据规则的影响，对于确保庭审实质化和公正审判有着重要的意义。但不同法域对于证人作证资格、证人的权利义务、证人的豁免承诺、保护措施等规定不同。在内地，证人作证是其一项法定义务，虽然规定证人必须出庭，但对证人未出庭的书面证言，法庭仍然可以采用。澳门和香港的刑事诉讼法律制度中，均有严格的传闻证言排除规则，对证人亲自出庭出证作出明确要求，但没有证人强制作证义务的规定，并对亲属拒证权等有详细的规定。

在民商事案件中，对于证人跨境出庭作证或者跨境取证的实践较为成熟，内地法院可以通知港澳证人出庭作证，也可以请求港澳法院协助提取、调取港澳证人证言，港澳证人也可采用在线形式出庭作证，[①] 值得我们在区际刑事司法协助的证人作证的制度化构建中借鉴。在国际刑事司法

① 《关于粤港澳大湾区内地人民法院审理涉港澳商事纠纷司法规则衔接的指引（二）》。

协助中让证人跨越国界作证方面我国也有成功的探索经验。2012 年 11 月 8 日，在新加坡李某某案庭审现场，来自江西鄱阳县检察院的证人许某某作为检方证人首次境外出庭作证。① 在“10·5 湄公河案”庭审中，来自老挝、泰国的警方人员和专家证人等 13 名域外证人在我国法院出庭作证，证明糯康犯罪集团的犯罪事实，开创了境外执法人员在我国法庭出庭作证的先河。② 为此，我国司法机关还专门制定了《境外证人出庭作证规则》，实现案件审理的公平公正。③

然而，在我国区际刑事司法协助中证人跨境作证一直是司法实践中的难点，往往难以取得证人及被请求方的共识，面临着跨境作证请求和申请、对证人的安全保护、跨区际作证的权利和义务等一系列问题。虽然内地司法解释也有依照刑事司法协助的内容委托境外执法机构询问证人的情况可以作为证据使用的规定。④ 内地与香港职务犯罪个案协查制度中，仅对内地证人赴港作证须由个案协查办的官方人员陪同出境，且不陪同出庭进行了简单的规定，可操作性不强，刑事实践中，证人跨境作证的成功案例少之又少。

视听资料也是《刑事诉讼法》规定的证据形式之一，我国目前也正加快推进电子诉讼和电子法院方面的改革，司法实践也已具备远程视频听证的相关经验和技术条件，法院也在逐步认可、推广视频开庭、视频提审、视频作证等尝试，作为证人出庭的一种替代性选择。在“开平案”中，中方为美方法庭提供视像听证合作，历时 3 年，先后有 6 位证人做视频取证共达 14 个星期，这是我国第一次通过远程视频技术让证人向外国法庭作证，⑤ 当然，也有学者认为远程庭审在一定程度上消解法庭的“剧场效应”，法庭审判的威严感和神圣感明显下降，虚假陈述也可能比开庭

---

① 《移管被判刑人国际合作呈双增长态势》，载新浪网，http：//news. sina. com. cn/o/2017 - 05 - 05/doc - ifyeycte8818414. shtml。

② 《指控糯康，证据 6000 页》，载《检察日报》2012 年 11 月 8 日。

③ 《从糯康受审看中国刑事司法全球化》，载《法制日报》2012 年 9 月 25 日。

④ 最高人民法院《关于对信用证诈骗案件有关问题的复函》（2003 年）。

⑤ 参见贾志强、闵春雷：《中日韩刑事司法协助调查取证中的困境与出路》，载《东疆学刊》2018 年第 3 期，第 48 页。

审理更多。① 当证人不愿意、不能或不便出庭时，通过电视联系或其他现代通讯手段提供证词、陈述，可以简易、快速地完成庭审调查和质证，只要符合各法域的基本原则，即便证人无须亲临法庭现场，也能取得与出庭相近的效果，相信互联网时代的信息化建设可以让法院追求正义的方式更加高效。

2. 开展视频音频取证的区际刑事司法协助

跨境远程视频、音频取证也是被国际刑事司法协助公约努力倡导采用的一种直接取证方式。我国《国际刑事司法协助法》规定了以采用跨国视频或音频的方式取证的司法协助方式，跨国视频音频取证也是我国与外国签订刑事司法协助条约的重要内容之一。在内地检察机关与港澳廉政机关的个案协查机制中，双方经磋商均同意在协查案件时使用视听资料作为证据，内地检察机关派侦查人员到境外调查取证时，可以对境外有关知情人制作证言材料的同时，进行录音、录像。这些证据材料出示法庭，经质证后作为判决依据被采信。这个规定有效避免了无法移交证人出庭作证的问题，也能够保障被告人的诉讼权利，更有利于查清域外刑事证据的真实性。

将跨境视频音频取证成为区际刑事司法协助调查取证中的高效的合作体制，体现平等法域之间的善意、合作和相互尊重，促进法域间执法机关之间的实际配合，并尽量在法律允许的范围内进行必要的变通。我国《国际刑事司法协助法》虽然并未规定跨国视频音频作证或者协助调查的具体规则，但国际实践的一些经验值得借鉴：首先，远程视频听证的方式是在有关证人和鉴定人不愿意或者不能够前往请求方法域接受询问或出庭的情况下，在请求方司法机关举行的案件庭审活动进行连线听证，或者在委托调查取证、派员调查取证过程中以临时视频连线的方式实施。无论采用哪种方式，远程视频听证请求的执行时间和地点应当经过双方协商确定。其次，由于对证人的询问行为发生在请求方境内，回答行为发生在被请求方境内，因此，询问行为可以按照请求方法律规定的程序主持和进

① 参见熊秋红：《远程庭审有哪些优势与不足》，载《人民论坛》2016 年第 18 期，第 101 页。

行,[①] 被请求方应当设法为远程视频听证活动提供技术支持。最后，证人作证虽属国家的司法程序事项，但如果证人权益得不到充分保障，就会导致证人对于域外取证活动的排斥、敷衍甚至拒绝，会严重影响到证言的真实性和证明。无论是证人跨境作证还是跨境视频音频取证，在扩大法域间司法协助的同时，双方法域均有义务加强对证人的保护，运用规范的视频取证方式，适用各法域关于证人免证特权的规定，确保以安全的方式作证。

（三）加强电子数据跨境取证的刑事司法协助

在网络信息时代背景下，数据的全球化存储和流动意味着作为刑事案件证据的电子数据的全球化分布，跨区域的电子数据取证必不可少。跨国的数据取证会涉及数据主权问题的争议，一些国家主张绕过另一主权国家直接向互联网企业跨国调取电子数据，包括存储在他国的数据；也有国家认为跨国调取电子数据应尊重证据所在国主权，保障相关主体和个人的权利。我国是主张数据主权的，在取证管辖权方面坚持“数据储存地模式”，抵制外国的“长臂管辖”，我国《国际刑事司法协助法》明确了通过国际刑事司法协助的形式开展跨国数据取证的方式。

1. 电子数据跨境取证的单边模式

收集、提取电子数据包括扣押、封存原始存储介质，提取电子数据，冻结电子数据，调取电子数据，电子数据检查与侦查实验，电子数据的检验与鉴定等方式。以上技术方式对应的刑事诉讼侦查措施是搜查、扣押、勘验、检查、冻结，此外还包括电子窃听、通讯拦截等技术侦查措施。[②] 实务中常用“跨境访问”“远程搜查与扣押”“远程电子搜查与扣押”来表述跨境电子取证行为。2016 年 9 月最高人民法院、最高人民检察院、公安部联合发布的《关于办理刑事案件收集提取和审查判断电子数据若干问题的规定》（法发〔2016〕22 号）第 9 条就明确规定了对电子数据跨境取证的网络在线提取、网络远程勘验以及采取技术侦查

---

① 《欧洲刑事司法协助公约第二附加议定书》第 9 条第 5 款 e 项。

② 参见冯俊伟:《跨境电子取证制度的发展与反思》，载《法学杂志》2019 年第 6 期，第 32 页。

措施等。[①] 2019 年公安部《公安机关办理刑事案件电子数据取证规则》（公通字〔2018〕41 号）对这三种方式的适用条件及方式作了进一步规范。从实践来看，内地公安机关在收集境外电子证据时绝大多数案件采取以上三种方式开展对境外的电脑、服务器等电子设备进行检索和提取电子数据：

一是“网络在线提取”，通过境外网络公共空间对网页、网上视频、网盘文件上提取公开发布的电子数据，可以理解为通过浏览境外公开网页信息并下载图片、音频视频，类似于普通网民浏览境外网站，这种方式一般不构成对境外数据安全和个人隐私的威胁，可以直接实施。二是“网络远程勘验”，这是使用电子数据持有人、网络服务提供者提供的用户名、密码等远程计算机信息系统访问权限进行网络远程勘验。[②] 如通过被抓获的犯罪嫌疑人供述的账户密码后输入用户信息调取系统数据，记录计算机信息系统状态，判断案件性质，分析犯罪过程等。对于这种措施的账户信息是否合法获取、数据内容是否涉及机密及隐私等都有可能引起法律风险。三是网络远程勘验需要采取“技术侦查”措施的，须经严格的批准手续，由专业技术人员进行网络远程勘验以获取境外电子数据。

显然，上述三种对于跨境远程搜查、勘验进行授权甚至使用包括技术侦查在内的跨境远程取证，获取存在于虚拟空间中的数据，并不能对数据的原始存储介质和载体进行提取与扣押，一定程度上减弱了证据的真实性和证明能力。而且，这种取证方式一般是在非经同意且不为权利人所知晓的情况下秘密开展的强制侦查措施，不需要向数据存储地取得授权，甚至不需要告知数据的存储地，都是单边主义取证的表现。虽然更具操作性，可以提升取证效率，但这类跨境取证措施缺乏协调与合作，有可能引发相应的法律风险，可能面临着证据合法性的争论。

---

① 《关于办理刑事案件收集提取和审查判断电子数据若干问题的规定》第 9 条第 2、3 款规定：“对于原始存储介质位于境外或者远程计算机信息系统上的电子数据，可以通过网络在线提取。为进一步查明有关情况，必要时，可以对远程计算机信息系统进行网络远程勘验。进行网络远程勘验，需要采取技术侦查措施的，应当依法经过严格的批准手续。”

② 《公安机关办理刑事案件电子数据取证规则》第 33 条第 1 款规定：“网络在线提取或者网络远程勘验时，应当使用电子数据持有人、网络服务提供者提供的用户名、密码等远程计算机信息系统访问权限。”

2. 区际跨境数据取证的刑事司法协助

对于存储于本法域司法管辖区的电子数据，一法域的司法部门可以直接向电子数据提供者请求和获得必要的证据进行调查，但针对跨境走私犯罪而言，香港和澳门服务提供者所掌握的数据，例如行踪轨迹、通讯记录、消费记录等则需要跨境取得，而且这些数据信息在内地与港澳之间频繁流动，刑事侦查领域电子数据跨境调查对于网络安全与公民个人信息保护之间的冲突将日益激烈，有必要探索建立内地与港澳之间高效的电子数据取证司法协助模式。

目前，内地与港澳主要是通过个案方式开展跨境电子数据取证，针对个案向港澳掌握这些数据的部门或企业申请调阅数据，但个案方式耗时长，而且网络服务提供者往往迫于企业经营压力或者数据涉及隐私权利而予以拒绝，导致错失取证时机，无法适应电子数据碎片化、云储存、易流动、易变更、易灭失的特点，阻碍了对犯罪的有效控制和侦查。为了及时获取和保全关键犯罪证据，内地与港澳必须建立更为快速的跨境电子数据取证的司法协助模式，协商确定跨境电子数据取证规则，规范各法域侦查机关的跨境电子取证行为，允许数据跨境合理流动。

首先，为应对网络环境下电子数据在全球高速流动而导致取证效率低的弊端，一些国家呼吁在国际范围内建立直接通过网络服务者调取电子数据的直接取证模式，[①] 这种模式实际上也是绕过司法协助或者执法合作渠道直接跨境调取电子数据，相当于一法域通过本法域的法律要求网络服务提供者披露数据。我国《网络安全法》第 28 条规定了网络运营者应当为公安机关、国家安全机关依法维护国家安全和侦查犯罪的活动提供技术支持和协助。但该规定的前提是该网络服务提供者属于本国。同样，一法域当然也没有权力直接要求他法域的网络服务提供者向自己提供电子数据。2018 年，美国出台《澄清域外合法使用数据法案》（即 Cloud 法案），允许主权国家突破传统的地域主权限制，要求境内云服务提供者提供位于境外服务器上的数据。这种模式显然有利用“长臂管辖”弱化主权国家对其境内数据的现实控制之嫌。我国《国际刑事司法协助法》坚持数据主权原则，

① 参见赵菁：《跨境电子数据取证中的冲突与对策》，载《政法学刊》2020 年第 1 期，第 85 页。

在我国区际刑事司法协助，各个法域作为一个国家共同体的组成个体，应当接受共同的规则和共同的机制。任何一个法域都不可能孤立地发展经济，当它产生共同利益的时候，各法域应当共享收益，共担风险，共享繁荣与发展。为了国家和社会发展要尽量谋取共识，不仅要在最广泛的范围内开展区际刑事司法协助，而且要本着最大诚意和信任原则，最为便利、快捷开展刑事司法协助。在打击对国家利益和各法域的根本利益有着直接危害的跨境走私犯罪中，各法域完全可以在协商的基础上用处理事务性问题的态度和办法来处理内地与港澳之间的法律问题，法域之间要有共同打击跨境走私犯罪的共识，进一步明确网络服务提供者的权利和义务，特别是网络服务提供者的数据披露义务，对直接通过网络服务者调取电子数据进行制度化设计，确保这种取证行为有据可依。为确保数据出境安全，还可以经由相关机构进行数据跨境安全评估，在不涉及本法域数据安全的基础上，可授权执法部门要求数据的网络服务提供者提供其所掌握的电子数据。只要制度设置合理、程序运行规范，确保有效的获取案件涉外的电子证据的同时又无损于各法域的司法管辖权，更是避免"长臂管辖"的嫌疑。

其次，考虑到刑事司法协助的申请时间程序要求，可以针对跨境电子数据的保全和提供两个阶段采用不同的响应机制：在调查的早期阶段，可以直接向网络服务提供者发出请求开展对电子数据的保全，对数据采取一些紧急临时的措施，这样比传统的协助程序更为快捷，以尽可能地保存数据的原始与真实性，避免因协助申请过程耗时而导致取证延迟；在取证阶段，则可以在司法协助的框架下进行，既减轻网络服务提供者的压力，尽量实现数据的安全和合理流动，也便于对此类证据的合法性问题做出明确的解释，提升跨境电子数据取证的总体能力。

最后，在跨境电子取证中仍然要强化对相关程序参与人的权利保障，特别是在对个人信息、隐私权和数据权利的保护，防止相关数据在网络上泄露，严格遵守刑事司法协助中的证据特定性原则，严禁执法部门将通过司法协助途径获得的电子数据用于其他案件或其他目的。

二、加强内地与港澳犯罪嫌疑人的缉捕与移交

（一）内地与港澳区际移交逃犯的争议

内地与港澳之间相互缉捕移交逃犯，在内地又称之为区际移交犯罪嫌

疑人或区际移交逃犯，香港《逃犯条例》中也采用“移交”一词，澳门刑事诉讼法使用“不法分子之移交”的概念，两岸《金门协议》中使用的是嫌疑犯或刑事犯的“遣返”。表述稍有不同，但内涵都是指某一刑事案件有管辖权的法域向犯罪嫌疑人所在地法域提出移交该犯罪嫌疑人，从而对其实现刑事追诉。属于一个国家内部不同法域之间的刑事司法协助关系，区际移交是保障各法域刑事诉讼活动顺利进行、实现刑事管辖权的重要环节。大陆与台湾也以《海峡两岸红十字组织有关海上遣返协议》和《海峡两岸共同打击犯罪及司法互助协议》为依据，进行多次对偷渡者、劫机犯等刑事嫌疑犯或刑事犯的移交合作。在我国区际警务合作中，内地警方与香港、澳门通过执法机关之间的联合行动或专项行动在缉捕并移交走私犯罪嫌疑人方面有过成功的合作，但始终未能就移交逃犯形成统一的沟通与合作机制。在法律依据不足的实践中，个案移交协助的案例零星且分散，缺乏规范性和稳定性，随意性大且协助效率较低。

区际移交逃犯一直是我国区际刑事司法协助的难题所在。在一起内地海关缉私案件中，嫌疑人是一名持有香港身份证的福建籍女子，在境外生产盗版光盘并走私至我国国内，被内地检察机关批捕，国际刑警组织发出的红色通缉令。嫌疑人在澳门被缉捕，澳门司法警察局准备移交给内地海关处理。当事人向澳门终审法院申请人身安全保护令，澳门终审法院曾就这宗针对人身安全保护令的案件作出12/2007号裁决宣告。裁决认为由于不存在区际法律或本地法律规范内地与澳门特别行政区之间移交逃犯的事宜，因此，澳门执法机关不得将受到内地法域通缉的在逃人员移交给内地。最终将该嫌疑人释放。① 之后终审法院在3/2008号“人身保护令”裁决中再次重申了无协议无特别法律就不能向内地移交逃犯的立场。人身保护令是澳门刑事诉讼制度中被违法拘留人或违法拘禁人维护合法权益的一种申诉程序，虽然这种关于个案的申诉方式仅在该个案中具有法律效

---

① 2007年3月18日，澳门司法警察局根据国际刑警组织发出的红色通缉令，拘留了一名持有香港身份证的福建籍女子，内地海关部门因其涉嫌非法盗版光碟也向其发出了逮捕证，澳门司法警察局准备移交给内地海关处理。该女子亲人随即向澳门终审法院提请人身安全保护令。澳门终审法院决定将该女子释放。2008年，澳门终审法院再次作出同样判决，并指出移交行为“令司法失去信誉，危害法治国并使澳门特别行政区失去声誉”。

力，不具有广泛的约束力，终审法院在所涉案件中的法律见解，也不能构成将来其他个案的审判原则，但该案却真实地反映了澳门与内地在移交逃犯工作方面的困境，也凸显了一国之内两个相对独立的司法管辖区之间刑事司法协助的迫切性。

香港的《逃犯条例》只适用于与香港有“移交逃犯安排”的“订明地方”，而不包括“中华人民共和国的任何其他部分”。[①] 香港与内地经常以一个单方面的行政安排为依据，通过个案协助的方式处理逃犯移交问题，但内地有关部门会把只在香港犯罪的香港居民移交香港相关部门进行调查或审讯。若该香港居民在内地也有犯罪行为，则会待内地的法律程序结束后再移交香港，被认为是一种“便宜行事”的态度。[②] 1999 年，内地和香港法律专家小组就移交逃犯问题已进行过多次商讨，香港立法会保安事务委员会曾提交《香港特别行政区与内地的移交逃犯安排》，其中对包括双方共同司法管辖权情况、移交的保障措施和移交程序等内容进行了深入讨论，但最终双方对逃犯移交协议时是否要采纳国际间所认可的移交原则和标准未能达到统一，最终未能取得实质性的进展而被搁置。2019 年 2 月香港政府曾启动对香港《逃犯条例》及《刑事事宜相互法律协助条例》的内容予以修订，并向立法会提交《2019 年逃犯及刑事事宜相互法律协助法例（修订）条例草案》，并拟促成香港与我国其他区域的法律协助安排，将内地、澳门、台湾等地方的逃犯移交以“特别移交安排”的形式逐案处理。但最终也因争议太大，特别行政区政府决定暂缓修订，撤回了草案。截至目前，内地与港澳都未将区际移交逃犯的安排纳入协商议程，在司法实践仍然习惯于在对等互惠的框架下通过默契在个案中开展逃犯移交。

（二）区际移交中针对国际引渡部分原则的讨论

国际社会为了防止引渡的滥用，在实践中逐渐形成了一些限制或拒绝引渡的规则，如双重犯罪原则、死刑犯不引渡、本国国民不引渡等，这些规则通过有关国际公约和双方引渡条约的确认，为各国开展引渡实践时共

---

① 香港法例第 503 章《逃犯条例》第 2 条“移交逃犯安排”。

② 参见高铭暄、马正楠：《论香港与内地移交逃犯的先例模式》，载《法学家》2011 年第 1 期，第 20 页。

同信守。在我国区际移交中，各方对于是否要照搬国际引渡的一些原则或惯例存在较大分歧，港澳更倾向于采纳这些原则作为拒绝移交理由，而内地则持相反立场。

1. 关于区际移交对双重犯罪原则的讨论

双重犯罪原则，是国际刑事司法协助领域的一项传统国际法原则，是指只有当请求国与被请求国双方都认为某种行为构成犯罪并应加以处理时，才提供刑事司法协助，也称双罚主义。① 该原则从引渡制度中产生，逐步扩展到适用于域外犯罪的刑事管辖权，并进而适用于国际刑事司法协助中，通过该原则来贯彻"罪刑法定"的精神，防止罪刑擅断，保障刑事诉讼当事人的正当权利，使其免于遭受双重危险。如果请求一方所指控的行为不符合被请求方刑事法律认定的犯罪行为，就有可能使被请求方参与追诉一些并不违反本法域法律的行为，而有违罪刑法定原则，这种行为被视为是侵犯了被追诉对象的基本人权。该原则能有效保障本法域司法权不受干涉，也能够阻却一些不必要的刑事司法协助活动。但由于严格执行双重犯罪原则可能产生不利于打击犯罪的后果，一些国际公约也逐渐出现了降低这一要求的发展趋势，特别是在文书送达、调查取证等狭义的刑事司法协助中，由于协助方式具有服务性和中立性的特点，则可以放弃对双重犯罪原则的坚持，体现对犯罪嫌疑人合法权益的保护功能。我国《国际刑事司法协助法》也坚持双重犯罪原则的任择性，以更加适应不同类型的刑事司法协助具体要求，适当平衡打击犯罪需求之间的关系。

区际间的逃犯移交以实现其刑事管辖权和刑罚权，不仅仅是一法域为另一法域的诉讼提供服务，同时也表明了被请求方对请求方的刑事追诉活动的一种支持甚至参与，它跟引渡一样，涉及对被移交者的行为评价，体现着一种鲜明的追诉倾向性。② 甚至可以理解为一法域的刑事诉讼活动延伸到了另一法域，区际刑事司法协助中对于移交逃犯能否适用"双重犯罪"原则的观点也是见仁见智。由于各法域刑法划定的犯罪圈不同，对同一性质的行为作为犯罪化或非犯罪化的处理也不同。在内地，关税是政

---

① 参见［日］松本丽：《跨国犯罪的刑事侦查》，载《犯罪学论丛》2007 年第 5 卷，第 417 页。

② 参见黄风：《中国引渡制度研究》，中国政法大学出版社 1997 年版，第 24 页。

府的财政来源之一，大部分进口商品均涉及税收监管，逃避税收监管就有可能构成走私犯罪，而香港特别行政区和澳门特别行政区均为自由贸易区，实行自由贸易政策，香港只对特定商品在进口环节征税。内地与港澳会因关税政策不同而进行不同的评价，内地构成走私犯罪，香港澳门可能不构成走私犯罪。而双重犯罪原则本身强调的并不是不同法律制度的差异对司法协助的影响，而是需要双方理智地看待各自的差异。若囿于双重犯罪原则，不认为犯罪的法域拒绝移交被另一法域所通缉的犯罪嫌疑人，客观上就剥夺了对方应享有的刑事管辖权，可能最终导致国家刑事管辖权的不能实现；反之，如果将本法域法律并不认为是犯罪的人移交给其他法域追究刑事责任，在道义上将被认为是无视被请求移交人的基本人权的做法，也构成对本法域法律的不尊重。因此，在区际移交中，必须遵循双重犯罪原则，既不能采取任何行动来强制另一法域移交逃犯，也不必自我牺牲来满足另一法域提出的移交请求，双方应在法域独立、安全和公共秩序的基础上进行充分协商。

当然，满足双重犯罪原则，并不必然意味着按照双方法律，犯罪人的行为所触犯的罪名及该罪名成立的条件完全相同的。《海峡两岸共同打击犯罪及司法互助协议》坚持“双重犯罪原则”，但两岸共同关注并着重打击的犯罪基本都属于严重犯罪，为避免两岸法制差异，两岸进一步规定了“一方认为涉嫌犯罪，另一方认为未涉嫌犯罪，但有重大社会危害，得经双方同意个案协助”的“双重犯罪例外”规定，这与国际刑事司法协助中主张双重犯罪的“实质类似”标准一样，或者将“可罚性”引入双重犯罪原则，① 从而扩大、放宽了对共同犯罪认定的条件，以便更有利于打击、惩治犯罪。

2. 针对严重走私毒品犯罪的死刑犯移交问题

“死刑犯不引渡”原则主要是伴随着人权观念的逐步形成和发展确立下来的，在我国与外国签订引渡条约中大多明确规定对被引渡人处以死刑作为拒绝引渡的理由。我国《引渡法》并没有明确、直接地规定这一原则，但引渡实践中，我国对于“死刑犯不引渡原则”采取灵活策略，也

① 参见马德才：《国际法中的引渡原则研究》，中国政法大学出版社 2014 年版，第 34 页。

用外交照会的承诺解决这个法律障碍。[①] 我国区际间对死刑刑事政策的冲突及死刑立法存在着很大的差异：内地虽然秉承“少杀慎杀”的死刑政策，但坚持厉行禁毒方针，走私毒品无论数量多少，都应当追究刑事犯罪，予以刑罚处罚，罪行极其严重者，最高刑为死刑。香港特别行政区、澳门特别行政区对于废除死刑旗帜鲜明地表达了肯定态度，香港《1993年刑事罪行（修订）条例》已经宣布废除死刑，《澳门刑法典》也明确规定不得设立死刑，香港和澳门在对外签署的司法协助协议和引渡协议中均排除了死刑及可能执行死刑罪行的适用。

死刑是生命攸关的问题，区际移交逃犯对于死刑问题的争议主要在于在跨境走私毒品犯罪的死刑案件中，保留死刑的内地法域向废除死刑的港澳法域请求逃犯移交的情形。本书以香港为例对以下情形分别讨论：

（1）内地或香港居民在内地实施了严重走私毒品犯罪，之后逃往香港，内地向香港提出移交该犯罪嫌疑人。香港的刑事管辖权适用普通法规则，坚持属地原则，香港法院只对已被香港法律规定为罪行并在香港领域内发生或完成，或在香港以外由香港人管理的飞机内发生的犯罪案件拥有地域司法管辖权。[②] 在这种情况下，如果香港援引“死刑犯不移交”原则来拒绝协助，则可能导致内地对该走私毒品犯罪案件追诉不能。那么在一个主权国家内就会存在这样一块为死刑犯而保留的避难地，走私毒品可能判处死刑的重罪案件都有可能选择迅速逃往香港或者在香港继续犯罪制造管辖冲突以逃避法律的制裁，使香港成为“逃犯天堂”，不仅是对对方法律制度的否定，也是剥夺对方的管辖权，[③] 不仅不利于制裁严重的走私犯罪，还会给香港治安秩序带来潜在的威胁。

（2）内地居民在香港实施了严重走私毒品犯罪，事后仍然留在香港。内地可以根据属人管辖原则向香港法域提出移交请求，香港法域基于属地原则以“死刑犯不移交”的理由予以拒绝协助。在这种情况下，实际上

---

① 参见王勇：《赖昌星“难民”案的法理评析》，载《法学》2002 年第 10 期，第 78 页。

② 参见罗德立、赵秉志：《香港刑事诉讼程序法纲要》，北京大学出版社 1997 年版，第 1 页。

③ 参见陈雷：《我国区际刑事司法合作的实践与发展》，载《国家检察官学院学报》2013 年第 5 期，第 137 页。

是内地的属人管辖权与香港的属地管辖权产生了管辖权冲突，如果各法域按各自的司法制度和诉讼程序对同一犯罪行为进行追诉，那就是刑事管辖权的重复行使，属于一事双罚。因而有学者提出可以优先考虑以属地原则寻求刑事管辖权的最大公约数，以犯罪地作为管辖依据。[①] 目前我国并没有明确划分区际刑事司法管辖权的法律规范，但在区际刑事司法协助中，任何一方都不应将自己的司法原则强加给另一法域，要求对方做出硬性的立法或司法要求。

因此，为了更好地推进我国区际刑事司法协助工作的开展，冷静而理性地面对死刑问题是必要的，在我国打击跨境走私毒品犯罪的区际刑事司法协助中，不宜援引“死刑犯不移交”原则来拒绝协助，对跨境走私毒品犯罪死刑犯的移交应采取一种客观冷静的态度，法域之间相互妥协，做出适当的让步，根据合法、合理请求，提供移交逃犯的协助。当然，这也并不意味着会改变香港、澳门的人权理念，对人权保护应该以尊重国家主权统一为基础。

3. 针对本地居民的移交问题

“本国公民不引渡原则”，是指一个国家基于属人管辖原则，优先对本国国民拥有刑事司法管辖权，本国国民国外实施的犯罪，也应由其本国行使司法管辖权，而不将其引渡给外国。这一原则对于大陆法系国家而言是一个刚性原则，在许多双边引渡条约中作为引渡的强制性拒绝理由，其本质上是基于国家对公民享有域外保护和属人管辖权，与国家主权密切相关。随着引渡法的发展，各国越来越重视刑事司法的属地管辖原则，不引渡本国国民的理论和实践也受到挑战，该原则适用中也有所放宽，随着打击跨国犯罪的需要，欧盟国家之间开始实施的“欧洲逮捕令制度”，甚至将引渡本国国民制度化。

我国《引渡法》第 8 条将本国国民列为应当拒绝引渡的情形，香港秉承了普通法系传统，奉行严格的属地管辖原则，并不反对引渡或者移交本地居民，而澳门受葡萄牙法律的影响，坚决反对引渡或移交本地居民。在海峡两岸刑事司法互助中，顾虑到两岸目前的实际状态，双方都坚持

① 参见莫然：《粤港澳大湾区刑事合作新背景下内地与香港特区逃犯移交的底线思维与制度构建》，载《时代法学》2022 年第 3 期，第 26 页。

“己方人民不遣返”的原则。回归之前，内地与澳门都相互拒绝移交在对方法域犯罪的本法域居民。① 如果一个澳门居民在内地实施走私犯罪，然后逃回澳门，澳门援引“本地居民不移交”原则拒绝内地提出的协助请求，属地原则就会成为一句空话。而且，任何一法域的居民，属于中华人民共和国公民，在国际上均受中华人民共和国的域外保护。而我国的四个法域同属于一个主权国家，它们之间并不存在对本地居民国际法意义上的域外保护和属人管辖问题，无论其在国家任何地域实施犯罪，都必然是对整个国家秩序产生危害。如果坚持“本地居民不移交”的原则，就会出现拥有香港居民身份的人在内地犯罪后逃回香港，而且可以不受属地管辖的约束而逍遥法外的情况，这无疑是对犯罪行为的放纵，香港会成为严重走私犯罪的“避风港”，长此以往，甚至造成相互对立的局面。从公正审判的角度来看，充分协商之后适当的移交，使犯罪嫌疑人或被告人在犯罪地法院参加诉讼，对于案件的调查取证，查明案件事实真相更加有利，从而更有助于公正审判的诉讼目标的实现。

4. 区际间量刑承诺与认罪认罚的讨论

发生我国不同法域之间的移交逃犯不同于国际刑事司法协助中的引渡，不具有国家主权的冲突，不受国家利益、外交关系的制约和影响，引渡制度中的许多原则不能适用于区际间移交。在我国区际刑事司法协助中，不适用上述一系列原则，并不意味着被请求方应绝对地、无条件地为请求方提供协助，各法域应互相尊重对方的法律，并在一定条件下，应允许被请求方有一定的合理的拒绝权。从有利于区际刑事司法协助开展以及公正审判的角度来看，双方对区际逃犯的移交问题可以展开充分协商，由最有利于审判、最有利于打击犯罪的一方来行使对案件的管辖权，另一法域不仅对其他法域管辖权行使的司法活动予以尊重，而且还产生充分的协助义务，区际刑事管辖权的实现意味着国家刑事管辖权的最终实现。

联合国《引渡示范条约》将死刑作为拒绝引渡的任择性理由，请求国在做出充分的保证不会判处死刑，或者不执行死刑时，可以实现引渡。这其实是一种附条件的或者变通的死刑不引渡的做法。我国《引渡法》

① 参见赵国强：《论澳门与内地刑事管辖权之划分》，载高铭暄、赵秉志主编：《中国区际刑法与刑事司法协助研究》，法律出版社、方正出版社 2000 年版，第 146 页。

第50条也有关于准予引渡附加条件、限制追诉承诺及量刑承诺规定，《国际刑事司法协助法》第11条也对刑事司法协助请求中的外交承诺进行了规定。赖昌星案中，我国政府向加拿大政府作出“不判为死刑”的承诺就是我国司法实践中量刑承诺的典型。① 我国《刑法》第63条通常被认为是最高人民法院进行量刑承诺的刑法依据。香港《逃犯条例》第13（5）条规定，如果移交罪行可处以死刑，行政长官只可在得到请求方保证逃犯移交后不会被判处或执行死刑时，才可作出移交。这也为量刑承诺提供一种可能。有学者认为，在坚持死刑犯不移交的情况下，内地不妨作出不适用死刑的承诺，以换取刑事管辖权的实现。② 当然，也有学者认为，以保证不判处死刑来换取移交管辖的选择，会导致外逃人员和未外逃人员“同罪不同罚”的结果。③ 还有学者提出一个针对个案的驱逐出境的变通办法。④

从刑罚预防犯罪的功效上来看，刑罚威慑力的关键在于实现刑罚的确定性和及时性，而在一定程度上放弃刑罚的严厉性。从功利的角度看，量刑承诺是在境外追逃情况下为实现追诉犯罪不得已的无奈选择。虽然量刑承诺可能会使部分犯罪人逃避刑法的严厉制裁，致使审判结果失之均衡，但是量刑承诺以实现追诉外逃人员恰恰是为了实现刑法平等适用于任何犯罪人的需要。从长远来看，为了有利于我国区际刑事司法协助的顺利开展，尽快地实现对逃犯的移交，对于打击犯罪、维护国家主权统一具有不可估量的价值。因此，在我国区际刑事司法协助制度中，只要不突破国家利益、安全、公共利益的底线，更加有理由探讨对于量刑承诺的适用，以尽可能扩大提供司法协助的范围，协调不同法域利益冲突，实现区际刑事司法协助共同追诉犯罪的目的。

---

① 参见田晓萍：《我国引渡外逃经济罪犯的法律障碍和对策：以赖昌星遣返为视角》，载《行政与法》2007年第5期，第105页。

② 参见刘鹏、冯卫国：《国际引渡合作原则框架下中国区际逃犯移交问题研究》，载《求索》2015年第2期，第106－107页。

③ 参见王强军：《死刑不引渡不应成为“倒逼”国内废除死刑的理由》，载《法学论坛》2011年第4期，第44页。

④ 参见王玄玮：《内地检察机关与香港的侦查协助研究》，载《云南大学学报（法学版）》2008年第4期，第99页。

早在2014年，为落实宽严相济的刑事政策，最高人民法院、最高人民检察院、公安部和司法部联合印发了《关于敦促在逃境外经济犯罪人员投案自首的通告》，督促外逃人员主动投案，但该通告内容的操作性有待进一步加强，不能完全满足当前境外追逃工作的需要。[①] 认罪认罚从宽也是我国刑事诉讼中的一项重要制度，可以适用于所有刑事案件，不受适用罪名和判处刑罚的限定，在内地的司法实践中已经得到了全面贯彻和落实，对于加强人权司法保障具有重要意义。而对于境外逃犯，开展认罪认罚工作同样有利于刑事诉讼程序的顺利进行。认罪认罚从宽制度具有一定的量刑调节功能，通过该制度完成外逃人员刑罚裁量的规范化和精细化改造，破解外逃人员量刑政策的困境。[②] 在区际追逃实践中，将认罪认罚从宽制度应用到境外追逃程序中，作为量刑承诺的前端程序，由检察机关先行介入，就罪名、量刑与犯罪嫌疑人及其辩护人开展协商，可以促使被告人通过认罪来换取较轻的处罚。

（三）建立简易、快捷的移交程序

逃犯移交是我国区际刑事司法协助的一项内容，属于我国的内部事务，必须将维护国家主权、安全和统一作为前提和出发点，“一国两制”决定了我国区际刑事司法协助不能盲目照搬国际刑事司法协助引渡的原则和一般方法，《联合国打击跨国有组织犯罪公约》和《联合国反腐败公约》中都呼吁各国“在符合本国法律的情况下，努力加快引渡程序并简化与之有关的证据要求”。

对区际移交进行审查不同于引渡审查中司法审查和行政审查的双重审查制。《海峡两岸共同打击犯罪及司法互助协议》就明确规定双方同意依循人道、安全、迅速、便利原则遣返刑事犯和刑事嫌疑犯。实践中，两岸确实卓有成效地开展了对于偷渡者、劫机犯等的遣返实践。在海关境外追逃实践中，遣返、劝返这些替代措施均可以变通采用，体现了我国区际刑事司法协助的便捷性、双赢性。区际移交逃犯不应过多地强调程序的完整

---

① 参见李冠煜、舒铭：《境外在逃人员自首制度司法适用研究：实质根据、成立条件与量刑规则》，载《甘肃政法学院学报》2020年第2期，第36页。

② 参见郭晶：《外逃人员认罪认罚量刑减让规则研究》，载《政治与法律》2022年第2期，第142页。

性，而应该在平等互信的基础上，开展证据的合法性审查，建立快捷的移交逃犯的审查程序，提高打击犯罪的效率正是我国区际间刑事司法协助所追求的目标。

我国区际移交程序上还可以借鉴“欧洲逮捕令”程序，一个欧盟成员国签发的逮捕令在整个欧盟范围内均有效，“欧洲逮捕令”的适用同时取消了成员国之间的引渡办法，大大简化了程序。[①] 虽然引渡涉及国家主权、司法管辖和外交关系，但欧盟仍然努力通过共同行动来协调成员国之间的引渡规则，并形成一套较为完善的引渡制度，在司法合作的实践中，堪称典范。这也是欧盟刑事事项上相互承认的第一个法律文书，体现了欧盟成员国之间在司法领域内的相互承认，提高了成员国之间移交犯罪嫌疑人的效率。

构建区际逮捕令制度，在不干预、限制或约束任何一方司法机关诉讼行为的前提下，快速、便捷、有效地追捕和移交逃犯。[②] 各法域只需要在协商一致的基础上对“逮捕令状”的形式要件予以明确规定，一法域签发的区际逮捕令符合形式要求，便予以“认可”，另一法域就可以依照逮捕令在本法域对犯罪嫌疑人采取逮捕措施，从而加快区际司法协助的进程。也有学者提出在粤港澳的刑事司法规则衔接与机制对接的背景下，探讨粤港逃犯移交司法试点，在公安厅内部设置“逃犯移交联络处”，在“一国两制”框架内寻求逃犯移交问题的趋同路径，[③] 通过直接联络的方式跟进和协调双方警务合作情况，能够有效提升缉捕效率。

总之，一国之内不同法域之间的犯罪嫌疑人移交与国家之间的引渡不同，因为前者不涉及国家主权和外交关系。内地与港澳在协商犯罪嫌疑人移交问题时，不要过于强调双方之间的法律差异，也不要简单套用国际引渡中的原则，而应该强调共同利益，突出对刑事犯罪的惩罚和有关当事人合法权益的保护。在坚持国家主权统一原则之下确立移交的一般规则，通

---

① 参见［法］米哈依尔·戴尔玛斯·马蒂：《迈向欧洲刑事诉讼模式》，赵海峰译，载《诉讼法论丛》，法律出版社 2000 年版，第 185 页。

② 参见权大国：《欧洲逮捕令对我国区际逃犯移交制度的借鉴》，载《学术论坛》2016 年第 9 期，第 86 页。

③ 参见莫然：《粤港澳大湾区刑事合作新背景下内地与香港特区逃犯移交的底线思维与制度构建》，载《时代法学》2022 年第 3 期，第 27 – 29 页。

过对一法域犯罪行为的打击，维持该法域的正常秩序，正是对另一法域以及法域之间正常秩序和安全环境的营造，因而需要尽可能对对方的法律传统和彼此刑事司法制度给予充分信任，以共同行动来协调双方的移交规则。在双方互信的基础上还可以设定简易移交程序，形成移交逃犯的默契和机制，提高移交效率等，切忌将普通刑事案件政治化，确保“一国两制”事业行稳致远。

三、加强我国区际刑事司法协助的建议

（一）建立我国区际刑事司法协助法制协调机构

在区际刑事司法协助方面，内地与港澳进展缓慢，难以达成一个法域间的司法协助安排，设计一个综合性的法律协商或协调机关，对内地与港澳法域之间法律事务予以综合协商或协调是必要的。协调的目的并不在于实际参与具体的协助事项，而在于加强双方互信及双方对彼此法律的认知，扩大协商的范围，减少分歧，并尽量在法律允许的范围内进行必要的变通，提出一些立法建议或解决实际问题的参考意见，以消除双方之间的摩擦和冲突，促使协商更有效地导向共识。

学者对于建立我国区际刑事司法协助法制协调机构不断建言献策，并设想了多种形式，如在国务院下设“中国区际司法协助协设委员会”以协调各法域之间的法律摩擦和争议，① 或者针对粤港澳经济一体中的法制协调问题，建议设立一个“粤港澳法制协调委员会”。② 设立一个专门的法律协商或协调组织，对于促进区际司法协助的发展是有推动力的。但是，自港澳回归以来，内地与港澳在民商事方面签署的几个“安排”中均未有这样的一个协调机构出现，其原因主要在于该机构的组成难以在各法域之间达成一致，作为一个区际司法协助的协调机关，最好是一个各法域共同的、制度化的机构，以便于协调各法域之间的冲突。若将该机构设定在一个中央一级的机关，则该机构势必会成为一个凌驾于各法域之上的

① 参见黄进主编：《中国的区际法律问题研究》，法律出版社 2001 年版，第 84 页。

② 参见朱最新：《论粤港澳经济一体化中的法制协调》，载《粤港澳经济》2008 年第 10 期，第 31 页。

共同机构，如果该机构作出的决定必须得由特别行政区遵循，又会有侵犯港澳自治权之嫌，这种设计至少在目前相当长一段时间内是难以做到的。

作为一个各法域共同司法协助协调机关，民间性质的机构或者半官方机构在运作时也会相对灵活，而且更具独立性，不容易受到各法域或特定利益集团对立法的影响。该组织可以由各法域相关机关的代表和一些法律专家来组成，主要针对我国区际刑事司法协助做一些示范性的研究或者协调，客观公允地制定一些法律适用原则。海牙国际私法会议就是推动国际私法统一化进程的最重要的组织之一，面对各主权国家的法律以及法律背后的理念和利益之间的矛盾冲突，开展了许多卓有成效的协调矛盾和冲突的方法和技巧，这些研究值得我们借鉴。我国海峡两岸的司法互助协议就是在红十字会等官方认可的民间组织参与下推动而达成的，为两岸合作打击跨境犯罪描绘了框架性的蓝图，是两岸刑事司法互助的重大的里程碑，将中国区际刑事司法互助的司法实践以及中国区际刑事法律理论都大大地向前推进了一步。[①] 在内地与港澳的区际刑事司法协助中，由民间性质的机构或者半官方机构提出的建议虽然没有强制性，但其示范性或引导性却有助于提出一些切实可行的建议和具体解决方案以解决司法协助中的实际问题。

（二）制定区际共同打击跨境走私犯罪的安排

中国区际刑事司法协助是在一个主权国家内部平等法域之间的相互协助，法域之间没有主权之争，在统一主权国家之下的法域关系中，共同利益是一个最基本的要素，它驱动平等法域之间产生经济和法制的互动，推动我国区际刑事司法协助的规范化与多元化发展。规范化即要将区际刑事司法协助纳入法制化的轨道，力促双方签订专门协议，改变过去个案处理的方式，建立常规性的联系与合作制度；多元化即刑事司法协助在内容、范围上要突破目前由个案、单一向全面发展，遵循先易后难，先局部后整体的方式进行。有学者针对粤港澳大湾区建设的政策利好，提出由全国人

① 参见赵秉志、黄晓亮：《论中国区际刑事司法合作机制的构建——以〈海峡两岸共同打击犯罪及司法互助协议〉为切入点》，载《江海学刊》2011 年第 2 期，第 128 页。

大制定《粤港澳大湾区区际刑事司法协助合作法》。[①] 但是，区际司法协助事务属于特别行政区自治范围内的事务，内地与港澳在法律制度上存在差别，其文化渊源和生活方式也各有异，个案的具体法律适用，会因为成文法、法律解释等因素的不同而产生认识上的差异，它需要各法域法制的逐步趋同演变，经济一体化趋势的不断增强，这个过程一定是艰难而漫长的。

实践中，我们更要正视法域差异，既要追求区际刑事司法协助的法律效果，更要关注区际刑事司法协助带来的政治效果和社会效果。内地与港澳在民商事领域本着循序渐进、先易后难的原则签署了若干区际民商事司法协助的"安排"，"安排"签订之后，各法域遵从各自的司法体系，采取各自为战的方式，分别根据自己的法制，通过一定的法律程序将之转化为各自法域的法律制度并贯彻执行，如内地以最高人民法院司法解释的形式渐次对"安排"予以公布；香港则通过本地立法予以转化，将"安排"的内容被吸收进香港法律，成为香港成文法渊源的一部分；澳门则由行政长官命令公布后即具有法律效力，为区际民商事司法协助迅速、规范地开展创造了条件。澳门与香港在刑事方面也在2005年签署了一项移交被判刑人的"安排"。上述"安排"的签署宣示了法域之间的平等性、协商性与直接性，有利于双方依法各自行使独立的司法权和终审权，充分体现了尊重基本法和港澳法律的精神，推动着我国区际司法协助进入到一个规范化的运作轨道，丰富和发展了"一国两制"理论和实践。

有借鉴性的还包括《海峡两岸共同打击犯罪及司法互助协议》，该协议虽然只有24条，却构建了当前两岸刑事合作的基本框架。在全面打击的基础上，突出了重点打击包括走私犯罪在内的五类犯罪，司法互助的内容涵盖了送达文书、调查取证、罪赃移交、裁判认可、罪犯接返（移管）、人道探视等刑事和民事互助事项，并且针对双方刑事互助的基本程序，对提出协助请求、执行请求、不予协助根据、保密义务、协助资料的用途限制、证明互免、文书格式以及协助费用事宜均作出规定。对于两岸刑事管辖权冲突、刑事判决的认可及执行等争议较大问题则采回避态度，

---

① 参见张亮、刘松涛：《粤港澳大湾区区际刑事司法协助制度的构建》，载《苏州大学学报（法学版）》2022年第1期，第139页。

为两岸共同惩治与预防犯罪提供了一个良好的合作基础，这个做法也值得我们借鉴。

内地与港澳警方通过警务合作在打击跨境走私犯罪的个案协助中积累了一定的经验，在具体个案和类案的合作实践中，内地与港澳地区的警务部门和海关部门也建立起良好的互信与合作关系。在此经验的基础上，内地与港澳还可以开展深入磋商和探讨，尽量在司法管辖问题上进行充分沟通并达成共识，由内地与港澳共同签署，或者由内地与香港、澳门分别签署打击跨境走私犯罪的专项安排，将目前内地与港澳在打击跨境犯罪方面的临时性、个案性协助逐步向常规性、制度性协助推进。针对“安排”的内容，可以本着“先易后难”的原则，求同存异，在相对简单、易于合作的领域先作尝试，并逐步扩大刑事司法协助的范围，如文书送达、调查取证、相互移交逃犯、区际刑事判决的承认与执行、被判刑人移管等内容，既务实，也符合区际司法协助发展的阶段性特点。在协商过程中，还可以大胆地借鉴三法域共同签署的一些国际条约，各法域可以根据公约的规定，通过修改各法域的刑事法律的形式，使各种走私罪刑逐渐趋于一致，能推动各法或更快地达成一致意见，为区际刑事司法协助在法定框架内、在三地法律秩序下迅速、规范地开展刑事司法协助创造条件，推动区际刑事司法协助取得务实成效。

从国际上来看，法律融合已为各国所认识，欧盟国家在法律传统方面的差异程度绝对不亚于内地与港澳之间。但欧盟国家统一了某些实体法并成立了欧洲法院，欧盟《刑事大法典》将刑事实体法、刑事程序法、刑事证据法、司法组织法的内容结合在一起。虽然它对欧盟刑事程序制度的一体设计是粗线条、纲领性的，但其反映的思想，却能给我们有益的启示。① 欧洲法律体系正是集合了各国传统中的精华并在共同的基础上制定相对统一的规范。在我国，各法域所具有共同的法律文化传统更容易使群体的成员相互认同，我国法域间相互的关联和依存的程度无疑要比欧盟各国更高一些，法域间利益的共同性和共生性也越来越明显，对一法域利益的保护可以视为是对国家共同利益的保护，而对一法域利益的侵犯则可视

① 参见何家弘主编：《刑事司法大趋势——以欧盟刑事司法一体化为视角》，中国检察出版社 2005 年版，第 236 页。

为是国家共同利益的侵犯。

作为一个统一国家，在国家和社会发展方面必须谋取共识，协商构建一个具有广泛包容性的统一而不同一的政治大格局和法制大格局。我国内地与港澳虽然属于不同的法系，但大陆法系与英美法系的法律传统早已呈现融合趋势，表现出不同法律制度之间相互影响、渗透以致融合，这将不断促使制度之间的差别不断弱化，统一实体法也是顺其自然的结果。以国家安全立法为例，澳门为了全面落实《澳门基本法》第 23 条的规定，在 2009 年就制定了第 2/2009 号法律《维护国家安全法》，并于 2023 年对之进行了修订。在内容和体系上，既有危害国家安全犯罪行为的罪状描述及法定刑配置，也有关于危害国家安全犯罪的刑事诉讼程序事项，立法中也参考了澳门刑法的处罚制度标准，与澳门刑事法律规定的各种罪行量刑幅度保持平衡，充分说明内地与澳门刑事法律中关于罪与非罪的界定、罪名以及刑种及基本刑罚制度也可以逐步地相互兼容和接近，这一过程也体现了不同法域之间的相互妥协以及法律上的逐渐趋同。在立法与修订过程中，澳门也不断健全和完善维护国家安全体系所需的配套立法和执法工作机制，进一步建立了良好的政治互信基础。

总之，在“一国两制”的前提下，内地与港澳将进一步加强刑事合作，最大限度地消除制度及行政区划的藩篱，加强相互之间稳定的、长期有效的信息沟通渠道或信息共享机制，培养共同的价值观和法律意识。内地与港澳的区际刑事司法协助不仅需要现行法律的支持，更需要创新法制的探索与研究，既维护各法域的独立性，也提升人们对“一国两制”国策的信任和信心，推动我国区际刑事司法协助规范化与常态化的发展。

第四章　走私犯罪治理问题

第一节　小额多次走私犯罪治理问题

一、小额多次走私犯罪治理有关实体问题

（一）缺乏明确且规范的入罪标准

1. 偷逃税额的认定及标准

《刑法》第153条及其司法解释并未对第三次走私偷逃税额的具体金额进行明确，有观点认为不论入罪标准制定得多低，都会被不法分子利用以逃避刑事打击，如果设置标准，就有违《刑法修正案（八）》打击小额多次走私行为的初衷。[①] 从《刑法》第153条的立法构造来看，三次通关走私中"又走私"的偷逃税款数额理论上应为0元以上10万元以下（均不包括本数）。但由于走私犯罪系行政犯，其入罪标准和行政执法标准紧密关联，即第三次带货进境的行为需构成行政法意义上的"走私"，而根据《进出口关税条例》《海关进出口货物征税管理办法》有关规定，关税、消费税等税额在50元以下的一票货物免征进出口货物相关税，因此海关对于旅客携带进境的货物征收进出口相关税的起征点是50元。珠海市海关部门的行政执法实践显示，只有小额通关走私的货物偷逃应缴税额达到50元，才认定行为人构成走私，并结合其历次走私行政违法行为判断其是否构成走私犯罪。

① 参见《"三次走私"是个什么鬼》，载微信公众号"深圳市人民检察院"，2016年10月25日。

最高人民法院《关于审理走私犯罪案件适用法律有关问题的通知》明确，对于一年内曾因走私被给予二次行政处罚后又走私需要追究刑事责任的，具体的定罪量刑标准可由各地人民法院结合案件具体情况和本地实际确定。各地人民法院要依法审慎稳妥把握案件的法律适用和政策适用，确保社会效果和法律效果的统一。从已公开的信息看，尚未有省市人民法院通过纪要、通知等形式明确本地区该类案件的定罪量刑标准。由于我国地域辽阔，各地区经济发展状况和社会治安状况不同，相同的犯罪数额所体现的社会危害性及人身危险性也有所不同，故最高人民法院、最高人民检察院针对盗窃、诈骗等常见刑事案件数额标准进行了授权，各省、自治区、直辖市高级人民法院、人民检察院可以根据本地区实际，在规定的数额幅度内，共同研究确定本地区执行的具体数额标准。① 比照上述司法解释授权性规定，《关于审理走私犯罪案件适用法律有关问题的通知》则并未明确具体数额幅度，因该通知系最高人民法院下发，未明确授权各省、自治区、直辖市高级人民法院、人民检察院共同研究确定。如上所述，根据刑法及司法解释的规定，三次通关走私数额标准应为 0 元以上 10 万元以下（不包括本数），而根据行政法规及海关执法实践，三次通关走私实际执行的数额标准则是 50 元以上 10 万元以下（不包括本数），且不同地区海关部门执行的标准尚存在一定差异。为确保执法、司法的统一和权威，有必要进一步规范小额多次走私类案件刑事入罪标准设定。

2. 两次行政处罚的界定

根据刑法规定，小额多次走私案件的认定，行为人需要有一年内因走私被给予二次行政处罚的记录。但实践中，行为人除因走私被给予二次行政处罚外，常存在因违反海关监管规定被行政处罚的情况。根据《海关行政处罚实施条例》规定，除了依法不追究刑事责任的走私行为外，该条例还明确了：违反海关法及其他有关法律、行政法规和规章但不构成走私行为的，是违反海关监管规定的行为。而对于如何区分走私行为和违规

① 参见最高人民法院、最高人民检察院下发的《关于办理敲诈勒索刑事案件适用法律若干问题的解释》《关于办理抢夺刑事案件适用法律若干问题的解释》《关于办理盗窃刑事案件适用法律若干问题的解释》《关于办理诈骗刑事案件具体应用法律若干问题的解释》等。

行为，有学者认为，二者的根本区别在于是否逃避海关监管，包括客观上有实施逃避监管的行为，主观上具有逃避海关监管的故意，[①] 而海关则重点审查行为人是否有逃避海关监管的主观故意，例如行为人因携带货物过关被查获时，其系第一次被查获或者本次被查获的货物与此前被行政处罚的货物种类不一致，其个人又辩解不知是需申报缴税的货物，则海关部门一般不认定其具有走私主观故意，因而适用上述条例并作为违规行为进行处理。

根据最高人民法院、最高人民检察院、海关总署《关于办理走私刑事案件适用法律若干问题的意见》中走私主观故意推定的规定，行为人曾因一种走私行为受过刑事处罚或行政处罚的，可以认定为“明知自己所从事的行为是走私行为”。然而对于实践中出现的行为人除因走私被给予二次行政处罚之外仍有多次违规行为，上述按照走私货物是否同类为依据区分走私行为和违规行为的方式，客观上可能造成监管不力的结果，例如行为人可能为此不断更换需要偷带的货物种类。因此，判断行为人是否有走私主观故意，需要综合行为人辩解、携带方式、违法记录等进行判断，不宜仅以再次走私同类物品才认定走私主观明知。此外，对于行为人主观认知的判断，还需考察海关针对首次违规或走私行为的警示和告知是否及时全面。

（二）从宽和从严情节适用存在差异

宽严相济刑事政策是我国的基本刑事政策，因此需要全面把握从宽从严情节，合理确定量刑标准并作适当认定。经查询中国裁判文书网有关生效判决，各地对于小额多次走私类案件量刑标准存在差异。从近三年珠海小额多次走私类案件不起诉比率看，珠海市检察机关对于多次小额走私犯罪适用酌定不起诉比率呈明显增长趋势。从不起诉的理由看，除考虑犯罪金额、认罪认罚态度等常见情节外，还会综合考虑行为人三年内有无违反海关监管被征税、退运记录、因违规被行政处罚的记录、犯罪时的具体年龄等情节。

---

① 参见陈鹿林：《走私犯罪司法认定》，法律出版社 2023 年版，第 190 页。

1. 偷逃税额

以珠海市检察机关 2023 年酌定不起诉案件为例，偷逃税额低于 1000 元的占比 64%，而偷逃税额低于 500 元的占比超过 40%，部分案件偷逃税额甚至低于 100 元。而在 2023 年珠海市检察机关审结金额低于 500 元的小额多次走私案件中，酌定不起诉占比为 57%。因此，在确定是否酌定不起诉决定时，涉税金额大小仍是重要考量因素。对涉税金额较小且无特殊从重情节的行为人依法作出酌定不起诉，符合宽严相济刑事政策，有利于实现办案社会效果和法律效果的统一。同时，在小额多次走私犯罪入罪标准进一步明确前，对犯罪情节轻微、危害不大的该类案件作出酌定不起诉，可有效控制犯罪打击面，减少因各地执法标准不一带来的相关问题。

2. 前科劣迹

前科劣迹是衡量行为人再犯可能性和人身危险性的重要依据，表明了行为人侵害法益的危险和特殊预防必要性提高、量刑责任加重，前科劣迹与案件事实在主观恶性、人身危险性方面存在关联，可称为酌定量刑情节。[①] 在小额多次走私类案件中，前科劣迹主要表现为：一是曾因违规携带货物、物品等进境被行政处罚；二是曾因走私货物、物品等进境被行政处罚。如前述，该两类行政处罚虽有区别，但均系劣迹且和小额多次走私犯罪关联，可佐证行为人主观恶性和人身危险性。如果行为人在一年内曾因走私被海关给予二次行政处罚，同时还有其他因违规或走私被海关行政处罚的记录，则在决定是否酌定不起诉时应当审慎。司法实践中，除上述两类常见劣迹，海关部门往往还会提供行为人征税、退运记录，根据《海关法》和《进出口关税条例》等相关规定，居民入境时携带的物品超出合理自用范围的，海关将依法征收进口税或要求退运等。如行为人有多次征税、退运记录，则可佐证其对于进出境主动申报义务的认知，但不应归为劣迹范畴。

3. 行为人年龄

从珠海市检察机关 2023 年酌定不起诉的案件来看，被不起诉人年龄高

① 参见杜宣：《行为人前科劣迹规范适用的法教义学分析》，载《首都师范大学学报（社会科学版）》2017 年第 2 期，第 67 页。

于70岁的占比超过37%，被不起诉人年龄高于60周岁的占比超过73%。根据刑法规定，已满75周岁的人故意犯罪的，可从轻或者减轻处罚，而对于75周岁以下的人故意犯罪的，没有明确从轻处罚依据。而从事小额多次走私的行为人中老年人数量占比较大，且港澳籍的老年人占了较大比例。在确定是否作出酌定不起诉决定时，需要考察行为人人身危险性、再犯可能性以及适用刑罚后的实际社会效果，而老年人往往对于犯罪的法律后果认知不深，人身危险性和再犯可能性相对较低，因此将行为人的年龄纳入酌定不起诉考量因素有其合理性，但仍需要结合其他因素综合判定。

（三）缓刑适用相关配套机制不全

缓刑虽然不是刑罚，而是刑罚的执行方式，但对于行为人而言，则具有重要的意义，体现出司法机关给予犯罪情节轻微的罪犯改过自新及时回归社会的机会，有助于避免短期自由刑可能带来的弊端。根据《刑法》第72条的规定，缓刑的适用条件，一方面适用对象是被判处拘役、3年以下有期徒刑的犯罪分子，另一方面需同时符合犯罪情节较轻，有悔罪表现，没有再犯罪的危险，宣告缓刑对所居住社区没有重大不良影响。从实践看，如果行为人系内地居民，则上述缓刑适用条件是可以核实并认定的，但如系港澳居民，缓刑适用会存在障碍。若以“法定刑三年有期徒刑以下”作为缓刑适用的案件范围，港澳居民因犯罪最终被珠海市司法机关判处3年以下有期徒刑、拘役以及被检察机关作出酌定不起诉的人数占比较高，若仅以可能被判处的刑罚来看，有超过90%的行为人符合内地缓刑关于刑期的适用条件。[①] 在2018年至2023年珠海市检察机关办理的小额多次走私犯罪案件中，嫌疑人系港澳居民的多达417人，占比为55.75%，该部分人员符合内地缓刑相关刑期的适用条件。但根据《刑事诉讼法》的规定，对被判处管制、宣告缓刑、假释或者暂予监外执行的罪犯，依法实行社区矫正，由社区矫正机构负责执行。我国2020年后陆续颁布并实施了《社区矫正法》《社区矫正实施办法》等一系列法律规

---

① 珠海市检察机关于2017年1月1日至2022年4月12日共办理澳门居民在本市犯罪案件共计544人，除去尚未判决的51人外，有493名澳门居民在珠海市犯罪案件已办结，其中被法院判处3年以下有期徒刑、拘役或者管制以及被检察机关作出酌定不起诉的人数共计465人，约占94%。

定，进一步规范了缓刑适用及执行要求。而根据社区矫正规定，社矫执行地为社矫对象的居住地或经常居住地，在上述地址无法确认的，社矫决定机关应当根据有利于社区矫正对象接受矫正、更好地融入社会的原则，确定执行地。由于绝大部分港澳居民在境内无固定居住场所，导致无法对其开展有效社会调查，难以评估宣告缓刑对其所居住社区是否有重大不良影响，因此导致港澳居民在境内犯罪的缓刑适用率一直不高，而跨境执行社区矫正则没有先例可循，亦无明确执法依据。例如，珠海市于2021年对澳门籍人员判处3年以下有期徒刑的缓刑适用率仅为11.7%。

相较于我国台湾地区，目前我国尚未专门出台有关港澳居民在内地犯罪适用缓刑的相关规范性文件。① 在全面适用认罪认罚从宽制度背景下，如果港澳居民在境内犯罪后无法适用境内缓刑制度，而是统一执行实刑，则可能违背罪责刑相适应的基本原则，难以实现最佳办案效果。而对于取保候审并被限制出境或者被判处缓刑的港澳籍行为人，即使能够在境内接受监管或社区矫正，也面临就医、上学、证件办理等实际问题。从珠海司法实践看，为充分落实宽严相济的刑事政策，保障港澳籍行为人合法权益，珠海市司法机关根据有利于社区矫正对象接受矫正、更好地融入社会的原则，在诉讼期间提前征求港澳籍行为人关于是否同意适用缓刑的意见，并建议其自行在境内租房，从而认定租住地为社区矫正执行地。从实践效果来看，上述在行为人确定租住地后依法决定适用缓刑措施并交付执行的方式，受到了港澳籍行为人的认同。但上述实践仍有风险。

二、小额多次走私犯罪治理有关程序问题

（一）取证范围存在差异

证据的收集范围和具体要求，不仅影响到案件事实和量刑情节的认定，也直接影响到诉讼的效率，因此需要引起重视。从中国裁判文书网公

① 2016年7月26日，最高人民法院、最高人民检察院、公安部、司法部发布了《关于对因犯罪在大陆受审的台湾居民依法适用缓刑实行社区矫正有关问题的意见》，为台湾居民在大陆犯罪适用缓刑提供了制度保障。

开的相关判决看，各地对该类案件取证的范围和要求仍然存在差异，例如，部分地区的证据材料中没有行政违规查询记录或特别警示、进出境旅客海关监管规定告知书及征税或者退运的有关记录证明材料等，而在珠海市近三年的同类案件中，上述证据材料则较为齐全。

1. 行政违规记录等材料

对行政违规记录、出入境记录、征税或退运记录等证据进行收集，主要是了解涉案人员在三次小额通关走私行为之外，还存在哪些非正常带货过关记录或异常出入境记录。对于行政违规记录和征税、退运记录，均能证实行为人携带货物进境行为不符合海关关于旅客携带货物进境的监管规定，违反海关法及有关法律规定，因此可以佐证行为人对如实申报义务的认知，有助于全面了解和判断行为人对于进出境管理规定是否有明确的认知并进而综合判断其主观恶性。对于异常出入境记录，例如部分案件中行为人 15 天内入境记录超过 30 次且没有合理事由，则从事职业“水客”嫌疑较大，虽然难以据此就断定其是职业“水客”，但可通过进一步讯问、查找客观证据等核实并依法作出判断。

2. 监管规定告知文书

在小额多次走私类案件中，行为人往往会对海关进出境政策的认知提出不同程度的辩解，由此可能影响其走私主观故意的认定。针对不同的进出境旅客，海关监管的具体标准存在差异，为此可能造成部分旅客存在认知误区，珠海海关部门为此制作了统一格式的《进出境旅客海关监管规定告知书》《特别警示》等文书，主要用于重点人群的出入境事项提醒或旅客初次构成行政违法的提示，告知书中明确了不同类型旅客申报的义务、范围以及可能承担的具体责任等，提醒旅客有如实申报的义务和走私可能承担行政责任甚至刑事责任的后果，行为人签名确认后存档。在行为人后续再走私并构成犯罪时，海关部门调取该部分书证材料并作为行为人主观违法性认知的证明。从实践效果看，上述监管规定告知书有效发挥了预防犯罪的功能，也提升了执法、司法办案效率和效果。

（二）诉讼程序简化不足

与重罪诉讼程序相比，各国对于轻罪的诉讼程序都遵循了快速和简易的原则，追求以最小的司法资源消耗来处理更多的案件，① 通过有限的司法资源实现诉讼效益的最大化。小额多次走私犯罪案件一般具有以下特征：可能被判处3年有期徒刑以下刑罚；案件事实清楚、证据充分；被告人承认自己所犯罪行，对指控的犯罪事实没有异议；被告人希望尽快开庭并判决，对案件简化审理无异议。该类案件属于典型的轻刑犯罪案件，但在司法实践中，该类案件的办案程序简化仍存在以下问题：

1. 不能适用简易程序或速裁程序

根据《刑事诉讼法》规定，简易程序、速裁程序均只能适用基层人民法院管辖的一审案件，而不能适用二审案件或中级人民法院管辖的一审案件。而根据《关于走私犯罪侦查机关办理走私犯罪案件适用刑事诉讼程序若干问题的通知》，海关缉私部门侦查的案件均由各地市人民检察院审查起诉，由各地市中级人民法院审理。因小额多次走私犯罪案件一般由海关缉私部门侦查，因此无法适用简易程序和速裁程序审理。从珠海市检察机关提起公诉的该类案件看，对于犯罪嫌疑人认罪认罚的，一般均在与犯罪嫌疑人签订的认罪认罚具结书中明确同意适用普通程序简化审理，法院则在开庭前征求控辩双方意见后适用普通程序简化审理。《关于适用普通程序审理“被告人认罪案件”的若干意见（试行）》，对普通程序简化审理作出了具体要求，根据该规定，除了需要中级人民法院组成合议庭审理案件外，其他简化审理的方式和简易程序实质没有区别，这对于提高庭审效率是有积极意义的。但相比简易程序，在案件适用普通程序简化审理时，案件的审理期限仍然适用普通程序的规定，而简易程序和速裁程序均明确缩短了审理期限，对提升诉讼效率更具刚性。

2. 办案期限缺乏刚性约束

基于上述第一点所列原因，因小额多次走私犯罪案件无法适用简易程序或速裁程序，且缺少类似醉酒危险驾驶刑事案件办理的程序性规定，案件办理仍按照一般刑事案件的程序进行，因此司法机关在办理该类案件的时限缺乏刚性约束，可能影响整体办案效率和效果。且司法机关对该类犯罪嫌疑人以取保候审为原则，以逮捕等羁押强制措施为例外，而根据《刑事诉讼法》的规定和当前司法实践中关于取保候审的办案时长，也就

---

① 参见高长见：《轻罪制度研究》，中国政法大学出版社2012年版，第252页。

意味着，对于未采取拘留、逮捕等羁押强制措施的案件，其侦查期限、审查起诉期限最长均可能长达一年，如此可能造成该类案件久拖不决，不利于行为人权利保障和诉讼效率提升。

（三）强制措施适用两难

1. 非羁押强制措施适用两难

2023 年，珠海市检察机关办理的小额多次走私犯罪案件中，涉案人员共计 258 人，被采取取保候审强制措施的为 250 人，占比 96.9%。因此，在该类案件中，对犯罪嫌疑人采取非羁押强制措施是常态，也符合宽严相济刑事政策精神。但从珠海的司法实践看，取保候审仍存在诸多问题，2023 年，珠海市检察机关审结的上述小额多次走私案件中，港澳籍犯罪嫌疑人 163 人，其中 158 人被取保候审，占比为 96.9%。根据规定，被取保候审的犯罪嫌疑人未经执行机关批准不得离开所居住的市、县，司法机关可根据案件情况责令犯罪嫌疑人将通行证等出入境证件交执行机关保存。而绝大部分港澳籍犯罪嫌疑人在内地无固定住所，被取保后仍需返回港澳居住生活，因内地和港澳之间缺少有效的刑事案件司法协作机制，导致执行机关难以对其在港澳的活动实施有效监管。部分嫌疑人在取保候审期间拒不配合返回内地并完成后续诉讼程序，部分嫌疑人则在取保候审期间再次实施走私行为，容易产生办案风险及社会隐患，后续案件处理处于两难境地。

2. 羁押强制措施的适用存在争议

结合珠海和其他地市近年司法实践看，为解决取保候审两难问题或提高类案办理效率，有观点提出，可探索对小额多次走私刑事案件采用“刑拘直诉”模式，对行为人以拘留为原则、不拘留为例外，并在拘留后的一定期限内完成侦查、起诉、审判，使办案时间得到最大程度压缩，极大提升办案效率，同时有效消除行为人脱管等社会危险。“刑拘直诉”程序相关的嫌疑人被羁押的最长时间虽然只有一个月左右，但其羁押效果和逮捕并无实质区别，一旦作为类案办理的普遍程序机制，则可能有“一刀切”的嫌疑，使得部分社会危险性显著较低的行为人被采取拘留等羁押强制措施，不利于刑事诉讼公正价值的实现。

三、小额多次走私犯罪治理的路径构建

（一）治理的理论基础

随着我国刑事法治的发展，犯罪的社会治理问题越来越引起重视。据统计，自2006年《刑法修正案（六）》首次增加轻罪罪名开始，《刑法修正案（九）》《刑法修正案（十）》《刑法修正案（十一）》这三次刑法修正案共增加35个罪名，轻罪罪名占比达65.7%。近年来，我国犯罪结构发生深刻变化，判处3年有期徒刑以下刑罚的案件占比从1999年的不足55%，到最近几年稳定维持在85%以上，[①] 由此可见，轻罪案件数量大幅增加，已经成为犯罪治理的主要对象，这是包括检察机关在内的执法司法机关及社会各方面需要共同面对、回应的时代课题。我国《刑法》并没有如域外许多国家和地区将犯罪划分为轻罪、重罪等不同性质和种类，换言之，目前我国《刑法》中的轻罪和重罪概念都是学者界定的，并不存在法定标准。

小额多次走私犯罪属于走私犯罪的一部分，而走私犯罪并不属于一般意义上的轻罪范畴，其确定刑取决于走私的对象、数量、价值以及犯罪情节等多重因素。而小额多次走私犯罪则具有其自身特点，其法定最高刑为3年有期徒刑，属于典型的法定刑轻罪范畴，且从司法实践来看，该类犯罪的确定刑一般为拘役，因此更接近微罪范畴，具备社会治理的基础和必要性，考虑其在部分地区走私犯罪案件中占据的比重，同时有别于独立的轻罪概念，可以将小额多次走私犯罪界定为“轻刑走私犯罪”，并对其内在治理逻辑和路径进行进一步探究，为走私犯罪的治理提供参考路径。

（二）治理的基本原则

对走私违法犯罪行为开展社会治理，既是有效预防和惩治走私违法犯罪的需要，也是维护国家安全和社会经济秩序的要求。结合我国当前法律、法规和刑事政策，反走私工作的重要一环即是反走私综合治理工作，

---

① 参见《贯穿于“四大检察”全过程落实到履职办案全环节——最高检通报去年检察机关践行“高质效办好每一个案件”经验成效》，载《法治日报》2024年2月22日，第3版。

且自上而下形成了相对具体的指导方针。不论是《广东省反走私综合治理条例》，还是《珠海市经济特区反走私综合治理条例》，明确坚持打防结合、标本兼治、权责一致、统筹协调的原则，目的均是建立辖区内有效的反走私综合治理工作机制，更好打击和预防走私违法犯罪行为。从综合施策的角度来看，上述条例的出台，重点是整合反走私各方力量，提升执法质效，着力减少走私的同时确保打击有力。

从社会治理的角度看，打击并不意味着必须治罪，治罪不是打击走私的终点或最佳方式。除了开展上述综合治理工作，有必要围绕走私犯罪案件类型、特点，分别站在行政执法主体、刑事司法主体、走私行为人立场，从入罪、出罪等角度思考行政执法、刑事执法如何双向发力，才能达成最佳治理效果。总体上，应把握以下几个基本原则，协同推进小额多次走私犯罪的有效治理：

一要兼顾行政执法和刑事司法。行政处罚作为一种具体行政行为，旨在通过减损权益或增加义务的方式对违反行政管理秩序的公民、法人或其他组织进行惩戒，具有预防和减少违法行为的功能。走私犯罪作为典型行政犯，其犯罪构成以行为违反《海关法》等行政法律法规为前提，通过行政罚款、没收货物等具体制裁措施，有利于明确法律的底线，增强公民对法律的敬畏和遵守法律的意识，减少违法行为和犯罪的发生。针对小额多次走私行为的治理，需要统筹行政执法和刑事司法两个层面，进一步统一行政执法和刑事司法的尺度，确定合理处罚标准和入罪、量刑标准，充分发挥行政执法和刑事司法各自功能，同时健全行政执法和刑事司法衔接工作机制，加强行政执法机关和司法机关的协调配合，做到二者相辅相成，共同提升治罪和治理的整体效果。

二要兼顾实体和程序。从危险驾驶案件的治理实践来看，其既注重从实体层面完善入罪标准、规范案件不起诉的标准，又要注重从程序层面简化、优化办案程序，提升办案效率。在实体层面看，既要关注行政处罚的种类、标准，又要进一步明确合理的刑事入罪、出罪标准等，通过完善立法或规范自由裁量权的使用，形成小额多次走私犯罪司法过滤机制；从程序层面看，则要完善该类案件的程序分流、证明标准、羁押措施、轻罪转处后的配套保障机制等程序问题，体现轻罪案件在程序处理上的优势，减少当事人的诉累。

三要兼顾公正和效率。为了应对持续增长的轻罪数量，司法机关需要足够的司法资源，但如果做不到对有限司法资源的科学配置和充分利用，就可能导致司法资源浪费问题。犯罪治理是一个系统性的工程，需要兼顾实体和程序两个层面，努力在“人少案多”的司法现状和“公平正义”的司法理想间实现最大限度的衡平。对于小额通关走私犯罪案件，犯罪情节普遍轻微，犯罪嫌疑人普遍认罪认罚，案件证据搜集难度小且行政机关、司法机关均形成了相对固定的办案流程，具备快速办理的基础条件。而该类案件中的犯罪嫌疑人因经常往来内地和港澳工作或者生活，如果案件办理周期过长，会对其工作和生活造成较大影响。特别是针对港澳居民，如果因采取强制措施而无法出境，其在境内居住问题又难以解决，其将无法享受港澳的医疗保障等。因此，在办理该类案件时，应当兼顾公正和效率，一方面，要确保司法尺度规范统一，公平公正执法，保障当事人合法权益；另一方面也需要建立科学、合理、有效的小额多次走私犯罪治理工作机制，加强公检法各部门的协调配合，推进案件的繁简分流、轻重分离、快慢分道，形成轻罪预防、惩处、治理的合力，实现政治效果、法律效果和社会效果的统一。

（三）治理的路径构建

1. 完善相关立法，统一执法司法尺度

一是落实立法精神，准确把握罪与非罪的界限。根据《关于审理走私犯罪案件适用法律有关问题的通知》，各地应当结合实际确定入罪的标准。参照部分地市司法实践，同时防止“一刀切”的简单执法可能带来的消极后果，可将小额多次走私中的“又走私”偷逃税额一般标准确定为500元，同时就500元以下时可能入罪的特殊情节作出规定。据此，对于偷逃应缴税额不足500元且不具有法定从重处罚情节的，可认定为情节显著轻微、危害不大，依照《刑法》第13条、《刑事诉讼法》第16条的规定处理。从珠海市检察机关2023年审结的案件情况看，如果以500元为入罪标准，则有41.74%的该类案件可能系情节显著轻微的案件且不需要作为刑事案件处理，该部分案件可作为行政案件进行分流处理，在统一执法尺度的同时体现公平公正，同时又将极大节省司法资源。从盗窃罪、诈骗罪等侵财类犯罪的入罪标准来看，各省、自治区、直辖市高级人民法院和人民检察院均通过联合发布通知的形式明确本地区的入罪标准。因

《关于审理走私犯罪案件适用法律有关问题的通知》已经明确，各地人民法院可以结合案件具体情况和本地实际确定定罪标准，因此对于小额多次走私类案件的入罪标准优化设计，应当在省级司法机关层面统筹研究并依法予以明确，确保在一定区域内执法司法的统一。因走私案件系行政犯，在该类案件进入刑事诉讼前，其走私性质与否的认定权在海关部门，在司法机关统一明确各地类案入罪标准后，海关部门应当及时对行政执法的标准和处理方式进行调整，从而实现行政执法标准、刑事司法标准的有机统一。

二是规范裁量标准，探索有效出罪机制。为合理配置司法资源，落实我国宽严相济刑事政策，从而减少社会对立、促进社会和谐，优化检察机关的不起诉裁量权行使至关重要。因小额多次走私类案件犯罪金额小，行为人普遍认罪认罚，社会危害性较小，具备酌定不起诉的基础条件。但从适用条件看，只有同时具备“犯罪情节轻微”与“依照《刑法》规定不需要判处刑罚或者免除刑罚”两种情形方可适用。由于何谓“犯罪情节轻微”缺乏明确界定，而“依照《刑法》规定不需要判处刑罚或者免除处罚的”目前仅有八种明确规定的情形，加之检察机关自身对适用酌定不起诉态度谨慎，酌定不起诉的适用比例存在地区差异。明确酌定不起诉的裁量标准，不仅可以解决因“犯罪情节轻微”概念模糊可能带来的司法随意性或偏差，影响法律的权威和公信力，也可以有效防止裁量权的滥用，实现对检察官自由裁量权的有效制约和监督。结合小额多次走私类案件特点，参照《关于办理醉酒危险驾驶刑事案件的意见》相关规定，一方面可以进一步明确应当从重的以下情节：采取暴力冲关方式进境的；利用未成年人走私的；除涉案的三次走私行为外，三年内还有多次违反海关监管规定被行政处罚记录的；五年内曾因走私行为被判处有罪或者作酌定不起诉的。另一方面，可以明确，对海关缉私部门移送审查起诉的该类案件，人民检察院综合考虑犯罪嫌疑人年龄、带货的动机和目的、违法性认识程度、偷逃税额以及认罪认罚表现等因素，认为犯罪情节轻微的，依照《刑法》第 37 条、《刑事诉讼法》第 177 条第 2 款的规定处理，但具有上述从重情节的除外。

2. 优化诉讼程序，实现案件繁简分流

一是积极探索类案快速办理工作机制。当前各地对该类犯罪的办案效率提升均有积极探索，不同程度实现了简化办案程序、兼顾公正和效率的目标，有助于完善轻罪案件办理程序，实现繁简分流。如珠海市检察机关在审查该类案件前，检察官分批提前介入并全面了解案件，对于没有特殊情况的案件，建议侦查机关集中移送，检察机关集中办理，同时简化审查报告，明确不同情形处理标准。为提高审判效率，在签署认罪认罚具结书时，将“同意适用普通程序简化审理”作为认罪认罚内容，确保案件快诉、快判。因该类案件适用缓刑比例高，检察机关在签订认罪认罚具结书前需要向犯罪嫌疑人户籍地或住所地司法局发出社会调查委托函，但因社调回函时间较长，为了保障行为人诉讼权益同时确保程序合法，珠海市检察机关探索在社会调查完成前开展认罪认罚具结并在具结书中明确“符合条件的，可以适用缓刑”，为后续审判留下衔接空间。从其他地市检察机关司法实践看，也有探索在一线口岸设立“检察官办公室”，专门办理口岸缉私部门侦办的“一年三次走私入刑”“走私止咳水”等认罪认罚案件，通过繁简分流实现“简案专办、难案精办”，提高效率。①

二是进一步规范类案办理程序。有必要在上述探索的基础上，进一步从立法和司法层面探索并明确小额多次走私类案简单案件快办的程序和具体要求，统一证据收集和审查的标准。例如，当前各地海关缉私局已经实行公安部和海关总署的双重领导，但以公安部为主，为此可以探索在立法上明确小额多次走私类犯罪案件由各地基层人民法院管辖，改变当前海关缉私相关走私犯罪案件全部由各地中级人民法院管辖的局面，解决中级人民法院适用速裁程序、简易程序受限问题。如果无法在立法层面解决级别管辖问题，则可在省级或市级层面建立公检法类案快速办理的工作机制，明确开展侦查、审查起诉以及一审审判的时限，指定专人或办案组负责，实现简案快办，例如，可以参照《关于办理醉酒危险驾驶刑事案件的意见》，明确以下内容：公检法机关一般应当在立案侦查之日起 30 日内完成侦诉审工作；对于取保候审尚未届满且符合取保候审条件的，受案机关可以不再重新作出取保候审决定；对于拟判处缓刑的人员一般不再委托社区矫正机构进行调查评估；公检法机关可以采用表格式、清单式法律文书

① 参见《深圳检察扎实推进认罪认罚从宽制度试点工作成效初显》，载微信公众号“广东检察”，2018 年 8 月 1 日。

办理小额多次走私犯罪案件。同时，可以明确案件集中办理工作机制，对具备集中办理的案件，实行集中移送、集中审查、集中审理和判决，提高类案办理效率。此外，为保障当事人合法诉讼权益，应当明确司法机关在受理案件后应当及时协调司法局完成法律援助律师委派工作并确保律师及时阅卷、会见等。

3. 探索配套机制，解决跨境执法难点

一是丰富和完善内地和港澳之间的司法协作机制。港澳均属自由贸易区和免税区，与内地法律制度存在差异，以澳门为例，澳门法律虽不禁止“水客”团伙的揽货行为，但可根据澳门《对外贸易法》《聘用外地雇员法》《禁止非法工作规章》等，对水客相关联的违法贸易行为科处罚款等行政处罚，非居民还可能面临被禁止在澳门从事任何劳务活动的附加处罚。2004 年，海关总署与澳门海关签署《海关总署与澳门海关合作互助安排》，以提高通关效率并更有效打击和遏制两地间的走私违法活动，粤澳两地海关还建立了双方高层年度会晤、粤澳海关会晤、联络员会晤制度等联络机制，拱北海关根据粤澳海关联络员制度设立了联络员。2011 年广东省人民政府和澳门特别行政区政府签署的《粤澳合作框架协议》指出，在内地公安机关与澳门警方交流合作机制框架下，完善打击跨境犯罪的直接联络、会晤和案件协查渠道，提高打击跨境犯罪的效率和能力。上述框架协议，奠定了粤澳反走私执法合作的基础。从实践看，2018 年期间澳门海关和内地海关就曾经成功联合开展反走私行动，澳门海关查获 35 宗行政违法个案。[①] 粤港澳三地执法部门需进一步围绕个案、类案，充分运用和执行三地法律规定，完善打击跨境犯罪的联络、会晤和案件协查渠道，联合开展查缉行动，推动解决跨境取证难等问题，提高打击该类犯罪的效率和能力。

二是探索建立港澳人员取保候审、缓刑适用的配套机制。为解决实践中遇到的港澳人员取保候审难、缓刑适用难问题，可参照台湾居民在大陆适用缓刑有关规定建立港澳籍人员相关工作机制。例如，司法行政机关开

① 参见《澳门海关与拱北海关举行 2018 年打击走私联合行动》，载人民日报海外网，https://m.haiwainet.cn/middle/3541079/2018/0212/content_31260172_1.html，最后访问日期：2024 年 7 月 15 日。

展调查评估、社区矫正等具体工作时，可以请求各地港澳企业协会、港澳企业以及犯罪嫌疑人、被告人在内地的监护人、亲友等协助提供有关材料。① 可探索建立港澳籍犯罪嫌疑人集中监管、矫正协作机制，对于被采取非羁押措施或被判处缓刑的港澳籍人员，探索在横琴粤澳深度合作区建立专门的涉港澳人员矫正中心或安置基地，鼓励民间公益团体、企事业单位为无固定住所的轻微刑事犯罪人员提供暂住地等，既方便集中开展监管、矫正，又能解决港澳居民异地就医、上学、证件办理等实际民生问题，为日常有效监管和社区有效矫正创造有利条件；根据社区矫正需要，司法行政机关可以会同相关部门，协调港澳企业协会、港澳企业等，为判处缓刑的被告人提供工作岗位、技能培训等帮助，最大化地保障港澳籍行为人合法权益。② 在经过上述探索后，应积极推动内地与港澳签署区际刑事司法互助协议，探索建立跨境执行取保候审和适用缓刑的新机制，在有效打击犯罪、维护社会稳定的同时，适应大湾区融合发展的需要，提升港澳居民在内地的司法认同感。

4. 创新管控模式，提升综合治理实效

一是加强行政执法，充分发挥行政执法惩治轻微违法行为和预防刑事犯罪的功能。近年来，海关部门对小额走私违法行为的行政处罚随着执法实践在持续调整，从此前的“没收走私货物 + 罚款”为主，到近年来的“没收走私货物”为主。通过走访调研发现，导致上述变化的原因有多种，而行政处罚中的罚款执行难问题也一直困扰海关执法部门，在作出罚款决定后，相当一部分被处罚人未能及时按照行政处罚决定书交付罚款，导致案件进入复杂、漫长的执行程序，直接影响案件的办理质效。针对部分“水客”帮他人走私货物进境的行为，如果仅仅没收涉案的货物，可能因“水客”未支付货物对价，导致其并未遭受任何实际损失，也就无法对该部分“水客”起到应有的惩治作用。为充分发挥行政执法的威慑力，在依法没收走私货物的同时，应当充分发挥罚款的惩戒作用，同时通

① 参见最高人民法院、最高人民检察院、公安部、司法部《关于对因犯罪在大陆受审的台湾居民依法适用缓刑实行社区矫正有关问题的意见》第 4 条。

② 参见最高人民法院、最高人民检察院、公安部、司法部《关于对因犯罪在大陆受审的台湾居民依法适用缓刑实行社区矫正有关问题的意见》第 9 条。

过完善执行程序、加大执行力度等解决罚款执行难问题。此外，应当区分案件具体情况，作出和案情相符的行政处罚结论，以体现行政处罚轻轻重重、有效惩治违法行为、预防违法犯罪的功能。综上，对于小额走私违法行为，海关监管部门应当加强日常行政执法，充分发挥行政处罚预防犯罪的功能，合理确定“罚款”的适用范围和标准，例如区分“水客”和“非水客”、区分第一次走私和再次走私等，实现精准打击。

二是加强刑事司法和行政执法的反向衔接，实现“罚当其过”。强化对被不起诉人、免予刑事处罚人的教育惩戒，根据法律规定，在对犯罪嫌疑人作出不起诉决定后，如需要对被不起诉人给予行政处罚、处分或者需要没收其违法所得的，人民检察院应当提出检察意见，移送有关主管机关处理，可以根据案件不同情况，对被不起诉人予以训诫或者责令具结悔过、赔礼道歉、赔偿损失。结合司法实践看，在对小额多次走私的犯罪嫌疑人作出酌定不起诉后，珠海市检察机关有权提出检察意见，建议海关缉私部门对被不起诉人给予行政处罚。需要注意的是，自 2023 年以来，最高人民检察院出台关于刑行双向衔接的有关意见①，使检察意见的制发更为规范、落实更为有力，但需要注意的是，为确保检察意见的针对性和落实效果，防止行政执法的随意性，检察机关应当结合案件具体情况，参照《海关行政处罚实施条例》及相关裁量标准，探索在检察意见中明确行政处罚的种类和处罚标准，实现“罚当其过”。

三是加强跨部门反走私联动，健全协调配合机制。反走私综合治理工作涉及部门众多，相关成员单位应充分发挥自身职能作用，切实加强协作配合，市场监管、城市管理、社区街道等部门应对口岸周边区域开展不定期的巡查和联合执法，加强对私货仓库、出租屋、快递网点等相关行业、领域的监管，通过清查整治以净化口岸周边环境，做好行政刑事案件衔接，定期通报各地区执法、治理等方面存在的问题，全面提升打击效果。要加强重点人群管控，探索进出境准入机制，海关向地方公安机关出入境管理部门及时通报有严重违法记录的内地“水客”信息、具体情况及原因，提出限制签注或注销签注及限制出入境次数的要求。加强涉走私风险

① 参见最高人民检察院发布的《关于推进行刑双向衔接和行政违法行为监督构建检察监督与行政执法衔接制度的意见》。

人员预警，依托边检出入境、海关查验数据信息、地方公安机关建模平台资源，搭建大数据反走私平台，提升打击效果。探索反走私信用体系建设，将因走私被判处刑罚、免予刑事处罚、受到行政处罚的单位、自然人信息并入政府信用管理体系，在税收优惠、招投标、贷款、保险、证券交易等方面予以惩戒。例如，对于赴港澳劳务人员利用口岸通关便利实施走私违法犯罪行为的，可以将违法犯罪信息通报商务主管部门，由商务主管部门通知相关对外劳务合作企业向境外雇主披露，而对于利用驾车跨境实施走私违法犯罪行为的，可以通报公安机关、交通运输管理部门和商务主管部门，采取注销跨境机动车指标和牌证或者车辆及所有人、驾驶人备案信息，责令限期返回原车籍地，不予受理新的跨境机动车指标和牌证申请等处理措施，有效压缩劳工“水客”群体和车主“水客”群体规模。

四是加强反走私警示告知，针对重点人群开展普法宣传。虽然进出境的旅客携带货物进境时有如实申报的义务，海关法亦明确了可以携带合理自用货物进境的范围，但进出境政策亦有调整的情况，为防止“强人所难”，海关部门应持续加强在口岸通关现场及周边区域的反走私宣传，突出进出境政策法规、典型违法犯罪案件的警示作用；探索在口岸周边街道、社区开展不起诉公开宣告或公开庭审，将司法活动带入社区，让人民群众可知可感；针对数量庞大且通关频繁的赴港澳劳工群体，应当通过境内外职业介绍所强化职前培训，促使其不能犯、不敢犯；对初次违反海关进出境政策的旅客及时发出海关监管告知书、特别警示等，提醒旅客守法通关；探索开展不起诉后的跟踪回访，防止被不起诉人再次走上违法犯罪的道路，做足做实不起诉的社会治理。

与严刑峻法相比，刑罚轻缓宽和更有利于培养社会公众内心对于法律的认同感，公众对于法律的普遍认同感形成社会共同的法治观念和法治心理，从而形成自觉守法的氛围。① 为了教育、挽救涉嫌小额多次走私犯罪的行为人，除了谨慎适用羁押强制措施，实现缓刑的积极适用外，还可探索建立轻罪前科记录封存制度，确立经过特定时限和特定条件的前科消灭制度，为行为人复归社会移除最大的障碍。

① 参见郭理蓉：《轻罪刑事政策研究》，中国法制出版社 2023 年版，第 43 页。

第二节　“套代购”走私犯罪治理问题

“套代购”走私犯罪的治理对于确保政策惠民、维护市场秩序等方面具有重要意义，应当结合该类案件特点及办案中发现的问题，在加大打击力度的同时不断强化监管，有效防范自由贸易港免税品走私风险，建立健全与自由贸易港建设相适应的反走私综合治理体系。

一、“套代购”走私犯罪案件办理有关问题

（一）侦查取证方面

一是电子数据提取难。以电子数据形式存在的聊天记录、转账记录、物流记录等证据，是认定“套代购”的关键，但不少犯罪嫌疑人反侦查意识强，会定期或者察觉将要“东窗事发”时自行或要求同案犯删除聊天、支付等记录，甚至更换手机，注销微信、支付宝账号，以逃避海关缉私部门的侦查，导致在案发后难以及时收集、提取、固定上述电子数据，稍有疏忽便容易灭失。此外，物流寄递行业对免税商品的监管仍存在漏洞，对寄件人、收件人、寄件地址、收件地址等信息的真实性监管仍不到位，海关缉私部门即便收集到也难以甄别。

二是涉案资金追查难。“套代购”走私犯罪呈现出集团化的趋势，反侦查能力增强，被查获的“人头”大多数为他人雇佣，对于幕后老板以及上游犯罪的资金来源、去向难以查清查获。为避免留下支付痕迹，不少“头目”会选择以现金形式将货款和报酬提前交付给“人头”，由其自行向免税店支付货款，使得用于“套代购”的资金与“人头”的日常资金混在一起，以正常的转账形式掩盖其非法目的，导致在认定“套代购”犯罪事实时，缺乏走私犯罪资金的指向性证据予以佐证，增加了刑事指控难度。

三是异地协作取证难。套购免税商品的出资者一般来自海南以外的省份，但侦查机关往往只能溯源至与涉案人员存在转账汇款关系的银行账户，如果能实现异地资金溯源联动，则可能挖掘出洗钱犯罪或其他上游犯

罪线索。因琼粤桂三地在跨区域侦查取证方面尚未构建行之有效的工作机制，继续深挖难度大。

（二）证据审查与事实认定方面

一是重要证据属性存在争议。目前《涉嫌走私的货物、物品偷逃税款海关核定证明书》（以下简称《核定证明书》）的证据属性有两种不同意见。一种意见认为是鉴定意见，理由是《核定证明书》系有权机关出具的确定犯罪数额的权威性文书，在证据中有无可替代的地位。另一种意见则认为，出具《核定证明书》的海关关税部门并非鉴定机构，没有法定鉴定资质，不能认定为鉴定意见，应当参照交通事故认定书，作为一种证明效力较高的公文书证处理。刑事司法实践中，海关缉私部门倾向于第一种意见，向犯罪嫌疑人送达《核定证明书》时使用的法律文书是鉴定意见告知书，但在后续刑事诉讼环节是否按鉴定意见评价其证据能力和证明力存在一定争议。

二是合理自用的界定不易把握。走私对象是用于销售的货物还是自用的物品，关系到走私对象的属性及相应的计税税率，常见于涉嫌消耗性免税商品的走私案件，例如化妆品、香烟、酒水等，实践中往往依赖犯罪嫌疑人、被告人的供述和辩解，缺乏其他客观证据印证，而言词证据又具有可变性，合理自用的标准不易界定。

三是既遂和未遂的区分尚不统一。此类案件对犯罪形态的认定难点，在于适用“离岛免税”政策，是否以免税商品“离岛”作为走私犯罪既遂标准，如果“人头”已付款购买免税商品，但尚未提货或已提货暂未离岛，属于犯罪既遂还是未遂存在一定争议。

（三）法律适用和诉讼程序方面

一是违法所得认定方式、标准尚待明确。根据2002年最高人民法院、最高人民检察院、海关总署《关于办理走私刑事案件适用法律若干问题的意见》，对于无法扣押或者不便扣押走私进境的货物、物品的，以其走私货物的完税价格（货值金额）作为其违法所得并予以追缴。在普通型的走私犯罪案件中，行为人应被追缴的违法所得金额，往往会根据其在共同犯罪中的地位和作用予以认定，例如区分揽货中介和实际货主，并预留尚未到案的同案犯份额。而在“套代购”走私案件中，被抓获的犯罪嫌疑人往往是负责采买的“人头”或中介人员，而实际购买人往往难以纳入刑事打击范围，如果以对应商品的完税价格作为“人头”或中介人员的违法所得，则与罪刑相一致原则不符，有打击过重之嫌。

二是行刑双向衔接存在不足。根据我国《行政处罚法》第 35 条中规定，违法行为构成犯罪的，人民法院判处罚金时，行政机关已经给予当事人罚款的，应当折抵罚金。根据最高人民法院《关于适用〈中华人民共和国刑事诉讼法〉的解释》第 523 条中规定，行政机关对被告人就同一事实已经处罚款的，判处罚金时应当折抵。根据《办理走私刑事案件适用法律若干问题的意见》，对各共同犯罪人判处罚金的总额应掌握在共同走私行为偷逃应缴税额的 1 倍以上 5 倍以下，而在“套代购”走私团伙案中，起诉的被告人则由法院判处罚金，部分被不起诉人由海关予以处罚。关于被不起诉人所缴纳行政罚款能否折抵同案人刑事罚金，实践中仍存在不同理解，也尚未建立有效机制对二者综合评价，确保罚金的合理、公平、公正。

三是罚金数额认定标准有争议。根据我国《刑法》第 153 条的规定，犯走私普通货物罪的，应当对犯罪嫌疑人并处偷逃应缴税额 1 倍以上 5 倍以下罚金。而“套代购”类走私的免税商品多为奢侈品，税率相对较高，因此相对其他走私类案件，该类案件中的犯罪嫌疑人偷逃应缴税额往往相对较高，其可能承受的刑事罚金数额也相对较高。而大多数“套代购”走私犯罪案件的嫌疑人在审查起诉阶段已经补缴了全部偷逃税款，如果再对其苛以 1 倍以上罚金，是否会导致罪责刑不相适应值得商榷。

二、“套代购”走私犯罪综合治理有关问题

（一）犯罪的低门槛及组织的松散化

海南离岛免税购物政策采用不同于内地往来港澳的出入境专用证件式管理模式，人员进出海南岛不属于出入境而是在国内省份之间进行正常流动，政策许可人群的范围十分广泛。因此，区别于传统的跨境有组织犯罪，“套代购”属于非跨境式走私，参与走私活动的门槛较低，组织一般较为松散，活动的临时性和随机性强，犯罪链条长，组织成员之间又以单线联系为主，给缉私部门进行及时、精准打击带来较大困难。“套代购”

犯罪组织的松散性、活动的随机性主要体现在，许多人受利益驱使成为“人头”，与发布某项免税商品采购任务的“头目”取得联系，并与其他素不相识的“人头”组成该项任务的微信群，在购买行为完成后便可退出该群，再寻找新的免税商品采购任务并加入新的微信群，与新“头目”合作完成采购任务。不仅如此，一些不法分子还利用在校大学生无违法记录、不易引起监管部门注意的“优势”，以招聘兼职等形式许以报酬，引诱大学生充当“人头”使用自身额度代购，进一步增加了缉私部门的打击难度。

（二）犯罪手段日趋隐蔽化

随着对“套代购”走私犯罪的打击力度不断加大，犯罪分子的反侦查能力也在不断增强，犯罪活动日趋具有隐蔽性，如尽量确保采购环节的合规合法，将集货点设置在岛外，利用快递进行零包销售等，导致发现犯罪难、建立证据链条难、追究刑事责任难。具体表现在：一是组织手段隐蔽。走私团伙中的“头目”通过微信群等招募“人头”，要求“人头”下单购买特定免税商品并提货离岛，待该批次商品在异地完成交货后，“头目”与本次招募的“人头”即终止联络，有新的“套代购”需求时再重新组织“人头”。货主组织“水客”到现场后，货主“隐身”在现场“监视”，由“水客”全程完成身份信息核验及购物付款，单从购物信息难以察觉与走私犯罪有关。二是运输方式隐蔽。在琼州海峡往返的轮船班次多、票价便宜、人流量大，实施“套代购”的时间成本和经济成本均较低，而港口的现场执法力量有限、查验设备相对简单，所以大多数“人头”选择乘船实施“套代购”走私。三是资金账目隐蔽。为掩饰非法目的，走私团伙刻意混淆资金流向，如将购买免税商品的货款通过支付宝、微信等方式分散转给“人头”，由“人头”自行支付免税商品的价款，待商品交付给货主后再收取现金酬劳。此外，免税商品的销售人员和邮寄打包人员在服务过程中虽然能够察觉出“顾客”可能在实施“套代购”走私，但出于业绩压力及其他顾虑，普遍缺乏进行积极干预的动力。

（三）免税商品监管尚有不足

海南离岛免税购物政策的开放程度较高，本地居民甚至所有进出岛的旅客都将成为离岛免税“套代购”的监管对象。长期以来，海南离岛免税商品监管使用的系统主要有免税商品监管子系统和海南离岛旅客免税商品监管系统。在业务量较小的情况下，上述系统尚能够较为精准有效地实现对免税商品的监管。但是，随着离岛免税销售规模不断扩大，海关监管业务量持续增加，这两套监管系统审单流程过长、查询统计失准等问题逐渐暴露，有时甚至需要人工处理相关数据，智能化水平明显不足。① 近年来，海口海关自主研发了离岛免税 RFID 仓库监管系统，操作便捷度和智能化水平有所提升，但由于该系统平台目前尚存在数据归集、信息协同、实时共享不足等问题，仍离不开传统人工线下核查，系统的灵敏度和准确度与及时发现“套代购”走私的实际需求还存在较大差距。

三、“套代购”走私犯罪治理的路径选择

（一）聚焦犯罪指控难点，全链条提升案件办理质效

1. 侦查取证方面

（1）引导侦查和自行补充侦查并重，提升办案质效

“套代购”走私犯罪案件具有持续时间长、消费记录多、涉及人员多等特点，取证工作往往贯穿侦查、起诉等多个环节，需要从以下几方面入手以确保取证效果：一是在审查逮捕和审查起诉过程中，切实提升引导侦查取证质效，如积极引导侦查机关全面及时收集、汇总、分析幕后老板、上游犯罪资金来源及去向等事实和证据，有效打击头目及关联洗钱犯罪。为防止微信聊天记录、快递记录等关键客观证据缺失，检察机关要注重引导及时、依法、规范取证。二是对于部分认罪悔罪态度良好、愿意积极配合案件侦查的犯罪嫌疑人，应积极鼓励其协助侦查机关进一步调取案件相关证据，并作为认罪认罚从宽情节予以考虑。三是充分重视犯罪嫌疑人及其辩护人针对证据收集提出的意见，及时对证据“三性”开展审查，在积极引导侦查的同时适时开展自行补充侦查，提升司法办案亲历性。

（2）加强侦查监督与协作配合，完善打私联动机制

依托侦查监督与协作配合办公室，检察机关与海关缉私部门可以探索

① 参见陈天云、胡继琛、王万孔：《海南自贸港建设背景下打击“套代购”走私的路径研究》，载《新东方》2023 年第 6 期，第 3 页。

建立“套代购”走私犯罪案件的系列联动工作机制。一是精准提前介入侦查，检察官在侦查取证的初期便结合案情提出证据收集方向，引导侦查人员有的放矢地进行取证，确保取证质效。二是前移侦查监督关口，检察官通过诉前阅卷，对取证程序方面存在的瑕疵或者违法行为及时发现并予以纠正，确保案件质量。三是定期召开联席会议，针对办理“套代购”走私犯罪案件中出现的问题，共同进行研判，及时提出整改建议并跟踪落实。

（3）借助数字赋能，推动实现案件侦查的信息化变革

“套代购”走私犯罪案件的隐蔽性较强，往往涉及人员多、时间跨度大，通过传统方式发现线索开展侦查的质量和效率难以得到保障。检察机关可以强化数字赋能，实现对该类案件的全景式法律监督，助力提升案件侦查工作的信息化水平。具体而言，检察机关可以将掌握的进出岛旅客信息、免税商品零售清单等大量信息数据进行统筹归纳，结合“套代购”走私犯罪的手法特点设置多组研判规则，建立大数据走私犯罪侦查模型，开展数据碰撞、比对、分析，进而高效发现“套代购”走私犯罪线索，并智能推送有管辖权的执法单位、监督后续处理程序，实现对“套代购”走私犯罪案件发、破、侦的一体化智能办理，提升犯罪预防和侦查效率。

（4）完善多层次协调机制，解决异地取证难题

从涉案人员的地域分布情况来看，“套代购”走私犯罪案件目前主要涉及海南、广东、广西，要注重发挥区域反走私合作“9+2”① 联席会议机制作用，全面实现海南自贸港与我国关境外其他国家、地区之间设立的“一线”和海南自贸港与我国关境内其他地区之间设立的“二线”联防联控，尤其是加强三地反走私信息互通、情报交流和联合执法，进一步凝聚区域防范和打击“套代购”走私犯罪合力。省级检察机关在《琼粤桂地区反走私检察联席会议机制实施办法（试行）》《琼粤桂地区反走私检察联合调研机制实施办法（试行）》和《琼粤桂地区反走私检察案件协作办理机制实施办法（试行）》等工作机制框架下，定期互相通报跨省（自治区）“套代购”走私犯罪案件办理情况，定期召开协调会或检察论坛，沟通交流相关工作经验，协调解决跨区域“套代购”走私犯罪案件办理过

① “9+2”即福建、江西、湖南、广西、海南、重庆、四川、贵州、云南等9省（区、市）和香港特别行政区、澳门特别行政区。

程中出现的重大问题；办理涉及其他省（自治区）案件的地市级检察机关可根据实际情况，在请示省级检察机关后，以召开双边、多边案件协调会的形式，就侦查取证中的具体问题展开协商，建立方便快捷的双边、多边协作机制，通过会签纪要、联签文件等方式解决异地取证程序不顺等具体实务问题。

2. 证据审查和情节认定方面

（1）贯彻证据裁判原则，全面准确审查证据

一是更新理念，客观判断言词证据。言词证据在认定“套代购”走私犯罪行为的过程中发挥了重要作用。检察机关在审查言词证据过程中，要保持客观中立态度，即便犯罪嫌疑人自认有罪或多名证人指认某名犯罪嫌疑人，也不应当简单采信，而应当综合客观证据，分析供述、证言的可信度决定是否采纳。二是严格对照证据的“三性”要求审查海关出具的《核定证明书》。要求《核定证明书》须由海关关税部门出具并加盖公章，且侦查机关提请审查逮捕、移送审查起诉之前必须向犯罪嫌疑人出示《核定证明书》及其附带的核税表，制作告知笔录及同步录音录像，以此确保该证据的证据能力和证明力。三是全面审查海关缉私部门提取的订票记录、聊天记录、物流记录、转账记录等证据体现的犯罪嫌疑人实施“套代购”走私行为的时间、使用的代购人员身份信息、离岛机票或船票信息与案卷材料显示的消费记录是否匹配。《核定证明书》引用的免税商品件数、货值与消费记录是否匹配；《核定证明书》标注的税率是否合理、计算是否有误等，对于确有错误的，及时要求海关重新核税。

（2）落实宽严相济刑事政策，准确把握犯罪情节

在审查证据过程中，不能遗漏对犯罪嫌疑人的量刑证据审查，综合考量犯罪嫌疑人的法定、酌定量刑情节，确保罚当其罪。一是把握有利于犯罪嫌疑人原则，准确界定共同犯罪。要妥善把握共同犯罪的认定范围，准确判断阶段性共同犯罪和部分共同犯罪，进而确保“套代购”共同犯罪案件中的犯罪嫌疑人按照其实际参与的犯罪数额承担刑责，而不是“一刀切”对所有人都按照全部数额量刑。二是综合分析犯罪行为，确定合理的主从分级标准。根据《海南省高级人民法院关于审理走私套代购形式案件的裁判指引（试行）》对区分该类犯罪主从犯的规定，出资者、组织者、提议者，以及对于非法所得分配具有决定权的人员，应当认定为主

犯；受他人指使或者引诱参与犯罪的，可认定为从犯；为出资人提供代购人员信息的中介或者个人，如系初犯偶犯，则可认定为从犯，以之为业的，不认定为从犯，可认定为作用较小的主犯。在刑事司法实践中，需根据每名犯罪嫌疑人在“套代购”犯罪中的实际作用来认定为出资者、组织者、提议者或者一般参与人员，而不是简单地将中介人员一律认定为从犯。

3. 法律适用和诉讼程序方面

（1）强化控辩沟通，巩固认罪认罚从宽制度效果

在“套代购”走私犯罪案件诉讼程序中，为更好发挥认罪认罚从宽制度优化司法资源配置的积极作用，需要重视控辩沟通。经过不懈努力，海南省检察机关办理的“套代购”走私犯罪案件的认罪认罚适用率常年保持在90%以上，且大多数被告人在庭审过程中表现出了积极配合、认真悔罪的态度，主要有三方面经验值得参考借鉴。一是及时告知犯罪嫌疑人相关诉讼权利，对于家庭条件较差、符合法律援助条件的犯罪嫌疑人，依法帮助他们申请法律援助，切实保障其获得律师帮助的合法权益。二是主动与犯罪嫌疑人、辩护人沟通交流，开诚布公地讲明案件情况，认真听取他们关于定罪、量刑的意见，通过释法说理消除偏见、平复情绪；对辩护意见客观审查、耐心解释，必要时请海关缉私部门的侦查人员出面对被告人一方存疑的取证过程作出解释。三是在案件起诉后，检察机关继续与犯罪嫌疑人或其辩护人保持沟通，有更换辩护人的，或者认罪态度反复的，检察官及时跟进处理。

（2）强化控审对接，推动出台证据指引和量刑规范

“套代购”属于新型走私犯罪形式，司法解释和量刑规范不可避免地存在一定滞后性，检察机关应当与法院进一步优化“套代购”走私犯罪案件起诉与审判的衔接工作，共同研究、出台类案证据收集指引和量刑规范，集中解决“套代购”走私犯罪证据标准不明确、量刑标准不统一的司法实践难题，确保相关案件能得到统一、正确的处理。就证据指引而言，应进一步明确收集证据的基本种类、取证基本要求和证据审查重点等内容，进一步规范、提升“套代购”刑事案件的办理质效。

（二）压缩犯罪活动空间，深层次拓展综合治理成效

1. 优化执法司法联动效果，助力离岛免税政策正确实施

“套代购”走私犯罪的综合治理是执法司法机关共同努力的系统工

程，旨在确保离岛免税政策的实施效果符合顶层设计的初衷。一是检察机关可联合海关缉私部门、工商联、免税店等定期召开工作推进会议，通报近期“套代购”走私犯罪的总体情况和主要手法，明确各环节管理职责，共同协商应对办法。对于发现的社会治理环节中存在的问题，检察机关应通过制发检察建议等方式提出具体意见、建议，推动提升反走私社会综合治理成效。二是加强刑行反向衔接，防止“套代购”走私犯罪“不诉了之”。对于相对不起诉的犯罪嫌疑人，检察机关在作出不起诉决定的同时发出检察意见，要求海关缉私部门及时对被不起诉人依法作出行政处罚，并将参与代购的“人头”拉入离岛免税购物黑名单，禁止其在一定时间内购买免税商品。①

2. 加强法治宣传教育，引导群众远离“套代购”走私

正如贝卡利亚所言，当犯罪行为不直接或者看起来不会损害自身利益时，它就往往不会引起广泛的愤怒与谴责。增强群众的法律意识和对“套代购”走私犯罪危害性的认知是预防该类犯罪行为的重要途径。一是通过网络平台、电视台、电台等媒体广泛宣传、解读离岛免税购物的相关规定，向公众传递正确的消费观念，引导合法合规的购物行为，提高人民群众对“套代购”行为的法律风险和社会影响的认识。二是充分发挥基层自治组织和高校的作用，面向重点辖区居民和高校学生精准普及离岛免税购物相关法律法规和政策要求，可以通过开展针对性普法、签订承诺书等方式重点揭示参与“套代购”走私的法律后果，避免出现不懂法而实施代购等走私犯罪活动。三是深化以案释法，运用已有生效判决的“套代购”走私犯罪典型案例进行宣传，实现“查处一个、教育一片”的法治宣传效果。四是广泛宣传离岛免税购物寄递业务，在现行离岛免税购物政策允许的范围内，最大程度便利免税商品的线上购买，减少内地消费者对代购行为的盲目追捧，逐步压缩代购的需求市场。

---

① 《关于海南离岛旅客免税购物政策的公告》（财政部、海关总署、税务总局公告2020年第33号）第7条第1款规定，对违反本公告规定倒卖、代购、走私免税商品的个人，依法依规纳入信用记录，三年内不得购买离岛免税商品；对于构成走私行为或者违反海关监管规定行为的，由海关依照有关规定予以处理，构成犯罪的，依法追究刑事责任。

3. 强化物流和资金流监管，铲除“套代购”走私犯罪行为的生存土壤

资金和免税商品是实施“套代购”走私的基本要素，加强资金和免税商品的监管，将有效遏制“套代购”走私犯罪。一是要规范免税店从业行为，制定并落实免税店依法经营的准则和行为规范，激励免税店及时识别、上报走私嫌疑线索，共同打击“套代购”违法犯罪行为。二是要强化免税商品售后流向监管，及时、有效识别走私线索。海关缉私、海警、公安、邮政等职能单位可联合对辖区各物流网点、仓储设施持续开展执法检查，严厉打击违法违规运输涉嫌走私货物、物品的行为，实现对“套代购”走私活动在离岛交通工具及普通快件、邮递包裹等不同物流渠道的立体化管控，促进提升社会治理效果。三是要推动资金溯源管理，深挖幕后犯罪线索。“套代购”走私犯罪作为一种经济犯罪，对资金流转有着较强的依赖。检察机关可以根据已经办理的“套代购”走私犯罪案件中的资金往来数据与当地人民银行开展联合调研，对涉案资金往来渠道进行梳理，拓展案件办理成效，并在不同地区检察机关和海关缉私部门之间共享调研成果，构建跨省（自治区）走私犯罪资金流转数据库，在此基础上开展“套代购”犯罪态势感知和针对性防控，对疑似涉及走私的部分银行账户进行跟踪监测，及时采取冻结等强制措施，斩断实施“套代购”走私犯罪活动的资金链条。

第三节　检察建议参与反走私社会治理

我们党领导社会建设的实践历程经历了社会管控、社会管理、社会治理三个阶段。① 在当前中国语境下，社会治理是在中国共产党领导下，由政府主导并负责，多种主体共同参与，协同全面管理社会公共事务、供给优质公共服务产品、共同维护社会秩序、化解社会矛盾和纠纷、满足社会

① 社会管控阶段是指新中国成立到党的十一届三中全会前；社会管理阶段是指党的十一届三中全会到党的十八大前；社会治理阶段是指党的十八大以来。参见王志民：《中国共产党领导新中国社会建设实践与启示》，载《学习时报》2021 年 6 月 9 日，第 1 版。

公共利益需要的活动。[①] 社会治理是中国之治的重大问题，推进社会治理体系和治理能力现代化也是检察机关应承担的政治责任和法治责任。[②] 反走私社会治理作为社会治理工作中的一环，检察机关积极参与其中义不容辞，且因不同的阶段对于反走私治理工作有着不同的要求、会形成不同的治理格局，检察机关的工作理念与方法也应当与时俱进。

党的十九届四中全会强调，坚持和完善共建共治共享的社会治理制度，建设人人有责、人人尽责、人人享有的社会治理共同体。党的二十大报告提出，要完善社会治理体系，健全共建共治共享的社会治理制度，提升社会治理效能。如果以行政机关的正面监管与司法机关的负面评价作类比参考，当前我国的反走私社会治理格局仍然是在社会管理阶段形成的以"政府领导＋各行政单位负责"为主要特征的反走私综合治理格局，[③] 与新时代社会治理的目标要求相比，在参与主体、领域范围、理念方法等方面有待进一步优化和提升。检察机关通过履行批捕起诉、诉讼监督等传统法定职责依法惩治和预防走私犯罪，当然也属于参与反走私治理的范畴，但从运用社会治理检察建议参与反走私治理的层面出发，检察机关需要立足新时代新要求，以检察职能的调整与重塑为契机，深刻理解和把握作为法律监督手段之一的社会治理检察建议的特性，针对反走私社会治理中存在的难点堵点问题找准切入点和着力点，充分发挥社会治理检察建议在开展反走私社会治理中担当协同治理主体共治的"黏合剂"、发现治理隐患的"诊断剂"、推动堵塞漏洞的"良药剂"作用，助推反走私社会治理体系现代化及反走私社会治理工作高质量发展。

---

① 参见刘艺：《社会治理检察建议的特征分析与体系完善》，载《中国法律评论》2021 年第 5 期，第 183 页。

② 参见陈凤超：《检察机关依法能动参与社会治理的理论逻辑与格局构建》，载《人民检察》2023 年第 17 期，第 1 页。

③ 1995 年全国打击走私领导小组第五次会议上要求逐步建立起"党政统一领导，打私办监督协调，部门各尽其职，企业配合支持，群众积极参与，上下齐抓共管，加强法规建设、舆论引导、严格管理"的全社会反走私综合治理格局。

一、社会治理检察建议的理论概述

（一）新时代背景下的社会治理检察建议

从党的十八大开始，中国特色社会主义进入新时代。随着治国理念从社会管理发展到社会治理，国家司法体制和监察体制改革，以及检察机关“四大检察”监督格局基本形成，检察建议的范围也从传统的以预防犯罪、综合治理为主的刑事诉讼监督领域逐渐拓展到民事诉讼、行政诉讼和公益诉讼监督领域，从重点依托的社会治安综合治理延伸到涵盖经济、文化、生态等更加综合全面的社会治理领域。2012 年修改的《民事诉讼法》首次将检察建议写入高位阶的法律，2014 年修改的《行政诉讼法》明确了检察建议在行政诉讼监督中的法律地位，这些都为拓展检察建议的适用领域奠定了基石。2017 年，习近平总书记在致第 22 届国际检察官联合会年会暨会员代表大会的贺信中指出，“中国检察机关是国家的法律监督机关，承担惩治和预防犯罪、对诉讼活动进行监督等职责，是保护国家利益和社会公共利益的一支重要力量”。“检察官作为公共利益的代表，肩负着重要责任。”① 习近平总书记的这一重大论断，更加突出了检察机关参与国家治理和社会治理现代化的重要性。2018 年 10 月修订的《人民检察院组织法》将检察建议规定为检察机关行使法律监督权的方式之一，检察建议制度的法治化、成熟度、规范性得以进一步发展。在检察机关注重强化法律监督效能，平衡构建“四大检察”监督格局，以及推广运用“枫桥经验”等背景下，社会治理检察建议作为检察建议的一种类型，正式规定在了 2019 年 2 月最高人民检察院公布实施的《人民检察院检察建议工作规定》中，其中第 5 条明确了检察建议类型包括再审检察建议、纠正违法检察建议、公益诉讼检察建议、社会治理检察建议和其他检察建议，第 11 条和第 17 条围绕适用情形、前置程序等对社会治理检察建议进行了较为全面的规定。2019 年 10 月，最高人民检察院下发《人民检察院检察建议督促落实统管工作办法》，通过建立内部综合协调和督导机制，

① 《习近平致信祝贺第二十二届国际检察官联合会年会暨会员代表大会召开》，载《人民日报》2017 年 9 月 12 日，第 1 版。

推动提升检察建议督促落实工作效果。此外，不少地区检察机关高度重视检察机关运用检察建议参与社会治理，通过细化社会治理检察建议实操规范，积极为推进国家治理体系和治理能力现代化贡献检察智慧，如《上海市检察机关社会治理检察建议工作指引》《吉林省检察机关加强社会治理检察建议的工作意见》等。目前，社会治理检察建议作为法律监督手段之一，已经覆盖了刑事、民事、行政和公益诉讼检察的各个业务领域，积极延伸并渗透到社会生活的方方面面，表现出强大的生机和活力。

（二）社会治理检察建议的特性

1. 彰显新时代中国治理特色

2020年11月16日，习近平总书记在中央全面依法治国工作会议上的讲话指出，古人说："消未起之患、治未病之疾，医之于无事之前。"法治建设既要抓末端、治已病，更要抓前端、治未病。相较于再审检察建议、纠正违法检察建议、公益诉讼检察建议更偏重于对个案或类案的监督，社会治理检察建议立足于办案但却"跳出"就案办案的思维，注重透过案件深挖背后的发案原因，找准社会矛盾和纠纷的症结，从制度机制上找漏洞，从可整改、能见效的角度入手向有关部门发出检察建议，旨在通过个案办理到类案监督再到社会治理，延伸办案效果，推动源头治理。党的二十大提出"健全共建共治共享的社会治理制度，提升社会治理效能"，对新时代社会治理的方式方法和目标进行进一步明晰，而检察机关启动社会治理检察建议参与社会治理，就是要改变生硬的易造成对抗的传统检察监督方式，不直接干预被建议主体的日常履职行为，不代替被建议单位执法，而是更关注"共建共治共享"的平等性，更注重以相对规劝性的治理手段帮助、督促相关单位、部门消除违法犯罪隐患、加强和改进管理监督工作、加强调解疏导工作等，实现双赢多赢共赢。社会治理检察建议运用恰当，能很好地推动社会主体自主奉法守法，形成非常良性的互动关系，同时这种开放的、多元的、共治的、共享的社会治理模式很好地体现了我国的制度特色。①

① 《理论建构+实践发展，这场研讨会聚焦社会治理检察建议》，载微信公众号"上海检察"，2023年6月6日。

2. 适用对象和领域广泛

一是制发对象广泛。根据《人民检察院检察建议工作规定》，再审检察建议、纠正违法检察建议、公益诉讼检察建议的对象主要分别为同级人民法院、有关执法或司法机关、行政机关，发送对象比较单一。而社会治理检察建议的发送对象则广泛而复杂，包括“涉案单位”“行业主管部门”“相关部门”“相关单位或者部门”等，几乎囊括了所有行业、部门或单位。特别是针对涉案单位有关人员或者组织需要给予政务处分、行政处罚、行业惩戒，或者需要追究涉案单位有关人员法律责任的情形，社会治理检察建议发送的对象至少包括监察机关、行政执法部门、行业协会或者司法机关，这需要检察机关结合司法办案情况及社会治理检察建议的具体内容来确定发送对象。二是制发领域广泛。检察建议作为检察机关法律监督手段之一，总体涵盖“四大检察”领域，但细分到各检察建议类型则各有不同，只有社会治理检察建议是可以“四大检察”灵活适用。根据《民事诉讼法》《行政诉讼法》《人民检察院民事诉讼监督规则》《人民检察院行政诉讼监督规则》《人民检察院公益诉讼办案规则》等规定，再审检察建议适用于民事、行政诉讼领域，纠正违法检察建议适用于刑事、民事、行政诉讼领域，公益诉讼检察建议适用于公益诉讼领域，而社会治理检察建议的适用范围则十分广泛。根据《人民检察院检察建议工作规定》第 11 条的列举性规定，社会治理检察建议的适用范围主要包括六个方面：涉案单位在预防违法犯罪方面制度不健全、不落实，管理不完善，存在违法犯罪的隐患，需要及时消除的；一定时期某类违法犯罪案件多发、频发，或者已发生的案件暴露出明显的管理监督漏洞，需要督促行业主管部门加强和改进管理监督工作的；涉及一定群体的民间纠纷问题突出，可能导致引发群体性事件或者恶性案件，需要督促相关部门完善风险预警防范措施，加强调解疏导工作的；相关单位或者部门不依法及时履行职责，致使个人或者组织合法权益受到损害或者存在损害危险，需要及时整改消除的；需要给予有关涉案人员、责任人员或者组织行政处罚、政务处分、行业惩戒，或者需要追究有关责任人员的司法责任的；其他需要提出检察建议的情形的。以上充分说明，“四大检察”领域办理的案件均可以成为社会治理检察建议制发的案件基础，且社会治理的各个方面都能被检察建议覆盖，这就为检察机关运用检察建议参与反走私社会治理提供了更加开阔的空间。

3. 制发程序严格

不同类型的检察建议，制发程序的差异比较明显。在五种不同类型的检察建议中，启动再审检察建议、纠正违法检察建议、公益诉讼检察建议，都有严格的证据事实依据和相对应检察业务领域的法律法规、司法解释规定，只有法律法规及司法解释没有明确规定的程序，才参照《人民检察院检察建议工作规定》来制发。社会治理检察建议的制发比上述检察建议更为严格，除了要遵循与其他检察建议一样的审批程序外，还必须由法律政策研究部门对检察建议的必要性、合法性、说理性进行审核，通过法律政策研究部门对检察建议书进行前置审核及事后备案审查，以确保检察建议合法合理合规，提出的措施建议具有针对性和可操作性。

4. 朝着刚柔并济趋势发展

"建议"一词往往给人一种非强制性的感觉，带有"提出意见供参考"的意味。具体到社会治理检察建议，为了秉持双赢多赢共赢理念积极参与到与各党政机关、企事业单位、团体的协同合作中，而不能以带有"命令""指令""纠正"等强制性或以"居高临下"的错误认知进行运用。因此，社会治理检察建议被理论界和实务界主流观点认为属于柔性软监督。具体而言，社会治理检察建议的柔性主表现在以下方面：一是从监督效能保障来看。在各类检察建议中，以公益诉讼检察建议的强制性最高，一旦具备公益诉讼条件即可制发公益诉讼检察建议，且该建议以提起公益诉讼作为保障手段，若行政机关不回复或者不采纳公益诉讼检察建议，那么检察机关就可以提起公益诉讼，行政机关就要承担作为被告的不利后果，[①] 并承担败诉风险。再审检察建议和纠正违法检察建议是对发现的相应监督情形而制发，虽然强制性不如公益诉讼检察建议，但鉴于都是根据个案或者类案的现实办理，被监督纠正的基础事实或行为客观存在，且有法律依据可循，同时再审检察建议还以检察机关提起抗诉为后盾，纠正违法检察建议对被建议单位而言还存在内部考核与绩效评价的压力，因此整体而言也都具有较高的强制性，被建议单位一般都会予以采纳。但

---

① 参见黄文艺、魏鹏：《国家治理现代化视野下检察建议制度研究》，载《社会科学战线》2020 年第 11 期，第 187 页。

是，社会治理检察建议是相对匮乏不利法律后果的，其依附于检察机关的规范性文件当中，文件的效力位阶相对不高。此外，社会治理检察建议不仅制发时是“可以”而不是“应当”字样，具有检察裁量权，同时制发后被建议单位不回复、不履行、不整改时，检察机关也缺乏后续刚性较强法律监督手段，无法直接让被建议单位承担不利后果，而只能将相关情况报告上级人民检察院，通报被建议单位的上级机关、行政主管部门或者行业自律组织等，必要时报告同级党委、人大，通报同级政府、纪检监察机关，且报告时再度以自由裁量型的“可以”字样进行自行把握，不仅对被建议单位不存在不利的法律后果监督，在自身内部的强制性要求方面也同样规范不足。二是从文书制作及发送的方式来看，社会治理检察建议制发前可以征求被建议单位意见，言语措辞往往不会激烈强硬，缓和型的、提建议供参考型的措辞通常占据主流。三是从检察机关的内部提要求和对外宣传来看，频繁出现的“社会治理检察建议做成刚性、做到刚性”源自最高人民检察院的研析判断，从字面上理解，“做成”和“做到”刚性，就意味着目前还不是刚性十足，刚性是需要达到的效果。

实际上，随着检察建议的成熟运用发展以及新时代社会治理协同格局与效能提升，社会治理检察建议已经不再只是具有柔性效力。应当说，柔性为暂时性特征，刚柔并济已成为发展趋势。主要基于以下分析。一是在“外刚”方面，目前关于社会治理检察建议虽然没有单独立法或者依附于《民事诉讼法》《行政诉讼法》等高位阶法律，但最高人民检察院始终注重提高社会治理检察建议的制发效果，如鼓励各地检察机关主动向党委、政府报告社会治理检察建议工作，争取支持将被建议单位的回复整改情况纳入平安建设考核等，目前有多地检察机关通过所在地党委、政府支持强化了社会治理检察建议工作。以广东省为例，2024 年 4 月中共广东省委全面依法治省委员会印发的《关于加强司法建议检察建议工作提升社会治理效能的意见》规定，“建立健全党委领导、政府主导、多方参与的工作格局，把司法建议、检察建议纳入全省社会治理工作体系中统筹推进，将司法建议、检察建议的办理反馈情况作为落实党政主要负责人履行推进法治建设第一责任人职责的重要内容，纳入法治政府建设专项督察内容”。此外，最高人民检察院从 2020 年开始每年评选全国优秀社会治理检察建议，以此宣传社会治理检察建议工作的成效和意义，使外界各单位及广大社会大众实际感受到双赢多赢共赢理念在检察实践中的运用成果，不断提高被建议主体对社会治理检察建议的接受度。二是在“内刚”方面，检察机关不断提高社会治理检察建议的制发质量，通过本级法律政策研究室审核把关、上级检察机关备案审查及逐级评选，以及将制发社会治理检察建议情况纳入检察官绩效考评等一系列措施，有效增强了社会治理检察建议的内部规范。此外，2023 年 8 月最高人民检察院印发的《2023—2027 年检察改革工作规划》明确指出“健全社会治理检察建议立项发送、评估考核和落实保障机制”，这既是对自身的高标准要求和规范，而保障机制的落实也将进一步提振检察人员制发社会治理检察建议的信心。总体而言，只有内部首先“做到刚”，才能为对外实现刚性效果奠定基础。

二、检察建议参与反走私社会治理的内在逻辑

（一）政治性逻辑

1. 检察机关的政治任务和性质职责所在

一方面，中国共产党领导是中国特色社会主义检察制度最本质的特征。我国检察制度是人民民主专政国家制度的组成部分。人民民主专政是我国的国体即国家政权的阶级本质，也是社会主义检察制度的本质。① 检察机关作为党领导下的人民民主专政的国家政权机关，首先是政治机关，必须始终把讲政治摆在第一位，始终坚持党的绝对领导。② 《中国共产党政法工作条例》在总则中明确规定，“政法单位是党领导下从事政法工作的专门力量”“坚持和加强党对政法工作的绝对领导”。因此，检察机关必须始终与党中央保持高度一致，始终服务于党在不同历史时期所确立的根本任务和法治指标，③ 必须不断提高政治判断力、政治领悟力、政治执行力，更加主动地融入反走私社会治理工作大局，运用社会治理检察建议

---

① 参见童建明、孙谦、万春主编：《中国特色社会主义检察制度》，中国检察出版社 2022 年版，第 3 页。

② 《检察日报评论员文章：坚持讲政治与抓业务有机统一》，载微信公众号“最高人民检察院”，2021 年 1 月 12 日。

③ 参见林强：《新时代检察机关能动参与社会治理的定位和实现路径》，载《智慧法治》2024 年第 1 卷，第 262 页。

助力国家治理体系和治理能力不断提升。

另一方面，我国的《宪法》和《人民检察院组织法》均明确规定人民检察院是国家的法律监督机关。《中共中央关于加强新时代检察机关法律监督工作的意见》进一步明确检察机关的三大职能定位，一是法律监督，二是追诉犯罪，三是保护国家利益和社会公共利益。运用社会治理检察建议参与反走私社会治理是落实三大职能定位的职责所在。其一，在反走私工作中，行政权、侦查权、检察权、审判权等权力与权利错综复杂、相互交织、相互作用，其中各个环节、各项权力的运行均在检察权的监督范围内，需要检察机关行使法律监督权，[①] 制发社会治理检察建议就是法律监督手段的一种；其二，打击走私犯罪，维护国家安全和社会经济秩序，需要各相关单位共同规范反走私大格局中的执法等工作。检察机关肩负保护国家利益和社会公共利益职责，针对履职办案中发现的需要消除违法犯罪隐患、堵塞漏洞、改进管理监督等情形制发社会治理检察建议，能够帮助和促进相关行政单位提高执法规范化能力和水平，提高企事业单位、社会团体自觉反走私的内生动力，有助于在全社会形成反走私的良好氛围，从整体上助力反走私治理工作高质量开展。

2. 以人民为中心法治观的必然要求

人民性是中国特色社会主义法治与司法的本质特征，也是中国共产党近百年来的价值追求与制度构建目标。[②] 2014 年党的十八届四中全会确立坚持人民主体地位原则，2020 年中央全面依法治国工作会议提出“坚持以人民为中心”，中国特色社会主义法治与人民之间的关系得以阐明，习近平法治思想中以人民为中心的法治观得以形成。[③] 检察机关作为国家法律监督机关，法律监督权的赋予源自人民。《中共中央关于加强新时代检察机关法律监督工作的意见》强调，“充分发挥法律监督职能作用，为大局服务、为人民司法”“坚持以人民为中心的发展思想”。反走私工作从

---

① 参见宋远升：《检察官客观义务与法律监督》，载《检察日报》2021 年 5 月 6 日，第 3 版。

② 参见方乐：《以人民为中心司法理念的实践历程及其逻辑意涵》，载《法律科学（西北政法大学学报）》2021 年第 4 期，第 3 页。

③ 参见张立伟：《论习近平法治思想中以人民为中心的法治观及其理论逻辑》，载《中国应用法学》2022 年第 2 期，第 105 – 106 页。

表象上看是通过打击逃避海关监管偷逃税等行为，进而维护国家经济秩序稳定有序，但根本上是为了人民群众长治久安的利益。因此，检察机关以社会治理检察建议参与反走私社会治理，必须贯彻落实习近平法治思想，坚持以人民为中心的法治观，坚持依靠人民、为了人民，以人民群众对反走私治理工作的满意度作为检验反走私社会治理检察建议成效的标尺。

（二）理论性逻辑

1. 协同治理理论

党的十八届三中全会提出“社会治理”后，协同治理理论是国内进行理论研究探寻的热门治理理论之一，“协同治理”（Collaborative Governance）作为一种交叉分析框架，产生于协同论和治理理论的碰撞与融合过程中。[①] 概言之，协同治理是一种行动或策略，不同的利益相关方共同努力以达成共识，推动决策进程，[②] 是在现代化和全球化不断深入，国家与社会关系发生深刻变化，传统的政府行政模式和治理方式难以应对日益复杂的公共事务背景下形成的，包括了治理主体的多元性、治理权威的多样性、子系统的协作性、系统的动态性、自组织的协调性、社会秩序的稳定性等诸多内容。[③] 协同治理的本质是通过共同处理复杂社会事务过程中的相互关系协调，实现共同行动、耦合结构和资源共享，从根本上弥补政府、市场和社会单一主体治理的局限性，[④] 最大限度实现公共利益。某种程度上来说，协同治理理论与党的二十大报告提出的“完善社会治理体系。健全共建共治共享的社会治理制度，提升社会治理效能。建设人人有责、人人尽责、人人享有的社会治理共同体”有理念相合之处，都强调社会治理中的协同、共治，这对于检察机关运用社会治理检察建议参与反走私社会治理具有很好的理论借鉴作用。反走私社会治理工作既有政府的

---

① Lihi Lahat，Neta Sher - Hadar. A Threefold Perspective：Conditions for Collaborative Governance［J］. Journal of Manage ment and Governance，117 - 134（2020）.

② Chris Ansell，Alison Gash. Collaborative Governance in Theory and Practice［J］. Journal of Public Administration Re search and Theory，543 - 571（2008）.

③ 参见张仲涛、周蓉：《我国协同治理理论研究现状与展望》，载《社会治理》2016 年第 3 期，第 48 页。

④ 参见胡颖廉：《推进协同治理的挑战》，载《学习时报》2016 年 1 月 25 日，第 5 版。

主导、海关和市场监督管理等行政执法单位的正面监管，也有检察机关、法院从司法上的正面引导和负面不利法律后果评价，更有诸如报关企业、外贸公司、电商平台、物流运输、快递行业、关口附近个体经营户乃至出入境公民最直接参与的可能与走私违法相关的各环节。反走私社会治理检察建议的运用，除了依据检察法律监督职能制发的基础之外，更应当注重按照社会治理检察建议的适用范围，结合“个案办理——类案监督——社会治理”思路，找准反走私治理难的症结，以柔性姿态切入，用刚性后续保障，协同甚至引导存在产生走私违法隐患或者监管走私执法不力的相关单位、企业等共同进行反走私社会治理工作，这也是社会治理检察建议不同于抗诉、纠正违法的体现，还是协调治理理论能够推行应用的价值所在，更是持续提高社会治理效能的必由之路。

2. 社会互构理论

社会互构理论是郑杭生教授主持的国家社会科学基金“十五”重点项目《中国社会转型期个人与社会关系》的最终成果，是具有中国特色的社会学理论。社会互构理论认为，个人与社会之间，以及市民社会与政治国家之间，并非是二元对立的，而是“互构共变”的诱导契合关系，[①] 呈现交互性建塑和型构特征。在“互构共变”关系过程中，个人与社会，社会与国家形成相应地、协同地、共时地演变，从而走向更加契合匹配的社会运行规律，也通过不同行动主体间的对话、参与、协商、合作机制的发展，推动构建自助互助、多赢互惠以及共同在场、共建家园的社会格局。[②] 这一理论，对检察机关运用社会治理检察建议参与反走私社会治理也提供了有益启示。一方面，参与反走私社会治理的主体之间各种治理活动的开展，具有互相连接、互相影响、互相配合的高度关联性，需要共同推进反走私社会治理现代化，因此制发社会治理检察建议应当避免仅从本单位本部门角度考虑问题，更不能出现影响被建议单位的正常执法与企业的正常经营等情形。另一方面，检察机关以社会治理检察建议这种“柔

---

① 参见郑杭生、杨敏：《社会互构论：世界眼光下的中国特色社会学理论新探索》，中国人民大学出版社 2015 年版，第 198 - 200 页。

② 参见杨敏、郑杭生：《社会互构论：全貌概要和精义探微》，载《社会科学研究》2010 年第 4 期，第 103 页。

性”治理方式切入，更有利于提高社会治理效能，助力全社会形成反走私的高度自觉。这是因为，在强化社会管控以遏制违法犯罪与依法保障公民自由、有效激发社会活力之间需要寻求一个恰当的平衡。如在开展反走私社会治理中，如果相关执法单位为打击“水客”走私而不区分重点群体及人员采取过度查验的方式，为了严厉整治走私收货点而对关口附近的商铺进行反复核查，势必会影响人民群众的出入境效率，影响众多商家的正常经营，从而减损反走私社会治理的成效。因此，检察机关制发反走私社会治理检察建议，也应当站在反走私的宏观整体维度上进行考虑。

（三）实践性逻辑

1. 反走私社会治理的客观要求

以偏狭的传统观点看，反走私社会治理可能会被误认为只是行政执法机关、侦查机关、司法机关等针对走私违法犯罪查人查货、判人封货，只要各单位各司其职，查得严、打得多、判得重、罚得狠，就能够有效遏制走私犯罪。但是，从海关、海警和检察机关、审判机关近年来公布的办案数据，我们可以很直观地感受我国走私违法犯罪的状况，进而就依赖传统的治理思路是否能够达到所期待的治理效果做出判断。

（1）侦查机关侦办走私案件的情况

从全国海关近年来侦办的走私犯罪案件数量来看，基本呈逐年增长趋势。其中，2017 年 3260 件，2018 年 3601 件，2019 年 4198 件，2020 年 4061 件，2021 年 4259 件，[①] 2022 年 4509 件，[②] 2023 年 4959 件。[③] 如图 4－3－1 所示：

① 参见陈晖：《从刑事一体化看党的十九大以来我国走私犯罪的刑事策略》，载《海关法律评论》（第 11 卷），法律出版社 2023 年版，第 326 页。

② 《海关总署发布 2023 年打击走私十大典型案例》，载微信公众号“海关发布”，2024 年 2 月 2 日。

③ 《海关总署发布 2022 年缉私十大典型案例》，载微信公众号“海关发布”，2023 年 1 月 17 日。

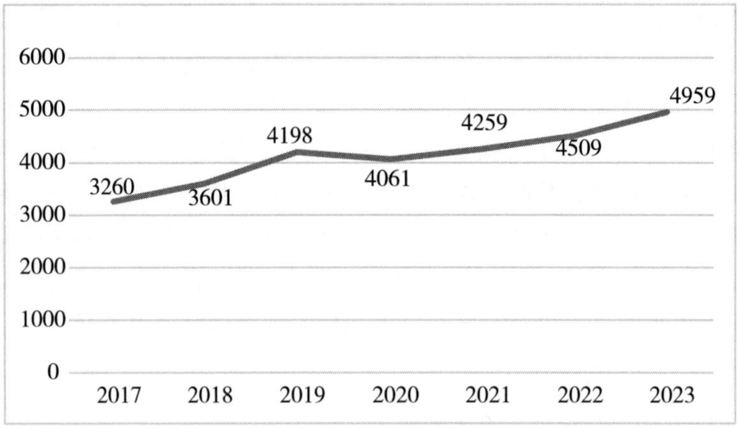

图 4－3－1　全国海关立案侦办案件数

以海警机构侦办的海上走私犯罪案件看，中国海警局在官方网站发布数据年份并不多，近二年侦办的案件数量为：2022 年 471 件，① 2023 年 508 件。②

（2）检察机关办理走私犯罪案件情况

北京是国家的首都，地理位置极其重要，其航空港旅客吞吐量居全球第二位；上海是我国经济最发达的城市之一，上海港集装箱吞吐量连续 14 年位居世界第一；宁波市是浙江省副省级城市，也是全球最大的港口城市，集装箱吞吐量在国内仅次于上海；珠海市毗邻港澳，拱北口岸是全国最大的旅检口岸。选取这 4 个城市检察机关办理走私案件的情况作为分析样本，具有一定代表性。从北京、上海、宁波、珠海 4 个城市检察机关发布的办案数据来看：2015—2022 年，北京市人民检察院四分院（集中管辖北京地区一审走私案件）办理走私犯罪案件 536 件；③ 2019—2022 年，上海市人民检察院三分院（集中管辖上海地区一审走私案件）共受

① 《2022 年度海上反走私反偷渡领域典型案例》，载中国海警局网站 2023 年 1 月 17 日，https：//www. ccg. gov. cn/hjyw/202405/t20240515_ 1098. html。

② 《2023 年海上反走私反偷渡领域典型案例》，载中国海警局网站 2024 年 2 月 5 日，https：//www. ccg. gov. cn/hjyw/202405/t20240515_ 1150. html。

③ 《北京市检察院第四分院发布〈走私犯罪检察白皮书〉，梳理走私犯罪四大特点》，载《检察日报》2023 年 4 月 11 日，第 7 版。

理走私犯罪审查逮捕案件 355 件 796 人，受理走私犯罪审查起诉案件 678 件；[①] 2015—2019 年，宁波市检察机关共受理审查逮捕走私犯罪案件 155 件 414 人，受理走私犯罪审查起诉案件 229 件 898 人，受理案件数和人数分别较 2010—2014 年增长 70% 和 1.7 倍；[②] 2019—2023 年，珠海市检察机关共受理走私犯罪审查起诉案件 1299 件 2346 人，珠海市人民检察院发布的《珠海检察反走私工作白皮书》还显示，其中“水客”走私犯罪案件增长明显，如 2020 年是 54 件 84 人，但 2021 年跃增至 243 件 478 人，2023 年增长到 381 件 516 人，而海上走私犯罪案件也显著增长，从 2020 年的 13 件 40 人增至 2022 年的 46 件 161 人、2023 年的 36 件 143 人。[③] 此外，上述 4 个城市在有关反走私工作报告或者白皮书中均提到走私犯罪呈现出团伙化、组织化、链条化等特征，犯罪手段也越来越智能化、网络化，走私犯罪形势严峻。

（3）部分地市法院审判走私犯罪案件情况

天津市是全国第七大超级城市，天津港是我国北方最大的港口，也是国家改革开放的重要窗口和战略支点；青岛市是山东省副省级城市，也是重要港口城市，一直以来都是我国与日、韩乃至东北亚地区贸易往来的枢纽。选取天津、青岛两地法院发布的走私案件数据进行观察具有一定意

① 《2022 年度打击走私犯罪检察工作报告》，载上海市人民检察院第三分院（铁检分院）网站 2023 年 5 月 15 日，https：//www.sh.jcy.gov.cn/sfjc/jwgk/jcgzbg/93641.jhtml；《2021 年度打击走私犯罪检察工作情况》，载上海市人民检察院第三分院（铁检分院）网站 2022 年 7 月 4 日，https：//www.sh.jcy.gov.cn/sfjc/jcxw/jcdt/82633.jhtml；《2020 年三分院办理走私犯罪案件检察工作报告》，载上海市人民检察院第三分院（铁检分院）网站 2021 年 5 月 31 日，https：//www.sh.jcy.gov.cn/sfjc/jwgk/jcgzbg/77331.jhtml；《2019 年打击走私犯罪检察工作白皮书》，载上海市人民检察院第三分院（铁检分院）网站 2020 年 11 月 14 日，https：//www.sh.jcy.gov.cn/sfjc/jwgk/jcgzbg/66163.jhtml。

② 《近五年宁波走私犯罪检察工作白皮书》，载宁波市人民检察院网站 2020 年 10 月 11 日，http：//www.ningbo.zjjcy.gov.cn/art/2020/10/11/art_1229641700_342.html。

③ 《珠海市检察院召开走私犯罪检察工作新闻发布会》，载微信公众号“广东反走私”，2024 年 5 月 11 日。

义。2020 年至 2022 年，天津市法院系统共审结走私犯罪案件 118 件；①2013 年至 2022 年，青岛市中级人民法院共审结走私犯罪案件 234 件，②每年审结的案件情况详见图 4－3－2：

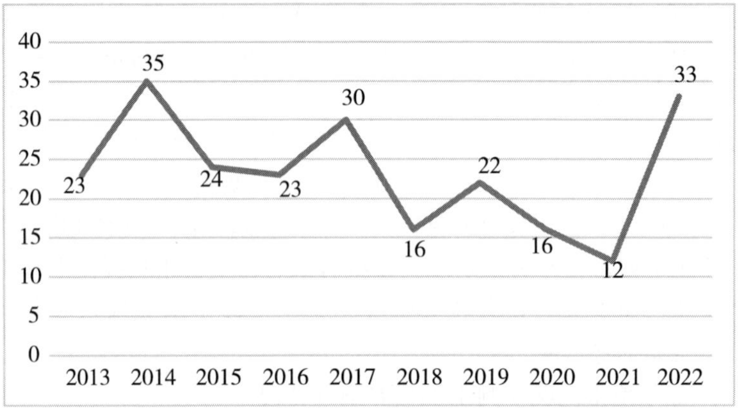

图 4－3－2　青岛中级法院审结走私刑事案件数量情况

上述 2 个城市法院发布的走私刑事案件审判工作白皮书与前述其他地市检察机关一样，也都提到走私犯罪团伙化、组织化、链条化，犯罪手段智能化、网络化等特点。

通过分析不同规格等级、不同地域的反走私侦查机关、检察机关、审判机关发布的相关案件数据可以看出，各地均面临着较为严峻的反走私形势，单纯地利用刑事打击手段无法从根本上阻遏走私违法犯罪的高发势头，而事实是社会上各种违法犯罪行为的发生大多数与社会治理工作相关。③无论是通关走私还是绕关走私，无论是涉税走私还是非涉税走私，以及各种各样的“闯关”“漂移走私”等违法犯罪的背后，都有各种复杂的原因。因此，需要深入查找走私犯罪治理难的深层次原因，从积极推进

① 《天津三中院发布走私犯罪案件审判白皮书》，载民主与法制网 2023 年 8 月 21 日，https：//mp. weixin. qq. com/s/fLCYGuoodRp8SMsNNJ0j1w。

② 《青岛发布走私刑事案件审判白皮书》，载微信公众号“山东反走私”，2023 年 5 月 6 日。

③ 参见天津市宝坻区人民检察院课题组：《检察机关依法能动参与社会治理的实质意涵与路径构建》，载《山西省政法管理干部学院学报》2024 年第 3 期，第 2 页。

社会治理的全局高度综合施策，努力破解反走私治理难题。检察机关应当依法参与到反走私社会治理工作中，通过高质效的社会治理检察建议积极推动各方力量参与反走私治理工作。

2. 检察建议参与反走私社会治理具有良好的机遇

（1）充分借力反走私综合治理工作体系，协同共促提高反走私社会治理效能

我国的反走私治理工作依托于政府领导、各相关行政执法单位协同负责起步，以反走私综合治理格局不断推动、发展和规范；从初期的有关执法单位联合严打，逐渐丰富拓展到党委、政府领导下的协同反走私治理。以表4－3－1为例：

表4－3－1　反走私治理工作情况

时间	规格	名称	治理原则	治理主体
1991.5	国务院	国务院关于大力加强反走私斗争的通知	综合治理方针（与社会治安综合治理结合）	领导：党委、政府； 各级行政执法部门
2014.3	广东省	广东省反走私综合治理条例	综合治理、联合缉私、统一处理、预防与惩治相结合	领导：政府； 主体：行政执法监管部门、港澳流动渔民工作机构； 支持配合：村民委员会、居民委员会
2017.5	国务院	《反走私工作条例（征求意见稿）》	打防结合、权责一致、统筹协调	领导：政府； 负责：各行政执法监督部门； 参与：群众
2023.9	珠海市	珠海经济特区反走私综合治理条例	打防结合、标本兼治、权责一致、统筹协调	领导：政府； 负责：各行政执法监督部门； 配合：企业； 参与：群众； 联动：军警民

按发布时间年限，其间跨越社会管理到社会治理阶段，从国务院—广东省—珠海市有关反走私综合治理法规和规范性文件的表述变化可以看出，反走私综合治理的参与主体越来越多，发动范围也越来越广泛，实质上是国家从社会管理模式到社会治理模式转变的体现。2024 年 5 月全国打私办在浙江宁波组织召开反走私综合治理工作座谈会，对反走私综合治理工作的定位进行了明确，强调反走私综合治理本质上是一项社会治理，要把反走私综合治理纳入社会治理大框架，加强顶层设计，梳理“打、防、管、控”各环节工作，推进与社会治理的深度融合。① 反走私综合治理工作逐步融入反走私社会治理体系，为检察机关运用社会治理检察建议参与反走私社会治理工作提供了契机。检察机关通过个案办理、类案监督，在与其他反走私社会治理主体寻求协商共治、推动标本兼治过程中，“天然”地拉近了彼此的距离。

（2）最高人民检察院制发检察建议的成功示范，提振制发反走私社会治理检察建议的自信

近年来最高人民检察院直接制发的一号至十一号检察建议，均得到被建议单位的积极回复和采纳，实现了“办理一案、教育一片、治理一方”的良好社会效果。以四号、七号、八号检察建议为例。2020 年 4 月 28 日最高人民检察院向住建部制发“四号检察建议”后，截至 2022 年 10 月，全国检察机关共督促整改问题管井、消除窨井盖安全隐患 101 万余处，推动相关部门安装智能井盖 10 万余个，安装防坠网、防位移等改进装置 121 万余个。2021 年 10 月 20 日最高人民检察院向国家邮政局制发“七号检察建议”后，截至 2022 年 5 月，全国各级检察机关共起诉寄递毒品犯罪案件 2000 余件，起诉寄递枪支弹药爆炸物犯罪案件 900 余件，起诉寄递野生动物及其制品犯罪案件 300 余件；2022 年 2 月最高人民检察院向应急管理部制发“八号检察建议”后，2022 年 1 月至 7 月，全国各类生产安全事故起数和死亡人数同比分别下降 37.2% 和 33.1%，较大事故起

① 《全国打私办在浙江宁波组织召开反走私综合治理工作座谈会》，载微信公众号“中国反走私”，2024 年 5 月 31 日。

数和死亡人数分别下降29.6%和32.1%。[①] 卓越的治理成效，对于反走私社会治理检察建议的高质效制发起到了示范引领和提振信心的作用。

三、检察建议参与反走私社会治理的实现路径

（一）从全国优秀社会治理检察建议中借力

2018年以来，为适应《人民检察院组织法》赋予检察建议的新功能和新要求，把握新时代检察工作的新定位，更新法律监督理念，最高人民检察院对加强和改进检察建议工作作出一系列谋划部署，出台了《人民检察院检察建议工作规定》《人民检察院检察建议督促落实统管工作办法》，对社会治理检察建议等工作进行全面规范。为充分发挥优秀社会治理检察建议的示范作用，最高人民检察院从2020年开始每年开展全国优秀社会治理检察建议评选，目前共评选了2019年度的12份、[②] 2020年度的13份、[③] 2021年度的9份、[④] 2022年度的10份、[⑤] 2023年度的20份，[⑥] 合计74份全国优秀社会治理检察建议。选取2021年度和2022年度的19份社会治理检察建议，以制发主体、走访调研（扩大范围非局限涉案单位）、查阅文件、听取意见、询问、调取证据、制发前沟通、公开听证、个案/类案、公开宣告、跟踪落实、制发后参与协同共治、向上级/党委部门报告等要素进行样板统计分析，如下图：

① 《最高人民检察院制发三份检察建议，全都聚焦这件事!》，载微信公众号"最高人民检察院"，2022年11月22日。

② 《2019年度全国检察机关社会治理类优秀检察建议评定结果（上）》，载微信公众号"最高人民检察院"，2020年8月5日。

③ 《云南这份检察建议入选全国检察机关社会治理类优秀检察建议》，载微信公众号"云南省人民检察院"，2022年1月19日。

④ 《2021年度全国检察机关优秀社会治理检察建议评选结果揭晓》，载微信公众号"最高人民检察院"，2022年11月29日。

⑤ 《2022年度全国检察机关优秀社会治理检察建议评选结果揭晓》，载微信公众号"最高人民检察院"，2023年8月14日。

⑥ 《名单公布！2023年度优秀社会治理检察建议评选结果揭晓》，载微信公众号"最高人民检察院"，2024年7月16日。

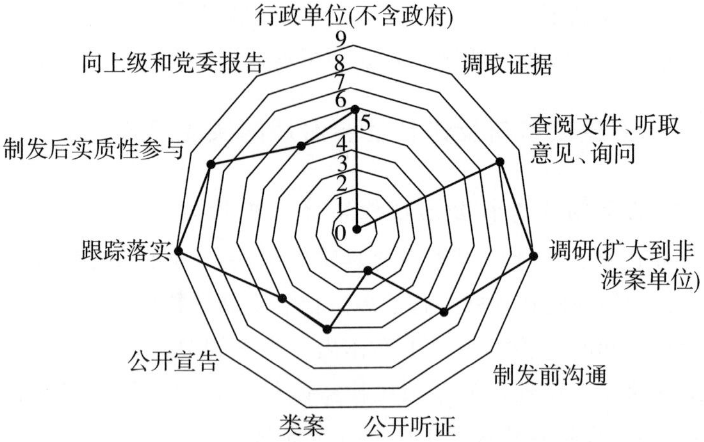

图 4-3-3　2021 年度 9 份全国优秀社会治理检察建议情况

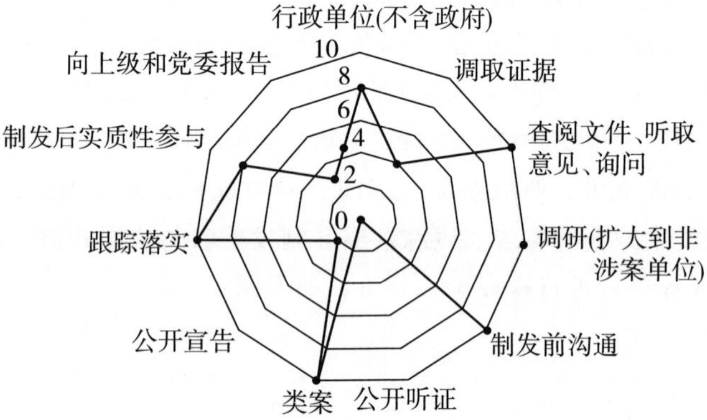

图 4-3-4　2022 年度 10 份全国优秀社会治理检察建议情况

综合 2021 年度和 2022 年度全国优秀社会治理检察建议情况，结合相应检察建议文书和信息通报，可以发现相关检察建议在以下四个方面值得借鉴。一是从服务发展大局着手，聚焦群众“急难愁盼”问题。主动围绕党和国家工作大局，在服务保障完善中国特色社会主义制度，推进国家治理体系和治理能力现代化中展现检察机关的担当作为。同时，聚焦剖析与人民群众利益紧密相关、人民群众普遍关注的问题，充分彰显以人民为中心的法治观。二是从规范制发程序着手，做优文书质量。严格遵循检察建议制发程序，不局限于就案办案，调研的主体不囿于涉案单位本身，要充分释法说理首先自身就应当具有对社会治理系统性问题的分析意识，做到调查核实工作扎实，这样才能客观精准指出问题，提出的建议也于法有据、切实可行，此外还要做到文书格式规范、要素齐全。三是从有力督促工作着手，紧盯落实效果。要秉持双赢多赢共赢理念支持帮助被建议单位开展工作，共同推进检察建议落实，及时督促被建议单位积极整改。四是从持续深入落实着手，提升治理效能。既然是社会治理检察建议，就应当将效果实现“跳出”个案的效力圈，努力推动上级单位或异地进行协同共治，形成长效制度机制，真正达到“办理一案，教育一片，治理一方”的更深更广更长远效果。

（二）从贯彻新时代检察工作理念中发力

习近平法治思想是习近平新时代中国特色社会主义思想的重要组成部分，是全面依法治国的根本遵循和行动指南。制发反走私社会治理检察建议，也必须贯彻落实好习近平法治思想，恪守“抓前端、治未病”的法治建设要求。最高人民检察院应勇检察长在2023年大检察官研讨班上指出，检察建议工作要坚持质量先行，持续紧盯、跟进落实，推动从“办理”向“办复”转变，促进社会治理。[①] 2024年2月，最高人民检察院提出让“高质效办好每一个案件”成为新时代新征程检察履职办案的基本价值追求，在实体上确保实现公平正义，在程序上让公平正义更好更快实现，在效果上让人民群众可感受、能感受、感受到公平正义，做到检察办案质量、效率、效果有机统一于公平正义。[②] 为此，要找准检察机关运用社会治理检察建议参与反走私社会治理的定位，“以监督促进治理，不仅是在发现监管漏洞后制发一份检察建议了事，也不是要‘大包大揽’，而是立足于法律监督职能为破解社会治理难题贡献‘高含金量’的检察方案、检察智慧，以更大的参与度、贡献度融入社会治理大格局”。[③] 做

① 参见巩宸宇：《为大局服务 为人民司法 为法治担当 以检察工作现代化服务中国式现代化》，载《检察日报》2023年7月20日，第1版。

② 《检察日报评论员文章：让“高质效办好每一个案件”成为基本价值追求》，载微信公众号“最高人民检察院”，2023年7月26日。

③ 参见贾宇主编：《大数据法律监督办案指引》，中国检察出版社2022年版，第31页。

到立足扎实的反走私案件个案基础，通过办案关注、思考类案成因，敏于发现案件背后反映的违法犯罪问题、行业监管漏洞和社会治理短板，严格遵循检察建议制发流程和操作规定，坚持党的领导、人民至上、问题导向、协同联动原则，做到严格依法、准确及时、必要审慎、注重实效，将反走私社会治理检察建议进行案件化办理，高质效地开展“分析→调研→论证→沟通→调查→审核→制发→送达→跟进→督促→评估→考核”等各个环节工作，促进问题整改、制度完善，助力完善反走私社会治理体系，推动治理模式向事前预防转型，不断提升反走私社会治理效能。

需要注意的是，检察机关运用社会治理检察建议参与反走私社会治理，除了基于法律监督机关的本质，检察机关还是协同反走私综合治理格局共同服务于国家对反走私进行社会治理的机关，这一点与其他机关具有同质化。[①] 那么就必须清醒地结合反走私社会治理检察建议的特性，摒弃“高人一等”的错误理念，不以“监督者”自居，而是秉持双赢多赢共赢理念和对共建共治共享社会治理格局的追求，同时还要注意把握好履职边界，对发现存在的问题只能建议、督促、引导或者协助，发现解决不能的及时按照程序规定上报，不能代替被建议单位执法，不能用检察权替代行政权，也不能直接干涉企业主体的自主经营权。

（三）从检察机关依法履职融合履职一体履职中发力

1. 事前做足准备，奠定制发检察建议的基础

（1）坚持依法全面履职，高质效办好每一个案件

办案是检察机关履行法律监督职责最主要最基本的方式，同时也是发现社会治理问题的主要途径。脱离案件办理，检察机关参与社会治理就成了无源之水、无本之木。《人民检察院检察建议工作规定》第 11 条明确规定，“人民检察院在办理案件中发现社会治理工作存在”六种情形之一的，“可以向有关单位和部门提出改进工作、完善治理的检察建议”。可见，只有高质效的案件办理，才能使接下来的个案分析、类案研判以及深入挖掘案件背后反映出的深层次社会治理问题成为可能，才能为高质量参与社会治理奠定基础。实际上，检察人员不是止步于传统的依法办案，而

① 参见任学强：《检察建议的理论与实践——以检察机关社会综合治理职能为视角》，载《社会科学论坛》2014 年第 10 期，第 235－239 页。

是在严格依法办案的同时还能够注意发现案件中存在的法律监督事项及背后反映出的社会治理问题，并就此依法开展监督及提出社会治理检察建议，才是依法全面履职及高质效办案的真正体现。

（2）坚持融合履职一体履职，围绕走私犯罪治理共性难题共同开展反走私社会治理工作

当前，反走私社会治理检察建议主要由刑事检察部门制发，少量由行政检察部门在开展走私犯罪不起诉案件行刑“反向衔接”工作中制发，制发对象主要是处于反走私最前沿的海关、海警、公安机关以及部分行业主管部门，建议内容多集中于督促海关等行政执法单位提高执法能力、行业主管部门加强行业监管等方面。然而，各地反走私综合治理的参与主体越来越多元化，督促实施正面监管的行政单位开展治理则只是着眼于治理的中间环节，治理链条没有往前伸及向后延展，为增强治理成效，检察机关可从与审查逮捕、审查起诉最直接相关环节的思考着力点“跳出来”，以高站位、从全局性角度去思考各环节的社会治理工作，往前探寻走私犯罪发生的更为源头性的问题，往后思考走私货物收、发、储、销、购等环节，以实施“全链条”打击为基础，积极探索开展全链条治理。虽然各地在走私犯罪的主体、对象、罪名及发展趋势等方面有所差异，但在走私类犯罪的主要特点上却有诸多共性，如走私犯罪的团伙化、组织化、链条化等特征，犯罪手段的隐蔽化、智能化、网络化等特点，这些都是开展反走私社会治理面临的共性难题。鉴于走私犯罪案件主要集中在沿海及海陆空港口城市区域，共性难题又类似，因此可以交互治理经验，共谋治理路径，共解治理难题。在强调协同行政主管单位、企事业单位及社会组织等参与反走私社会治理同时，还可以充分利用检察一体化的优势，对于借助数字检察等手段摸排发现需要跨区域协同共治的，可将检察一体化优势与异地制发社会治理检察建议机制充分结合和运用，凝聚检察系统内部的反走私社会治理合力，促进“漂移走私”、借助网络进行跨境电商等跨区域、非物理实体智能化走私的社会治理更广泛更全面更深入开展。

（3）通过数字检察赋能社会治理检察建议

《法治社会建设实施纲要（2020—2025年）》强调“推动大数据、人工智能等科技创新成果同司法工作深度融合”，最高人民检察院《2023—2027年检察改革工作规划》将深化实施数字检察战略作为新一轮检察改

革的总体目标。数字检察对检察机关而言是法律监督手段的革命，是提高法律监督能力的重要依托。在反走私社会治理工作中推广数字检察工作，既能够通过充分协同各相关行政单位进行数据整合，筛选碰撞出社会治理相关共性问题，又能够推动实现“个案办理—类案监督—社会治理”的目标追求，从而有效拓展检察建议促进社会治理的深度、广度。例如围绕“水客”走私有关行政处罚程序违法问题制发社会治理检察建议，可以探索数据赋能，在个案基础上梳理出监督思路、监督需要的数据，通过调取相关行政处罚数据并进行关键要素碰撞，将一段时期内有共性问题的案件全部找出，这样既能做到类案监督，又能实现对常见多发的执法漏洞进行堵塞，实现反走私社会治理成效最大化，同时可以更全面落实制发检察建议审慎性、必要性、实效性原则的要求，避免针对反复出现的同类问题滥发检察建议。

2. 事中多措并举，确保反走私社会治理检察建议的质效

（1）规范反走私社会治理检察建议的制发流程

最高人民检察院印发的《人民检察院检察建议工作规定》与《检察机关开展检察建议工作有关问题的解答》对一般与特殊的检察建议类型，在适用范围、具体制发流程、操作规定、实践难点上都有了明确指导，是各级检察机关制发社会治理检察建议时的指南和规范。整体而言，制发反走私社会治理检察建议的程序一般是“基础案件办理→发现需要社会治理问题→案件化办理业务系统填录→报检察长决定→调查核实→调查终结报告→起草建议书（格式规范）→（可以）征求被建议单位意见→报研究室进行‘三性’审核→报检察长/检委会决定→送达（视情况抄送党委等）→报上级备案→异议/不当制发处理→督促配合落实→整改不理想可以上报/通报→检委会评估”。检察机关应当坚持严格依法、准确及时、必要审慎、注重实效的原则，充分重视上述每个环节，在确保程序合法同时提升检察建议质量。

（2）依法审慎拓展反走私社会治理检察建议的制发范围

一是从走私主体看，因单位犯罪比例高，可以从健全公司管理规章制度、堵塞滋生违法漏洞等角度出发，对涉案公司、企业制发社会治理检察建议，如青岛市中级法院白皮书显示 2013—2022 年审结的走私犯罪案件

中单位犯罪占比 69.2%；[①] 北京市检察院第四分院白皮书显示 2015—2022 年单位犯罪占比 19.2%；[②] 宁波市检察院白皮书显示 2015—2019 年单位犯罪占比 33.3%；[③] 珠海市检察院白皮书显示 2019—2023 年单位犯罪占团伙犯罪比率为 18%；[④] 其中，有些单位是钻贸易政策理解的漏洞，有些是钻执法监管的漏洞，有些是受其他走私主体的诱惑和欺瞒等，检察机关可以围绕单位犯罪内部治理结构中存在的问题制发检察建议。此外，针对走私犯罪中涉及的特殊群体，如老年人、大学生、劳工等群体走私，可结合走私违法犯罪大数据，对重点区域的职能监管部门、单位制发社会治理检察建议。二是从走私对象看，多样化趋势明显，可以从加强行业自律、规范行业秩序角度，在坚持审慎性、必要性原则上对有相关行业协会制发社会治理检察建议。如走私白糖、水果、奢侈品等普通货物，走私废旧塑料制品、电子垃圾等废物，走私疫区冻品等国家禁止进出口的货物、物品，以及黄金、枪支散件等进出口管制物品，因涉及门类众多，和相关行业经营主体密切相关，不同主体对上述货物、物品进出境的管制规定和刑事违法性有不同认知，因此可借助行业协会力量进行社会治理。因行业协会是介于政府、企业之间，商品生产者和经营者之间，并据此提供服务、咨询、沟通、监督、公正、自律、协调的社会中介组织、民间性组织、社团法人、非营利性机构，一般内部有政策研究部门、法律与监督部门，如广东省食品行业协会、深圳市冷冻食品行业协会、上海市进口水果行业协会、上海钻石行业协会等，这些既符合形式上的参与反走私社会治理主体范围，又能够实质上依托协会内部机制促进企业合法守规经营。三是从走私犯罪手段看，呈现网络化特征，致使打击难度加大，传统的监管模式很难从根源性进行上下游的全链条铲除打击，因此需要加强对相关网

---

① 《青岛发布走私刑事案件审判白皮书》，载微信公众号“山东反走私”，2023 年 5 月 6 日。

② 《北京市检察院第四分院发布〈走私犯罪检察白皮书〉，梳理走私犯罪四大特点》，载《检察日报》2023 年 4 月 11 日，第 7 版。

③ 《近五年宁波走私犯罪检察工作白皮书》，载宁波市人民检察院网站 2020 年 10 月 11 日，http：//www.ningbo.zjjcy.gov.cn/art/2020/10/11/art_ 1229641700_ 342.html。

④ 《珠海市检察院召开走私犯罪检察工作新闻发布会》，载微信公众号“广东反走私”，2024 年 5 月 11 日。

络平台的监管。如针对跨境电商走私案件进行社会治理，需要借助网络监管平台、电商平台进行筛选、限制、封号并将相关线索移送给侦查机关等。但由于电商平台注册地、经营地等涉及全国各地，相关行业协会的主管单位层级较高，因此办案地检察机关直接制发社会治理检察建议的难度大、效果不佳。为此，检察机关应严格依据检察建议制发的规定和要求，积极上报治理有关共性问题，推动完善跨地域联动制发检察建议的有效工作机制，借助上级检察机关制发更有针对性、实效性的检察建议。

此外，从走私犯罪末端环节看，应考虑加大对码头、快递物流、仓储等运输环节以及关口附近中转走私货物的商铺经营的治理，向相关行业主管部门制发社会治理检察建议。

（3）严格落实检察建议案件化办理要求

对反走私社会治理检察建议进行案件化办理，既是落实《人民检察院检察建议工作规定》《检察机关开展检察建议工作有关问题的解答》中的规定，也是落实司法责任制，督促自身高质效制发反走私社会治理检察建议的需要。一是制发工作应当在统一业务应用系统（现为检察业务应用系统）中进行，实行全程留痕、全程监督；检察建议的审核、签发、转送、异地征求意见、备案审查等均应在检察业务应用系统中进行操作和程序流转，督促落实情况、回复采纳情况等均需在系统中记录。二是高度重视调查核实工作，只有经过充分的调查核实，制作调查终结报告，规范检察建议书的审核与制作，才能精准、全面、深入印证制发的必要性、合法性、说理性。因此，在调查核实环节，不能仅仅依据刑事卷宗材料和案管查询业务数据和自己查询到的政策及法律法规依据，就进行坐堂办公式制发，也不能走马观花式走访调研了解情况，在制作调查终结报告中，要充分将调查核实情况写明、列明、阐明，深入地释法说理，以理服人。三是完善检察建议质量内部把控机制。在制发正式检察建议书前，尤其是在发检察长审批前，除了在系统移送草拟的社会治理检察建议书之外，可将调查终结报告、法律法规等依据、被建议单位意见等一并移送法律政策研究部门进行必要性、合法性、说理性的“三性”审核，必要时将调查核实的原始证据材料一并提交，切实以法律政策研究室的实质性严格审核，做好正式制发反走私社会治理检察建议书的“守门员”。

（4）综合运用多种手段保障检察建议的专业性、科学性及刚性

社会治理检察建议能否被采纳，除了检察建议本身的质量，还需要被建议单位的真正认可和有效落实。被建议单位质疑的重点往往是“外行管内行”，因此对于检察建议的回复和落实效果不足，实质是对检察建议专业性、科学性的怀疑、对检察建议刚性的认识不足。从检察建议的专业性、科学性看，除了上文所述检察机关通过业务系统操作、制发流程、文书制作进行自我规范外，还需要借助“外脑”“外力”来检验合法性、必要性、说理性，进一步提高检察建议的专业性、科学性。例如很多地方检察机关都从各相关行政单位聘请了特邀检察官助理，设立了专家咨询委员会，围绕专业性较强、难以充分把握的问题，借助特邀检察官助理力量辅助办理社会治理检察建议案件，有的还组织专家学者、人大、政协代表等召开听证会，围绕核心问题进行开诚布公的交流，共同研讨有针对性的建议。从检察建议的刚性看，在确保检察建议专业性的基础上，除了及时、有效跟踪落实检察建议外，还需要站在党和国家监督体系的大监督格局中，寻找外力补足刚性。现今党和国家监督体系整体布局主要包括党内监督、人大监督、民主监督、行政监督、司法监督、审计监督、财会监督、统计监督、群众监督、舆论监督等各类监督。[①] 对此，不少地方检察机关已在最高人民检察院领导下，积极推动党委、人大对检察建议工作支持，通过出台文件，开展检察建议落实工作督查检查来保障刚性，如安徽省检察院推动省人大常委会制定出台《关于进一步加强检察建议工作的决议》，对有关单位和组织应当自觉支持和配合检察建议工作提出明确要求，山西省检察院推动将“社会治理检察建议回复、整改落实情况”纳入省级督查检查项目，并联合省委政法委对省高级法院、省公安厅、省生态环境厅等6个部门和11个市开展现场督查检查。除了上述监督手段，还可以通过“检察建议+人大代表议案”“检察建议+政协提案”等形式向党委政府提交，可以协商被建议单位，邀请人大代表、政协委员、新闻媒体等参与公开听证以及检察建议的宣告送达工作，通过多种多样公开透明、参与

① 参见洪向华、张杨：《坚持完善党和国家监督体系》，载中共中央党校（国家行政学院）网站2024年5月19日，https://www.ccps.gov.cn/dxsy/202405/t20240519_162747.shtml。

度高的形式保障反走私社会治理检察建议的刚性实现，让被建议单位积极、主动、全力、有效配合检察机关进行反走私社会治理工作。

除了以上四个方面重点工作，检察机关还应在办案中树立精品意识，注重优秀反走私社会治理检察建议的培育，要注重从监督反走私办案中挖掘参与社会治理的着力点，形成亮点成效预期，及时和法律政策研究室及上级对口业务部门交流，共同研判培育优秀社会治理检察建议。

3. 事后持续督促落实，助力反走私社会治理效能提升

（1）切实做好后续督促落实工作

根据《人民检察院检察建议工作规定》第 24 条规定，人民检察院应当积极督促和支持配合被建议单位落实检察建议。督促落实工作由原承办检察官办理，可以采取询问、走访、不定期会商、召开联席会议等方式，并制作笔录或者工作记录。为实现最高人民检察院党组要求的将社会治理检察建议从“办理”到“办复”要求的转变，应在制发检察建议后积极动态跟踪落实情况，围绕跨境电商走私向境内有关涉案电商平台公司制发社会治理检察建议，督促健全管理制度消除违法犯罪隐患，动态了解检察建议落实过程中存在的困难和问题，并在检察职权范围内协同其他部门共同推进解决，从而达到双赢多赢共赢的效果。

（2）做好上报反馈与总结工作

社会治理检察建议强调对合理性问题的治理参与，[①] 对一些事项社会影响大、群众关注度高、违法情形具有典型性、所涉问题应当引起有关部门重视的反走私社会治理检察建议，检察机关应当将整改落实回复情况及检察机关督促落实情况及时报告同级党委、人大，通报同级政府、纪检监察机关，同时整理反馈给被建议单位的上级机关、行政主管部门以及行业自律组织，对不足之处加强完善和改进。检察建议案件整体办结后，应依托检察机关检察委员会对制发后落实效果进行评估，依托案件管理部门组织社会治理检察建议的案件评查并制作业务数据分析及评查报告。对于评查中发现的常见多发问题，应及时进行通报、提醒、纠正，确保检察建议质效。

---

① 参见张薰尹：《检察建议的谱系脉络及分类发展构想》，载《政治与法律》2024 年第 3 期，第 65 页。

(3) 积极宣传反走私社会治理成效

反走私社会治理是一个系统性、综合性的工作，在反走私社会治理检察建议制发取得成效后，可考虑联合被建议单位对整改完善情况取得的成效进行宣传，将看得见的成效渗透入反走私社会治理大格局的各链条与环节，积极营造全社会关心支持社会治理检察建议工作的良好氛围，同时也可起到一定的“前车之鉴”作用，对此，考虑采用“检察建议 + 普法宣传”工作模式，服务社会治理。[①] 如针对寄递走私毒品案件，在向快递物流行业制发反走私社会治理检察建议同时，可以考虑制作相应动漫或宣传标语推广到快递 APP、快递员电话彩铃以及快递营运网点当中，以活泼生动的新媒体来将人人反走私的理念进行潜移默化的传播。同时，可以通过公开优秀的反走私社会治理检察建议，一方面鞭策被建议单位持续整改落实，另一方面也是以鲜活现实的案例公开进一步增强反走私社会治理检察的刚性保障，同时也可以很好扩大检察机关参与反走私社会治理的成效。

(四) 从跨部门、跨区域反走私社会治理工作中凝聚合力

1. 协同相关责任部门深入推进反走私社会治理工作

当前，反走私治理工作已经形成政府主导，打私办牵头，各行政机关各负其责、相互配合，且自上而下出台了相关反走私工作条例、规定，形成了打防并举的反走私综合治理工作格局。检察机关应该充分借助行政执法的力量来实现社会治理，[②] 牢牢把住行政机关是社会治理的元治理环节，抓住这个环节就抓住了治理结构中的原动力。[③] 对此，就必须充分厘清反走私综合治理格局中各责任主体的职责与权限，强化认知，确保实现治标又治本的目标。综合广东、浙江、福建等地反走私综合治理相关文件，反走私相关职能部门的主要职责主要应包括以下内容：

---

① 参见王廷祥：《高质效制发每一份检察建议　助推社会治理现代化》，载《人民检察》2023 年第 22 期，第 43 页。

② 参见刘艺：《社会治理检察建议的特征分析与体系完善》，载《中国法律评论》2021 年第 5 期，第 190 页。

③ B. Guy Peters, Governance as Political Theory, in David Levi – Faur (ed.), Oxford Handbook of Governance, Oxford University Press, 2012, pp. 21 – 22.

表4－3－2　反走私综合治理机制中各主管行政单位职责

序号	单位	反走私综合治理职责
1	打击走私领导机构办公室	负责组织、指导、协同、监督、检查、考核等工作
2	海关、海警	按国家规定职责查处走私违法犯罪行为
3	公安机关	查处海关监管区外非涉税走私，收购、运输、存储无合法来源证明进口货物、物品的行为
4	市场监督管理部门	负责查处无合法来源证明进口货物、物品经营行为
5	发展改革部门	负责对石油成品油经营企业进行监督管理，对涉嫌走私和无合法来源证明进口货物、物品中价格不明或者价格有争议的进行价格认定
6	海事、农业农村、交通运输部门，出入境边防检查机关和流动渔民工作机构等	在各自职责范围内，负责管理船舶及水上作业人员，预防和惩治利用或者假冒各类作业船舶参与走私活动，配合做好水上反走私工作
7	商务（口岸）部门	负责规范外贸流通秩序，配合相关单位监督进出口企业执行法律法规和政策的情况，协调维护好口岸通关秩序，配合口岸管理区域内的反走私工作
8	生态环境部门	负责协助相关单位对查获的走私废物进行处置，并对处置过程的污染防治工作进行指导和监督管理
9	邮政管理部门	负责邮政行业的监督管理，协助执法单位查处利用寄递渠道走私的违法行为
10	政务服务数据管理部门	负责协助相关单位通过公共资源交易平台，以竞争性交易方式处置涉走私货物、物品以及无合法来源证明进口货物、物品

续表

序号	单位	反走私综合治理职责
11	财政部门	负责统筹做好反走私综合治理经费保障，指导相关单位依法处置涉案货物、物品

此外，反走私综合治理工作是一个动态的过程，随着反走私形势、特点的变化，反走私综合治理工作也需要与时俱进，及时回应并探索解决实践中出现的新问题，各职能部门的职责与权限也需要及时进行调整和整合，相关协作机制也需要及时更新。

2. 通过推动反走私跨区域协作进一步提升反走私成效

反走私社会治理检察建议的直接效力范围是与检察机关对应的行政区划范围内，往往对当地城市或省域范围内的综合治理工作产生影响力，而海上走私、“漂移走私”、绕关走私等违法犯罪行为均涉及跨境且往往跨不同省份，走私货物源头在境外，货物中转在边境城市，而货物目的地往往涉及国内其他省份，如果不能同时针对境外发货源头、境内货物目的地进行有效治理，走私违法犯罪行为难以得到有效根治，只有进一步加强跨省合作甚至跨境协作，才能有效实现全链条治理、根源性治理。从反走私社会治理的角度，检察机关可以总结类案中发现的走私链条规律、特点及发展趋势，提出有针对性的源头治理措施，例如通过发现侦查部门打击源头不力、追查上下游犯罪不足等提出监督的意见、建议，督促改进侦查工作、堵塞打防漏洞，提升打击效能，而在普法宣传方面，可以协同海关、海警、公安等部门开展有针对性的宣传，尤其是提醒广大民众注意境内外携带货物进出境等规定的差异，谨防触碰法网。

以我国粤港澳大湾区为例，深圳、珠海分别与香港、澳门陆路相连，每天通过陆路口岸往返出入境人数以十万计，其中，珠海拱北口岸是全国最大陆路口岸，数据显示仅 2024 年上半年，拱北口岸出入境旅客总量突破 5000 万人次，平均每日达 20 多万人次，粤澳“双牌”车 139 万余辆次，① 反走私综合治理工作面临的压力也不断增长。检察机关应及时总结

① 《突破 5000 万人次！珠海这里好“热”！》，载微信公众号“珠海发布”，2024 年 6 月 19 日。

类案规律、特点，在制发反走私社会治理检察建议时，可以建议海关部门加强与澳门海关、司警联络，完善情报共享、案件通报、执法互助的反走私协作机制，加大对外逃人员的追逃力度，共同研判“水客”走私新动态、新趋势，共建平安湾区、和谐湾区。总之，无论是境内的反走私社会治理，还是加强跨境协作共同治理反走私，都要牢记社会治理是多元主体共建共治共享的过程，要以实质性协同共治推进执行反走私社会治理工作。①

① 参见秦前红、王雨婷：《检察建议类型的制度反思及功能性重构》，载《中南民族大学学报（人文社会科学版）》2023 年第 6 期，第 100 页。

结　语

在广东省人民检察院的正确领导和高度重视下，2023年9月，由珠海市人民检察院作为建设单位的“广东省人民检察院走私犯罪检察研究基地”正式成立。作为基地成立后的首个系统性研究成果，全书围绕走私犯罪的实务问题，从具体案例到业务数据，从地区实际到全国实践，从打击犯罪到社会治理，试图对走私犯罪司法实务中遇到的各领域相关问题进行系统梳理和深度解析，同时亦涉及对部分法律原理和立法规范的探讨，力求通过理论研究与办案实践深度融合，以期为我国依法惩治走私犯罪及开展反走私社会治理提供建议，对日趋严峻的走私犯罪形势予以更富成效的应对。

理论研究是一个不断学习、持续探索的过程，也是一个理论联系实践、不断梳理和反思业务工作的过程。囿于理论研究能力的不足及实践样本还不够丰富，本书肯定还有许多不完善之处，敬请各位读者批评指正。在今后的学习和工作实践中，我们将会持续探讨，也希望能有机会与大家深入交流，共享思想碰撞带来的愉悦和收获。

未来，走私犯罪检察研究基地将立足检察办案实践，继续发挥理论研究的基础性作用，努力打造高水平的理论研究阵地。同时，基地也将加强与各地检察机关、法学院校和研究机构的交流与合作，共同推动走私犯罪检察研究深入发展，为维护我国国家安全和经济发展做出更大贡献。